ヨーロッパ国際関係史

THE HISTORY OF INTERNATIONAL RELATIONS IN EUROPE

西川 吉光

学文社

はじめに

　本書は，近世〜現代に至るヨーロッパ国際関係の通史である。かつて多数国家からなる国際システムを機能させた唯一の場所であるヨーロッパは，世界を主導する幾多の覇権国家を生み出すとともに，その営みの中で国家主権や国民国家，国際法，それに勢力均衡（バランスオブパワー）といった概念やシステムを発達させた。それらはヨーロッパ域内に留まらず，やがて世界全体を律する国際秩序，ルールへと発展していった。そうしたヨーロッパの歩みとそれが国際世界に与えた影響を学びとってもらうことが本書執筆動機の一つであることは間違いない。ただヨーロッパの国際関係を単なる教養や歴史的事実の習得という観点だけで処することは，筆者の本意ではない。それは，我々日本人にとってヨーロッパ史というものが過去の遺物ではなく，現在及び将来の国際世界を生きるうえでの知恵袋だからである。

　日本史を顧みると，戦国〜江戸期にかけて，我が国はヨーロッパと交易を重ね，ヨーロッパ諸国が日本にとっていわば"世界の窓"の役割を果たした。幕末においては，我が国に対する潜在的侵略者として振る舞う時もあったが，明治維新以降は近代国家建設に邁進する日本のお手本，あるいは師匠，さらにはめざすべきゴールとして，英国やフランス，ドイツといった国々が経済や外交，軍事，文化，社会システム等々幅広い領域で日本と深く関わることになった。やがて日本の大国化に伴い，日欧の関係にも対等性が芽生えるようになり，複雑に利害が輻輳する一方，互いに国際政治の場で覇を競い合う間柄ともなった。

　しかし，太平洋戦争で敗北を喫した後，我が国に対し圧倒的な影響力を行使したのはアメリカであり，ヨーロッパではなかった。折からの冷戦構造の下，我が国は完全にアメリカの勢力圏に取り込まれていった。戦後日本の復興も，また国際社会における新たな定位置を見出すにあたっても，すべてアメリカが決定的な役割を果たし，日本はその先導につき従ってきたのである。それに伴い，我が国とヨーロッパ諸国の関係は，政治・経済，安全保障，そして国民意識の面でも次第に薄れがちとなった。経済大国日本にとって，ヨーロッパの地

や国々は，貿易摩擦や日本企業の進出先，あるいは風光明媚な観光地，歴史物語の舞台という限られた文脈の中でしか認識されないようになっていく。

　だが，こうした歴史的経緯にも拘らず，いまもなお我々日本人がヨーロッパから学ぶべきことは数多ある。国際関係史の分野においても然りである。国際国家をめざす日本がヨーロッパの軌跡から学び取る史例，史訓の詳細は本文に譲るとして，その前にここでは将来の日本を担う大学生諸君がヨーロッパ国際関係史を学ぶ意義と必要性について若干のポイントを指摘しておきたい。まず本書を繙けば，ヨーロッパが余りに多い戦争と相次ぐ覇権闘争の地であったことが理解できよう。しかしその同じ地が，いまでは自らの作り出した主権国家というパラダイムを乗り越え，地域協力と統合の最先進地域に生まれ変わりつつある。この歴史のアイロニーを知ることの意味は大きい。戦乱，騒擾の場所であったがゆえに，歴史の教訓を現在に活かし，不戦共同体構築に進もうとするヨーロッパ。その営みは，平和大国をめざす日本や日本人が大いに参考とすべきものである。世界大戦後，かっての敵対国どうしに生まれた新たな外交関係，恩讐を越えた協力のあり方も，日本のアジア外交を考えるにあたって有益であろう。

　第二に，冷戦後のダイナミックな国際関係を乗り切るためにも，ヨーロッパの歩みを知ることは有益だ。ポスト冷戦の時代に入り，それまでの大国主導・二極構造の冷戦時代とは異なり，国際関係はまさに"外交復活"の様相を呈している。多くの国の利害や思惑が網の目のように広がり，かつ複雑に絡みあう国際社会にあっては，国家の関係やそれぞれの位置を静的・固定的に捉えるべきではない。一面妥協，一面対立という多層異層の関係が浸潤しつつある世界を生き抜くうえで，一昔前の善悪二元的な発想や単純な敵味方論に依拠することは国の進路を誤らせるばかりだ。そうならないためには，虚々実々の駆け引きが繰り広げられたヨーロッパ外交の蓄積に目を向ける必要がある。それは，背景の相違や時代の隔絶を越えて，今日なお学ぶに値する豊潤な知恵と発想の泉に他ならない。諸列強が歴史の大舞台で演じた駆け引き，権謀術数，交渉の妙技，テクニック等々は，"交渉の時代"に生き残らねばならない我々にとっての良き教科書である。

　ヨーロッパに目を向ける第三の意義は，「複眼の論理」である。戦後，アメ

リカの強い影響を受け続けてきたために，何時しか日本の国際認識や国際感覚は，アメリカのそれと同一化していった。国際世界に対する日本の視点は，アメリカの視点，アメリカから眺めた情景と変わらず，我々はアメリカを通して世界を眺める癖がついてしまったのである。日本が最大の同盟国であるアメリカと認識や価値観を共有することは，確かに健全な同盟関係を維持するための大前提である。ただ，同盟関係にある国が全く同じ認識に立ち，同じように振る舞うことは決してベストの選択ではない。国力，国情，それに置かれた地政環境が異なるにも拘らず，同盟関係にあるからといって，常に相手国と同じ発想と行動を取り続ければ当然歪みが生じてくる。アメリカを通してだけの世界観，あるいはアメリカのフィルターを経ることで生まれる世界認識の狭さとバイアスがもたらす危険性も意識せねばならない。そうした陥弊，思考狭窄に陥らぬためには，国際政治における別の極であるヨーロッパにも目を転じる必要がある。「力でもって悪を打倒することが最善」というアメリカ流の戦略や対外政策が行き詰まりを見せている現状も考え併せれば，ヨーロッパの知恵に目と耳を向ける意義は高い。

　アメリカの情報だけに頼り，アメリカ的な思考に埋め尽くされるのではなく，それと併せてヨーロッパの視点や発想をも知ることは，日本の外交に厚みを生み出すばかりか，長期的には日米関係にも利得をもたらすであろう。価値観や利害を共有しながらも，その枠内で時としてカウンターパートとは異なる情勢判断，異なるニュースソース，異なる交渉の切り札を持つがゆえに相手同盟国の足らざるを補えるのであり，そうであってこそ日本という国を味方に持つ価値も高まり，真の信頼関係も生まれるというものだ。

　なお，我が国で刊行されるヨーロッパ国際関係の通史では従来あまり扱われなかった北欧地域についても，本書では一定の頁数を割いてバランスのとれたヨーロッパ理解ができるよう配慮した。最後になったが，本書刊行に際しては学文社の三原多津夫氏に大変お世話になった。この場をお借りして御礼申し上げる次第である。

　　2007 年 2 月

　　　　　　　　　　　　　　　　　　　　　　　　　　　　著　　者

目　次

はじめに

序　章　ヨーロッパ世界―――――――――――――――――――――― 9

　　1　ヨーロッパとは　9
　　2　ヨーロッパの人と環境　10
　　3　ヨーロッパ文明の根源　11
　　4　ヨーロッパ世界の誕生　12
　　5　ヨーロッパを支配した政治ルール：勢力均衡原理　14

第1章　16世紀の国際関係―――――――――――――――――――― 19

　　1　中世から近世へ　19
　　2　フランスのイタリア遠征　24
　　3　ドイツと神聖ローマ帝国　29
　　4　宗教改革と戦争　33
　　5　東欧・バルカン半島における興亡　36
　　6　海洋勢力の台頭1：大航海時代の先陣ポルトガル　40
　　7　海洋勢力の台頭2：新大陸の発見とスペインの盛衰　46

第2章　17世紀の国際関係―――――――――――――――――――― 55

　　1　序　55
　　2　新教国家オランダの独立　56
　　3　フランスの興隆　62
　　4　ドイツ30年戦争とハプスブルク帝国の陰り　63
　　5　ルイ14世の時代　68
　　6　英国：辺境からの脱却　73
　　7　英蘭戦争とオランダの衰退　79

第3章　18世紀の国際関係──────────── 87

   1　序　87
   2　北・東欧における覇権の変遷　88
   3　プロシャの台頭　97
   4　英仏の覇権闘争　100
   5　アメリカの独立　104

第4章　19世紀の国際関係：ウィーン体制とパクスブリタニカ ──── 111

   1　序　111
   2　フランス革命とヨーロッパの国際関係　113
   3　ウィーン体制　117
   4　パクスブリタニカと英露対立　125
   5　統一ドイツの誕生とビスマルク外交　137

第5章　帝国主義と第1次世界大戦──────────── 153

   1　序　153
   2　ビスマルク外交の破綻と露仏同盟　156
   3　2つの同盟システム：三国同盟対三国協商　158
   4　バルカンの危機　167
   5　第1次世界大戦　170

第6章　ベルサイユ体制の崩壊と第2次世界大戦──────── 181

   1　序　181
   2　パリ講和会議とウィルソン構想の挫折　183
   3　英国覇権の終焉とアメリカの孤立主義　187
   4　ロカルノ体制と欧州の安定：1920年代　191
   5　ソ連の内政と対外政策　197
   6　ベルサイユ体制の崩壊　201
   7　第2次世界大戦　210

終　章　冷戦，欧州統合，そして21世紀へ——————— 219

　　1　序　219
　　2　独仏協力の時代　221
　　3　ドイツ再統一以後　224
　　4　戦後の英国：特別関係と統合への懐疑　227
　　5　新たなるヨーロッパへ　230

主要参考文献　233

序章　ヨーロッパ世界

1　ヨーロッパとは

　「ヨーロッパ」という名称は，ギリシャ神話に登場するフェニキア（現在のレバノン）王の妹"エウロペ（Europe）"にその起源を求めるのが一般である[1]。また「太陽の昇る土地」を意味するアッシリア語のアシュ（asu）やギリシャ語のアナトリア（anatole）に対し，「太陽の沈む土地，日没」を意味するフェニキア人等のセム語のエレブ（ereb）やギリシャ語の「暗闇（erebos）」に由来するとの説もある。文献においては，紀元前8世紀，ギリシャの詩人ヘシオドスの作品に「ヨーロッパ（エウロペ）」の名が最初に登場してくる。

　ヨーロッパは，ユーラシア大陸の西方に位置し，同大陸のおよそ1/5を占めている。独立した大陸ではないのでその地理的区分は必ずしも明確でないが，一般にはウラル山脈〜ウラル川〜カスピ海〜カフカス山脈〜黒海〜ダーダネルス・ボスポラス海峡〜エーゲ海のラインが，アジアとヨーロッパを区分する境界とされている。既に古代ギリシャ人は，自分達やその住んでいる地域を東方の人々やアジアと区別する傾向があった。それは例えばホメロスの詩やアイスキュロスの劇詩に表れている。またイソクラテスやヘロドトス，アリストテレスらはヘラス（ギリシャ）とアジアの区別を明確にし，アジアの「専制主義」とギリシャの「政治的自由」，つまり，「隷属」か「自由」かを区別の基準に設定した。

　その後，ローマ帝国では"ローマ人対野蛮人"の，さらに中世ヨーロッパでは"キリスト教徒対異教徒"の対比がなされる等専ら"文明と野蛮"を対抗軸にして，ヨーロッパと非ヨーロッパを区分する意識が広まったが，アジアに対抗する纏まった政治的地理的空間としてのヨーロッパの概念が明確に意識されていたわけではなかった[2]。アジアとの峻別という文脈の中でヨーロッパ的なるものが強く自覚され，一つの纏まった文明圏としてのヨーロッパの概念が自

覚されるのは，近世ルネサンス以降のことであり，特に18世紀における啓蒙主義の台頭が大きな契機となった。それは，産業革命とブルジョワ革命の先駆者としての自負や他地域に対する強烈な優越心を伴うものであった。

2 ヨーロッパの人と環境

●地理自然環境

ヨーロッパの地理的特色は，スカンジナビア半島とカルパチア，アルプス両山脈を除くと特別険しい山岳地帯がないことである。そのため，文化の伝播が比較的容易であったし，また1年中水量が豊かで，しかも流れの緩やかな河川は古くから交通手段として利用され，僻地を少なくした。地理的にヨーロッパは，三つに大別できる。第1は地中海地域で，ラテン系の人々が住み，海を通して絶えず西アジア，北アフリカの影響を受けてきた。そのため主として港湾都市が発達し，農村との断絶が大きい。第2は西ヨーロッパ地域で，ゲルマン系の人々が住み，太古以来中世までは森林と沼沢の地域であった（→童話「赤づきん」の物語を想起せよ。また高い尖塔を持つゴシック様式[3]の教会は，まさに森林を象徴するものである）。豊かな森林は，大西洋暖流による温暖な気候と年中平均した雨量の賜物であった。その後，人間の定住と開拓によって植生は変化し，森林は耕地や牧草地に変えられていった（その一方で人工的に植林が行われたため，かなりの地域が現在でも森林で覆われている）。また大きな河川に沿って都市が発達し，都市と農村が有機的に結ばれている。さらにこの地域は鉄鉱石や石炭等の基礎的資源が豊富なため，産業革命以降飛躍的な工業発展を遂げることになった。第3は東ヨーロッパ地域で，スラブ系の人たちが住み，広大な平原に農耕文化が栄えた。しかし遮蔽物のない平坦な地形のために，しばしば異民族の侵入を被ることにもなった[4]。

●民　族

ヨーロッパに定住する人々は，一般にヨーロッパ人種とかコーカソイド（コーカサス人種）と呼ばれる白色人種が主体であった。彼らの皮膚の色が白いのは色素が少ないためで，紫外線の弱い地域で生じた突然変異によるものではないかともいわれている。先の地理的三区分に基づけば，第1の地中海地域ではラテン系，第2の西ヨーロッパではゲルマン系，そして東ヨーロッパではス

ラブ系人種がそれぞれの主体となっている。

　もっとも，ヨーロッパの大部分の国は多くの少数民族を抱えており，またヨーロッパ圏外からの労働移民も多く，トルコ人，アフリカ人，アラブ人等が労働者としてヨーロッパ諸国に移住している。非ヨーロッパ系だけでなく，イタリア人，ギリシャ人，スペイン人，ポルトガル人等南欧のヨーロッパ人も中〜北部地域の英仏独等の工業先進国に多数出稼ぎに出ている。

●言　語

　ヨーロッパではさまざまな言語が使用されているが，大別すればスラブ語派，ゲルマン語派，ロマンス語派の3グループに分けられる。スラブ語派にはロシア語，ポーランド語，チェコ語，スロバキア語等が，ゲルマン語派には英語，ドイツ語，オランダ語，デンマーク語，ノルウェー語等が，またロマンス語派にはイタリア語，フランス語，スペイン語，ポルトガル語，ルーマニア語等が属する。これら3グループは共に共通の起源を持ち，インド・ヨーロッパ語族に分類されている。

●宗　教

　ヨーロッパ最大の宗教はキリスト教である（キリスト教文明圏としてのヨーロッパ）。キリスト教の中でもカソリック信者の数が最も多い。カソリックが主流を占める国としては，フランス，スペイン，ポルトガル，イタリア，アイルランド，ベルギー，ポーランド，南ドイツ地域等がある。それに続く英国国教会を含むプロテスタントは，英国，北ドイツ，オランダ，北欧諸国に集中し，第3のキリスト教団である東方正教会（ギリシャ正教会）の教徒は，スロベニアを除く旧ユーゴスラビア諸国，ロシア，ギリシャ，ブルガリア，ルーマニアに多い。

　つまり，地理的区分の地中海地域がカソリック，西ヨーロッパがプロテスタント，東ヨーロッパがギリシャ正教の強い地域といえる。もっとも，アルバニアのように国民の大部分がイスラム教徒のような例もあり，またほとんどのヨーロッパ諸国にはユダヤ教徒の共同体が存在している。

③ ヨーロッパ文明の根源

　ヨーロッパ文明が世界歴史で重要な意義を持っていることは言うまでもないが，普段我々が"ヨーロッパ文明"と呼んでいるものは，近世，即ち大航海時

代以降ヨーロッパ諸国が世界規模での膨脹を遂げた時期，言い換えれば，ルネサンス，ブルジョワ革命，そして産業革命の成果を基に世界をリードした時代のヨーロッパの文化，文物，社会システム等を指しているに過ぎない。

しかし，近世〜近代文明としてのヨーロッパがヨーロッパ文明の全てではなく，ヨーロッパ文明の根はそれよりも遥かに古い時代に溯る。ヨーロッパ文明の源泉としては，ギリシャ・ローマとゲルマンの文化，それにキリスト教の存在を指摘できる。まずギリシャ文化は，オリエント文化，とりわけエーゲ海文明の影響を受けて発生したが，その基礎となったのはポリス（都市国家）である。アテネを中心に栄えたギリシャ文化は前4世紀頃からポリスの衰退とともに変質しはじめ，アレキサンダー大王のペルシャ遠征によってオリエント（東方）文明と融合してヘレニズム文化が生まれた。このヘレニズム文化を受け継ぎ，独自の文明を築き上げたのがローマ帝国であった。イタリア半島の小都市から起こったローマは，やがて地中海周辺の諸地域を征服して大帝国を作り上げていくが，その過程で古代地中海世界の完結体としてそれまでの諸文明を巧みに統合し，とりわけ未開であった帝国の西方に文明の光を伝播することにより，ヨーロッパ文明の母体役を担った。

現代の我々が独自の文明世界として認識する"ヨーロッパ世界"が誕生するのは，このローマ帝国の西に移動してきたゲルマン民族が，先進的なローマ文明を取り入れてギリシャ・ヘレニズム文化を継承するとともに，併せてキリスト教（ローマ・カソリック）を受容した時を以てその嚆矢とする。つまり「（ギリシャ）ローマ」と「ゲルマン」の融合，それに「キリスト教」の三つがヨーロッパ文明の基底を構成しているのだ。

4 ヨーロッパ世界の誕生

現生人類がはじめてヨーロッパに登場したのは旧石器時代後半のことで，狩猟採集民だった彼らが2万5千〜1万年前に残した壁画がスペインやフランスの洞窟で発見されている。約1万年前に最終の氷河期が終わり，気候は次第に温暖になり，前5千年頃には農耕が広まるようになった。前2200年頃，黒海の北部を根拠としたインド・ヨーロッパ語族がバルカン地方を経由してヨーロッパ各地に広がった。前2千年代にはヨーロッパ最古の文明であるクレタ文

明が栄えるようになった。伝説のミノス王にちなんでミノス文明と呼ばれ，前1600年頃までエーゲ海一帯を支配した。前1400年頃になるとギリシャ人がミノス文明を征服してミケナイ文明を築いたが，前1200年頃ドーリア人の侵入によって滅亡した（エーゲ文明）。その後，復興を遂げたギリシャでは各地にポリス（都市国家）が登場し，交易植民活動によって勢力を拡大し，地中海一帯にギリシャ文化が広まった。また前5世紀までにアテネ等幾つかのポリスでは古代民主主義が始まった。第2回ペルシャ戦争に勝利（前479年）したアテネはギリシャ世界の主導権を握り，前5世紀にギリシャ文明の繁栄は頂点に達した。だが，アテネとスパルタが覇を競ったペロポネソス戦争（前431～404年）によってギリシャ全土は荒廃する（ギリシャ文明）。

一方，イタリアでは前10世紀頃，小アジアからエトルリア人が半島中・北部に移住し栄えたが，ラテン民族によってティベレ川のほとりに生まれたローマが次第に勢力を拡大し，エトルリアを征服，前3世紀始めには半島の大部分を統一する。その後ピュロス戦争（前280～271年）でギリシャを征服し，三度にわたるポエニ戦争（前264～146年）でフェニキアを滅ぼしたローマは，地中海，北アフリカでの支配権を確立する。前1世紀後半，アウグスツス帝の時に共和国から帝国へと発展，それに続く2百年間，地中海世界は比類なき繁栄を迎えた。ローマは道路建設と分断統治によって多くの民族を取り込み，212年には領土内のすべての自由民にローマ市民権が付与された。この普遍的帝国ローマの下で，ラテンの文化はヨーロッパ各地に普及した。だが3世紀以降衰退に向かい，395年に帝国は東西に分裂，5世紀にはゲルマン民族の侵入を受け西ローマ帝国は滅亡する（ローマ文明）。

ゲルマン民族（別名チュートン人）はインド・ヨーロッパ語族に属し，スカンジナビア半島南部～ドイツ北部沿岸地帯をその原住地とする。やがて南へ移動し，先住のケルト民族を圧迫して中部ヨーロッパ一帯に広まり，ローマ共和政末期（紀元前後）にはライン・ドナウ両川を結ぶ線でローマと国境を接するようになる。4世紀後半，遊牧民フン族が中央アジアからヨーロッパに東進，これに押される格好でゲルマン民族の大移動が始まり，410年にはアラリック率いる西ゴート族がローマを包囲し，帝国に衝撃を与えた。アッチラ率いるフン族は451年に滅ぼされたものの，455年，今度はバンダル族によって再びロー

マは包囲され，476年西ローマ帝国は滅亡する。もっとも，ローマ領内に入り込んだゲルマン諸族の国家は，原住地を離れラテン化が進んだことによって比較的短命に終わったが，ライン下流域に居残ったフランク族だけは逆に勢力を強めた。やがてメロビング家のクロービスがガリア（現在のフランスとドイツ西部地方）を統一してフランク王国を建設（486年）し，他の部族とは異なりローマカソリックに改宗（496年）し旧ローマ属州民との融和を図った（ゲルマン民族の侵入とフランク王国）。ローマカソリックとの提携は，フランクを強国へと押し上げる大きな要因となった。

その後，カロリング家の宮宰チャールズ・マルテルの代にはイベリア半島を北上してきたイスラムの軍勢をツールポアティエの戦いで撃破し（732年），ゲルマン・カソリック世界の壊滅を食い止めた（メロビング朝）。またチャールズ・マルテルの子ピピンによってカロリング朝が開かれ，さらにピピンの子で，「ヨーロッパの父」とも呼ばれるチャールズ大帝（シャルマーニュ）は西ヨーロッパのほぼ全域を支配下に収め，フランク王国の版図はかっての西ローマ帝国の領土に匹敵するようになる。この隆盛を見た教皇レオ3世はフランク王国との伝統的な友好関係を深め，ビザンティン皇帝への従属を断ち切るべく，800年のクリスマスにチャールズにローマ皇帝の冠を授けた。ここにかって蛮族と呼ばれたゲルマン人の君主によって西ローマ帝国は再興され，世界統一というローマの理念は蘇ることになったが，それはヨーロッパ世界の誕生を告げる出来事でもあった[5]。

ギリシャ・ローマの古典古代文化，キリスト教，そしてゲルマン民族精神の3要素がチャールズの治世に至って融合を遂げ，ヨーロッパと呼ばれる一つの文明世界（文明共同体）が誕生したのである[6]。我々がヨーロッパ世界を考察するに際しては，それが過去のことであれ未来であれ，常にこの3要素を見落すことはできないのである。

5 ヨーロッパを支配した政治ルール：勢力均衡原理

アジアとの対比において，「(政治的)自由」がヨーロッパの政治的伝統であることにヨーロッパ人は強い誇りを抱いてきたが，もう一つ，長いヨーロッパ史の中で，この地域における国家間政治（外交）のあり方を規定する一大原理

として機能し続けてきたルールがある。それが勢力均衡，いわゆるバランスオブパワーの原理である。

「ヨーロッパに多数の国家が存在するということ，ヨーロッパの"自由"を救うために，カルル5世であろうが，フェリペ2世，またルイ14世であろうが，そうした自由の終焉を意味するような，"普遍的王制"の出現することを防ぐために，国家の多数性を維持する必要があるということ，またその結果として，イタリアに続いて16世紀，17世紀の近代ヨーロッパが作り上げた安定した外交政策によって，絶えず外交折衝を続けることが実際に必要であるということ，これこそ均衡理論の前提であり，正当化の根拠である」（シャボー）[7]。

ボルテールも，その著『ルイ14世の時代』において，ヨーロッパに典型的な公権および政治の諸原理の中でも，特に賢明なものは，戦争中も絶えざる外交折衝を通じて，諸国家間に勢力の均衡を維持し続けることだと述べている。ヨーロッパ史を見れば明らかなように，ローマ滅亡後，ヨーロッパ全域が一国によって収められたことは一度もない。ドイツの歴史家ランケが述べたように，「一国の支配によって一色に塗り潰されない」ことがヨーロッパの政治的伝統であり，それを可能にしたのが「勢力の均衡（バランスオブパワー）」という啓蒙の科学精神にも適合する物理原則であった。

もっとも，"団栗の背比べ"の如くに国力の接近した国どうしが常に合従連衡を繰り広げ，ヘゲモニー国家の出現を防ぐという常在戦場的なヨーロッパ世界ではあっても，その根底には先の3要素に集約されるヨーロッパ世界としての共通基盤が構成諸国間には等しく共有されていた。また一方で敵対・抗争しながらも，例えば各国の王侯貴族の通婚関係を見ると，それらが互いに複雑に入り組みあい，非常に国際性の高い単一の世界を織りなしていた事実も窺い知ることができる。ともすれば何事も国家本位，民族本位に考えやすい日本人にとっては，ヨーロッパの社会や文化の国際的性格は，なかなか理解しにくいところである（→例えば，日本の皇室と英国王室の血統における国際性の差違を想起せよ）。一見すると，ヨーロッパ人は強烈な国家意識や民族意識を抱いているようであるが，それは我々日本人の島国的なそれとは違って，「共同の基盤に立っているからこそ，逆に強化しなければならない国家や民族の自覚」（増田四郎）なのだということを忘れてはならない。

第2次世界大戦後，ヨーロッパでは国家統合に向けた動きが進行している。それがウェストファリア（主権国家）システムの枠組みを乗り越えようとしている点では，確かに超時代的な試みであることは間違いない。だが，この地域が本来ヨーロッパ文明圏という一つの纏まったエリアで，域内各国・各地域が相互に深い交流の絆で結びついていた事実に目配せするならば，現下の動きも，それが過去への回帰であり，歴史的連続線上の事象でもあることを想起せねばならないのである。

■注 釈
(1) 神話によれば，ある日，天上から眼下を眺めていたゼウスは，海岸で水浴びしているフェニキア王の娘エウロペの姿を見出した。彼女の美しさに見惚れたゼウスは牝牛に姿を変えてエウロペを拉致し，クレタ島に連れていく。そこで二人は結婚し，王妃エウロペとゼウスの間にはミノス，ラダマンテス，サルペドーンという3人の子供が生まれたという。後にミノスはクレタの王となり，1900年，英国人アーサー・エバンスが発見して一大センセーションを巻き起こした伝説の迷宮クノッソス宮殿の誇り高き君主として，クレタ島に君臨するようになる。
(2) 「ヨーロッパとヨーロッパならざるもの（これは厳密にはアジアを意味した。18世紀の末になってはじめてアメリカがヨーロッパに対立する概念として用いられたが，それまでは常にアジアを意味したのである）とをはじめて対比させたのは，ギリシャの思想であった。ペルシャ戦役とアレクサンドロス大王時代の間に，習俗とくに政治組織という点からして，アジアに対立するものとしてのヨーロッパが意味を持つにいたったのである。そこではヨーロッパは，アジアの"専制主義"に対して"自由"の精神を代表するものであった。もちろんこのヨーロッパは，地理的領域としては極めて限られたもので，イソクラテスに見られるように，しばしばギリシャのみを指すものであった。その領域が拡大された場合でも，境界線はすこぶる漠然としていて，いずれにせよ倫理的・政治的にヨーロッパと言われるときでも，せいぜいギリシャ世界と密接に結ばれてギリシャ文化の浸透を受けた民族や地域，つまりイタリアからガリア，スペインの地中海沿岸までにとどまっていた。」フェデリコ・シャボー『ヨーロッパとは何か』清水純一訳（サイマル出版会，1968年）23～4ページ。
(3) 11～12世紀初頭，つまり中世初期に栄えた建築様式はロマネスク（Romanesque）であった。これは「ローマ風の」という意味の形容詞が語源であることからもわかるように，ローマが開発した半円形のアーチを基本に，巨大な壁で構造物を支えるもの（南フランスの教会等）。これに対しゴシック（Gothic）は，ロマネスクに続く13～14世紀に流行した。ゴート風，つまり森の民ともいわれるゲルマン民族的な建築様式で，森の木立ちの高みと天上の神への憧れを建築物で表現しようとしたものである。高い天井と大きい窓，ステンドグラスがその特徴だ。これは，技術の進歩によって，石の天井の

重量を壁だけで受けとめようとしていたロマネスクとは異なり，アーチを交差させて柱に天井の重みを配分し，その分壁を薄くして窓を明けることができたためである。壁画主体のロマネスクとは対照的に，鮮やかなステンドグラスの外光が光の荘厳性を浮かび上がらせている（ノートルダム寺院やパリ郊外シャルトルの大聖堂等）。ロマネスクとゴシックは，ヨーロッパを構成するラテンとゲルマンという二大文化にそれぞれの源流があるのだ。

(4) 「地形が平坦かつ単調である東ヨーロッパの地区では，外敵の侵入を食い止めるのは非常に難しい。だから……ヨーロッパの防衛線は東ヨーロッパの東部ではなく，皮肉なことに東ヨーロッパと西ヨーロッパとの境界線にある山脈なり地域になる可能性が大きい。そしてそれが実はヨーロッパ文化の防衛線になるのである。……ヨーロッパの本体は西ヨーロッパだというのは，西ヨーロッパまで来なければ，防げなかったという事実とも関係がある。」増田四郎『ヨーロッパとは何か』（岩波書店，1967 年）51～2 ページ。

(5) 英国出身の司祭カトウルフは，チャールズ大帝宛の手紙で「神おん自らがあなたをヨーロッパ王国の栄光のために高め給うた」と書いて，いまや"ヨーロッパ"がチャールズ大帝の王国という政治社会として具現化したことを示している。また修道士アンギルベルトォスもチャールズ大帝を「世界の頭……ヨーロッパの尊むべき王冠」，「ヨーロッパの父なる王」と呼んでいる。澤田昭夫『ヨーロッパ論Ⅱ』（放送大学教育振興会，1993 年）61～2 ページ。

(6) 「ヨーロッパとは，古典古代の伝統とキリスト教，それにゲルマン民族の精神，この三つが文化の要素としてあらゆる時代，あらゆる事象に組み合わされたものだということになっている。従って興味あることには，ヨーロッパが何か行き詰まった時には，いつでもこの三つの要素のいずれかに重点を置いて打開策を考えようとする傾向が見受けられる。この傾向は今日に至るまで続いているとさえいえる。即ちある時には，キリスト教的統一が過去にあったという反省から，いま一度それを回復しようではないかという考えが，新しい次元でのヨーロッパ統一の思想的源泉となる。……またある時には民族の特性，特にゲルマン民族の優越性を強調することによってヨーロッパの制覇を狙おうとする思想が頭をもたげてくる。その極端な例は，ナチスの政策を支えた思想であろう。……このような狂信的な歴史観に反抗するものは，一種のヒューマニズムでヨーロッパの行き詰まりを打開しようとする。つまり，古典古代の文明，人間性に根ざしたヒューマニズムというものから出発して，これを新しい事態に対処する思想の拠り所にしようとする。恐らく今後もヨーロッパは世界の諸影響を受けながらも，この三つの要素を踏まえた諸々の打開策を打ち出すに違いない。」増田四郎，前掲書，63 ページ。

(7) フェデリコ・シャボー，前掲書，62 ページ。

第1章　16世紀の国際関係

1　中世から近世へ
●中世ヨーロッパ世界

　歴史上，長きにわたって地中海地域を除くヨーロッパが世界文明の先進地域となり，あるいはグローバルな覇権争奪戦の主役を演じるということはなかった。農業技術は農耕先進地域から何千年も遅れてようやく波及したに過ぎず，ローマ帝国の出現によって初めて，アルプス以北や西ヨーロッパの地は先進文明圏の支配下に組み込まれたのであった。ローマ帝国崩壊後も，広い荒野に小さな村落が散在するだけの低生産性の後進地域であることに変わりなく，中世初期に入ってもこれら村落の経済は自給自足の域を出ず，外部との交流は限られたままだった。

　しかし，ヨーロッパにおいてもようやくゲルマン人国家のフランク王国が台頭する。西ローマ帝国崩壊後，その領内に建設された多数のゲルマン部族国家のうち，ライン川下流域を本拠としたフランク族がメロビング家のクロービスによってガリアの統一に成功，次いでカロリング家の宮宰チャールズ・マルテルはイベリア半島を北上してきたイスラムの軍勢を撃破し，ゲルマン・カソリック世界の壊滅を食い止めた。そしてチャールズ大帝が西ヨーロッパのほぼ全域を支配下に収め，フランク王国の版図はかっての西ローマ帝国の領土に匹敵するようになる。そこで800年教皇レオ3世はチャールズにローマ皇帝の冠を授けた。かって蛮族と呼ばれたゲルマン人の君主によってローマ帝国が再興されることになったのである。このカロリング帝国はガリア，イタリア，それにゲルマニア（ドイツ）の3地域から構成されたが，大帝の子ルイの死後，ベルダンの条約（843年）によって帝国は東西フランク王国およびイタリア王国に3分割された。これが後のフランス，イタリア，ドイツの母胎となる

　もっとも7世紀以降，イスラム教徒が中近東，さらにはビザンティン帝国に

も勢力を伸ばしヨーロッパとアジアを結ぶ交通路は断ち切られてしまう。この断絶は約6世紀にわたって続き、その間イスラム世界が躍進を遂げたのに反し、ヨーロッパは科学技術や経済等あらゆる面で大きく立ち遅れてしまう。軍事的にも経済的にも、ヨーロッパはイスラムやモンゴル帝国の敵ではなかったのである。だが外部から閉ざされていたため、逆にキリスト教世界の外が化け物や妖怪の住む野蛮邪悪な世界だとヨーロッパでは長く信じられた。1241年、モンゴルの騎兵がポーランドとハンガリーを荒らし回り、リーグニッツの戦いでポーランドとドイツの軍勢を敗退させ、別の一隊はハンガリー軍を打ち破った。この時ヨーロッパ陣営はなす術を知らず、ただうち震えるばかりだった。オゴタイの死という偶然がモンゴル軍団の制覇からヨーロッパを救ったが、「タタール（モンゴル）人を地獄（タルタロス）に駆逐すべし」と神聖ローマ皇帝フリードリヒ2世が各国諸侯に檄を飛ばしても、ローマ教皇グレゴリウスとの不和のため大同団結も生まれず、何らの対処策も打ちだせずに終わった。

　ところで中世ヨーロッパの社会では、独立した封建貴族が国内に多数割拠し、世俗権力の分散が顕著であった。国王は彼ら貴族の最上位に位置するに過ぎず、大貴族によってその行動は常に制約され、国王を廃する貴族の存在も珍しくはなかった。政治が無数の小単位に分かれる一方、ローマカソリックの宗教的支配はヨーロッパの全域に及んだ。国境・領域を越えて領民一人一人を直接精神的に支配するその権威と権力は絶大で、国王のそれを遥かに凌ぐものであった。聖俗の二元支配である[1]。

● イスラム世界への挑戦

　さて、後進地域のヨーロッパが最初に先進イスラム世界へ挑んだのが、11世紀から始まった十字軍であった。第1回十字軍は1096年の秋、3万の大軍で東に進み、3年かかってエルサレムを占領する。騎士道とは名ばかりで、この時彼らはエルサレム市民を虐殺し、略奪の限りを尽くした。そして地中海沿岸にエルサレム王国等幾つかのキリスト教国を建設し、異教徒支配の地に初めて楔を打ち込んだが、十字軍がかろうじて成功したのはこの1回目だけであった。ファーティマ朝滅亡後、エジプトにアイユーブ朝を建設したサラディンはイスラム勢力を結集しシリアを攻略、次いでエルサレムを奪還する。聖地を守ること88年にしてキリスト教徒は再びエルサレムを失ってしまった。1187年

のことである。サラディンの軍は軍規が極めて厳正で、兵士による略奪や犯罪行為は殆ど行われなかった。エルサレム占領の際に十字軍が見せた相次ぐ非人道的行為とは極めて対照的だが、この事実はイスラム世界の先進性と、反対に外の事情に通じていないヨーロッパ人が如何に野蛮であったかを物語るエピソードだ。当時のヨーロッパ世界で海外事情に精通していたのは、ベニス、ジェノバのイタリア商人のみであった。以後、エルサレム奪回の企ては悉く失敗に帰した。第3回十字軍も王国再建の目的を果たせず、第4回十字軍では聖地に向かうどころか、コンスタンチノープルを占領しラテン帝国を建設する有様だった。第5回遠征では一時的にエルサレムを取り返すが、続く6、7回の十字軍はまたも失敗に終わった。

　十字軍は「歴史上、最も雑多な要素の入り交じった最も統制の効かない運動」（ブーアスティン）となり、ヨーロッパ側の大敗北をもってその幕を閉じるのだが、この遠征を通してヨーロッパは初めて東方世界に正面から眼を見開くようになった。また多額の戦費を費やしたことで十字軍に参加した貴族や教皇らの権威が失墜した反面、彼らに融資し続けた商人の勢力が台頭し、都市経済の発展をみたほか、王権が強まり、国家の統一、集権化に向けた動きが強まる等ヨーロッパ世界に与えた社会・経済的影響は大きかった。さらに、この戦いの過程でヨーロッパはキリスト教共同体としての意識を高める一方、イスラム文明から軍事をはじめとする先端技術の習得に努めた。例えば、中世ヨーロッパの騎士は重く不器用な鉄鎧、鉄冑を纏い、そのうえ馬にまで鎧を着せていたが、このような重装備は一騎打ちにはよいが機動性を欠き集団戦法には適しない。そこで彼らはイスラム戦士の鎖鎧を直ちに模倣した。また武器では木製の弩（クロスボウ）を導入した。弩は中国の発明であるが、イスラムはこれを馬上で使用しヨーロッパ騎士を大いに悩ませた。優秀なアラビア馬とともに、弩はヨーロッパ人には驚異の的だったのである。14世紀には鉄製の弩がヨーロッパで作成されるようになり、以後専ら歩兵の武器として活用される。

　そして、覇権世界との接触を契機とした一連の社会変動をその内部で醸成させつつ、再びヨーロッパがイスラムへの挑戦を試みる時期が到来する。711年以降イスラム勢力に支配されてきたイベリア半島を舞台とするレコンキスタ運動がそれである。1212年にラス・ナバス・デ・トロサの戦いで勝利して以後、

キリスト教勢力は徐々にイスラムを圧迫し，コルドバ（1236年）を，次いでセビリア（1248年）をそれぞれ占領する。またイタリア商人の手を通して東方世界からもたらされる香料等奢侈品への依存が次第に強まるようになった。徐々にではあるが，東方世界はヨーロッパ人の生活や思考プロセスの中に組み込まれていったのである。そうした折り，モンゴル帝国が出現したことで，途切れていたアジアとのルートが約1世紀にわたり久方振りに開放されることになった（1250〜1350年）。

● 高まる東方への関心

この例外的な時期，ヨーロッパからアジアへ出かけ，その地の情報をもち帰った人物にベニス生まれのマルコ・ポーロがいた。1271年，宝石商人である父ニコロ・ポーロ，叔父マッフェオ・ポーロに従って東方に旅立ったマルコは1274年頃，フビライの夏の離宮がある上都に到着する。この上都でマルコら一行はフビライと会見するが，マルコの才能を見抜いたフビライに優遇され，そのまま中国にとどまって元朝の官職に就き，17年間中国各地を旅行する経験を得た。やがてマルコらが帰国を望んだため，イル・ハン国のアルグン・ハンに嫁ぐ元朝の王女コカチンの旅行案内者として中国を離れることを許された一行は，海路を経て1295年実に25年ぶりに故郷ベニスに戻った。その後，ベニスとジェノバの戦いに巻き込まれ，マルコは捕虜としてジェノバの牢獄に入れられるが，この入牢中に物語作者ルスティケロに彼の中国での体験を綴らせたのが『東方見聞録』である。その内容は中国への往路，中国国内旅行，および帰路における寄港地に関する情報の3部からなり，各地域の風俗，習慣，さらに元朝宮廷内部の事情などにも及んでいる。またジパングとして日本を紹介しているが，日本の存在がヨーロッパに伝えられたのはこれが最初である。この本は，ヨーロッパのアジアに対する関心を一挙に高めた。中でも黄金の国として紹介された日本への関心が高まり，やがてコロンブスをはじめ多くの航海者がジパングをめざして冒険の船出に誘われることになる。ヨーロッパ人の日本に対する関心が，新大陸発見の機縁となったのである。

だが，モンゴル人はその後明王朝に政権を奪われ（1368年），漢民族は外国人に門戸を閉ざしてしまう。しかも東方ルートの西端にはオスマントルコが出現，スルタン・スレイマン1世は「三つの大陸と二つの海の支配者」であるこ

とを自ら誇ったが，トルコ人によるこの大帝国の出現によってヨーロッパとアジアを結ぶ交易ルートは再び麻痺してしまった。当時のヨーロッパ諸国の力をもってしては，この大帝国を撃破して東方への陸路を切り開くことは不可能だった。しかし，イスラム勢力やベニス商人を経由せず，直接アジアから自分達の国に銀や奢侈品を持ち帰りたいという願望はもはや冷めることがなかった。彼らは強大なイスラム軍事帝国の拁する東地中海や中近東の陸路を避け，新たな海路の開拓というアプローチを採用する。海洋政策の遂行によってアジアへの接近をめざしたのだ（ヨーロッパ諸国の海洋国家戦略）。この海洋国家としての目覚めがヨーロッパ飛躍のきっかけとなり，ここにヨーロッパ覇権時代の幕が開くのである。折しもマラガが奪還（1487年）され，レコンキスタの完成も近づきつつあった。こうして時代は16世紀を迎える。

● ヨーロッパ世界の幕開け

16世紀のヨーロッパ国際関係を規定したのは，(1)フランスとハプスブルク帝国の対立，(2)海洋勢力の台頭，それに(3)宗教戦争である。この時代，ヨーロッパ中原では王権伸張の萌芽が見出せるフランスと，中世権力構造の残滓ともいえる神聖ローマ帝国の枠組みの中で躍進を遂げつつあるハプスブルク家が覇を競っていた。両勢力はルネサンスの中心地で，当時富と文化の源泉であったイタリアを巡って激しい争奪戦を繰り広げた（イタリア戦争）。マキャベリによって近代政治学の礎が生み出されたのも，この過程においてであった。一方，海洋勢力が台頭したのもこの時代のもう一つの特色である。ポルトガル，スペインというヨーロッパの外縁（フリンジ）に位置する国が，逆に外洋に面するという地理特性を活かし，当初はアジアへ，後には新大陸への進出を企図し，大海原に向けて積極的な冒険活動を国家レベルで推進した。その結果，交易と略奪によって巨万の富を手に入れ，一躍ヨーロッパ最強の地位に上りつめることになる。(1)がフランク王国の後継者による欧州内域部での覇権闘争だったのに対し，(2)は欧州域外への勢力伸張であり，同時にそれはヨーロッパによる世界支配の第一歩でもあった（大航海時代の到来とヨーロッパの世紀の幕開け）。

ところで，ルネサンスと並び近世初頭のヨーロッパを特徴づける大きな出来事が宗教改革である。これが各地域の政治権力と密接不可分に交錯し，16世紀半ば以降，旧教の擁護者を自認したカール5世と宗教改革勢力との対決や，

フランスにおけるユグノー戦争の激化等新旧両派の激しい宗教戦争がヨーロッパ各国で展開された。国内貴族の勢力を二分する形で繰り広げられたこの戦争は，英国のバラ戦争と同様，王権の強大化による絶対主義国家への過程を加速するとともに，17世紀には欧州全域を巻き込む大戦争へと拡大する。その結末として，ヨーロッパでは聖俗二重支配という中世封建社会の枠組みが崩れ，近代主権国家システムが誕生する。以下，こうした国際関係の史的展開を眺めてみよう。

2 フランスのイタリア遠征
● 王権の伸張

ヨーロッパの国際関係は，海洋勢力と大陸勢力の覇権闘争が一つの軸となって展開するが，大陸勢力内部の権力争奪ゲームに目をやると，そこにはフランスとドイツの数世紀にもわたる対立と戦争の歴史が浮かび上がってくる。両国のヘゲモニー争いは，近世ヨーロッパ史を規定した最大の動因の一つであった。本書では，ヨーロッパの覇権をめざし両国が繰り開げた虚々実々の外交駆け引きや戦争等に焦点をあわせ，大陸ヨーロッパの動きを追体験していきたい。

序章で見たように，フランク王国（カロリング朝）のチャールズ大帝によって"ヨーロッパ世界"が出現したが，チャールズ大帝の子ルイの死後，フランクは東西フランク王国およびイタリア王国に3分割された。分裂したフランク王国のうち，西フランクにできたフランスでは王権が振わず，典型的な封建制度が行われた。10世紀末，カペー朝が成立するが，ノルマンの侵入が激しかったこともあり封建的分裂は著しく，国王の直轄領はパリ周辺に限られ，王室よりも広い領土を持つノルマンディ，ブルゴーニュ（ブルグンド）諸公領，フランドル，シャンパーニュ，ブロア伯領等があり，王権の全く及ばないブルターニュ，ガスコーニュ，ツールーズ等も存在した。その後十字軍への参加により諸侯の没落が始まり，12世紀末にはフィリップ2世が20年間にわたり英国のジョン王と争い，ブルターニュ以外の仏国内にあった英国領の奪還に成功，以後カペー王権の伸張を見るようになった。

そして14世紀前半に誕生したバロア朝の下，フランスは英国との百年戦争に最終的な勝利を収めたが，この過程で諸侯は疲弊し，その領地は国王に帰し

王権は一気に強化された。戦争末期，シャルル7世は国王に直属する常備軍を創設して全国に配置し，また都市との提携を図ることで封建貴族に対する軍事経済的依存を脱却した。その子ルイ11世も市民階級の支持の下に諸侯領を奪い，最大のライバル，ブルゴーニュ公に勝利し公領の大半を没収したほか，自子をブルターニュの公女と結婚させ，次のシャルル8世の代にはブルターニュも王権に併合された。こうして中央集権化が進むにつれ，フランスの目は国外，特に国内闘争に明け暮れるイタリアに向けられるようになった。15世紀末から16世紀前半，歴代フランス国王はイタリアに兵を進め，神聖ローマ帝国を支配するハプスブルク王家と相まみえた。結果的にフランスはハプスブルクの優位を揺るがすことはできなかったが，度重なるイタリアへの出兵を通して，イタリアルネサンスの精華がこの国に導入，伝播された。

● 分裂するイタリア

では，フランスに狙いを定められた当時のイタリアは，一体どのような政治状況にあったのか。イタリアは分裂したフランク3王国の中で最も早くカロリングの家系が絶え，以後中小君主の王位を巡る抗争が頻発，さらにノルマンやサラセンの侵入も加わり半島の政情は混乱が続き，教皇権も衰退した。その後，神聖ローマ帝国が成立し，オットー大帝以降イタリアは皇帝の支配と干渉を受け，これが半島の分裂をさらに加速させた。11～12世紀には自治都市（コムネー）が発達，ノルマンの伝統をひくナポリ王国を除き，半島各地の自治都市は周辺の農村を支配下に置き，独立国家的な傾向を強め相互に覇を競った。12世紀半ば，ドイツのフリードリヒ1世が侵入した際，諸都市はロンバルディア同盟を形成して対抗したが，外部からの脅威が去るや忽ちこの都市同盟は瓦解した。各都市や貴族は叙任権闘争に関与し，教皇派と皇帝派に分かれて対立を繰りかえした。

さて15世紀のイタリアでは，ベニス共和国，フィレンツェ共和国，ミラノ公国，ナポリ王国，ローマ教皇庁の5大勢力が拮抗していた。このうちベニスは中世以来東方交易で栄えた都市で，当初は市民全体が終身任期のドージェを選ぶことになっていたが，経済的発展に伴い実権は大商人の手に移り，14世紀には貴族化した財閥商人で構成する十人委員会が政権を掌握する等一握りの大商人による寡頭支配体制が採られていた。それまで交易活動に専念していた

ベニスも、オスマントルコの脅威の高まりにつれ、次第にイタリア内陸部への領土拡大に関心を示すようになった。

　一方、内陸都市フィレンツェは毛織物と絹織物生産の盛んな工業都市で、シエナを滅ぼし絹織物の独占権を奪った後、ピサを服属せしめてその海上権を入手、トスカナ地方一帯を治めた。一時期、職人や小親方からなる小市民（ポポロミヌート）が大市民（ポポログラッソ）と同等の政治的権利を獲得し、また毛織物工業の労働者（チオンピ）の反乱（1378年）が起きてプロレタリア政権が生まれたこともあった。しかし15世紀以降、政治は富裕市民からなる同業組合の代表が握り、大商人で金融業者のメディチ家が台頭する。最初に政権を手にしたのはコシモ・ド・メディチで、孫のロレンツォ・メディチは事実上の独裁体制を敷いた。このロレンツォの時代にフィレンツェはイタリア文芸の中心地になる等絶頂期を迎えた。1492年にロレンツォが死去した後、ドミニカ派修道士のサボナローラが厳格な宗教政治を敷いたが忽ち失脚、火刑に処せられ再びメディチ家の独裁に戻った。だがこの頃既に毛織物工業の中心は英蘭に移り、わずかに絹織物業を残すだけとなり、フィレンツェは衰退へと向かう。

　ミラノはアルプス以北との通商の要として栄えた商業都市で、ロンバルディア同盟の中心でもあった。ギベリン党の領袖ビスコンティ家が勢力を伸ばし、14世紀初頭、ドイツ皇帝ハインリヒ7世南下の機を捉えてこれを破りミラノ支配の世襲を決定的にした。ビスコンティ家統治時代がミラノの全盛期で、特に10代目当主ジャン・ガレアッツォは北・中部イタリアに領地を大きく拡大、ミラノを公国に昇格させたほか、フィレンツェ包囲網を形成した。これに対しナポリ王国は、交易の発展が遅れたこともあり、市民階級の台頭が見られぬ小君主国であった。ローマ教皇庁はいうまでもなくカソリックの本拠地として精神的に特異な地位を占めていたが、そればかりでなく教皇による政治的干渉も絶えることがなく、俗権の一翼をなしていた。

● 勢力均衡と近代外交様式の誕生

　1402年、ジャン・ガレアッツォが死去するとミラノは統制を失い弱体化、それにつけ込んでベニスがフィレンツェと対ミラノ同盟を結び、勢力拡張に動いた。その後、15世紀半ばにビスコンティ家が対ベニス戦に傭兵隊長フランチェスコ・スフォルツァを雇い入れるが、ビスコンティ家の崩壊に乗じてクー

デターを起こしたスフォルツァによって政権を奪われ共和国は崩壊する。スフォルツァによるミラノ公位簒奪にはイタリア諸勢力の反発が生まれたが、コンスタンチノープル陥落とトルコの脅威の増大を背景に、ベニスとミラノが平和条約を締結（ローディの和約：1454年），翌年にはフィレンツェ，教皇庁，ナポリも加わりイタリア同盟が誕生し，5大国均衡の時代が到来した。

　均衡維持のバランサー役は，フィレンツェのコシモ及びロレンツォ・メディチ（大ロレンツォ）が果たした。5国協調がイタリアの独立を保証し，外国勢力の干渉を防ぐ唯一の方途と信じたロレンツォは，各国のメディチ銀行から情報を収集したり卓抜した外交能力を発揮して周辺諸国の介入を防ぐとともに，イタリア諸都市間のバランスオブパワーの維持に努めた。都市国家相互が勢力均衡に腐心し，また情報収集を目的に他の都市や諸外国に使節を派遣する等15〜6世紀にイタリアで生まれたこの慣行は，近代ヨーロッパ国際システム及び近代外交の原形となった。

　その後，ミラノとフィレンツェの関係が微妙となり，大ロレンツォの死去後，後を継いだ凡庸な子ピエロ・デ・メジチがバランサーの役目を放棄してナポリとの同盟に踏み切り，教皇もベニスもこれに倣った。一方，ミラノの事実上の支配者ルドビーコ・イル・モーロは甥を暗殺して公位簒奪を図るが，イタリア諸邦の反対に遭い，孤立した立場を打破すべく外国勢力と結託。アンジュー家のナポリ王位奪回を狙っていた仏国王シャルル8世にこれを認め支援を約し，フランスをイタリア遠征に誘い込んだ。その結果イタリアにおける都市間の勢力均衡は崩壊し，外国勢力の干渉に道を開くことになった。

● シャルル8世のイタリア侵入とマキャベリ

　かねてよりフランスのシャルル8世はイタリアルネサンスに強いあこがれを抱いていた。騎士的性格と十字軍的情熱を持ち，中世的なキリスト教世界帝国樹立の理念に支配されていた彼は，東方遠征への根拠地であるナポリ王国を手に入れた後，ギリシャに出てコンスタンティノープルの異教徒トルコ人を追い払い，聖地エルサレムを奪回する夢を抱いていた。1494年9月，6万の精鋭を率いた弱冠24歳のシャルル8世はアルプスを越えてイタリアに侵入，ロンバルディアを通過してトスカナに向かう。まずフィレンツェに入り，ピエロ・デ・メジチから譲歩を獲得，次いでローマに進軍，ナポリ軍は戦わずして後退しナ

ポリ国王は退位しシチリアに逃亡，シャルルは1495年2月ナポリ入城を果たした（前期イタリア戦争）。

このシャルルの進撃に神経を尖らせたのが，イタリアに宗主権を持つ神聖ローマ皇帝マクシミリアン1世であった。彼は王子の結婚によってスペインのアラゴン王家とも緊密な関係にあったが，ナポリ王はスペイン王家の分家にあたることから，1495年3月，オーストリアとスペインは反仏同盟を結成，ミラノ，ベニス，それに英国も加わった。これはヨーロッパ初の国際同盟であった。以後，オーストリアとスペインが連携してフランスを包囲する構図は，度々出現する[2]。この対仏大同盟の成立によってシャルル8世は帰国を余儀なくされ，ナポリ王国は再度アラゴン家に帰し，スペインがイタリアに進出する際の拠点となった。シャルル8世の侵攻はフランスにさほどの戦果をもたらしはしなかったが，都市国家の時代から絶対国家優位の時代への変化を象徴する出来事であると同時に，列国によるイタリア干渉の発端ともなった。

ところで，「イタリアは地理的名称以上のものではない」とはメッテルニヒの言葉だが，外国勢力の干渉が相次いだイタリアでは，政治は倫理ではなく力の学問という認識が生まれる。それを最初に体系化したのがマキャベリだった。ニコロ・マキャベリは1469年，フィレンツェの貧しい貴族の家に生まれた。シャルル8世の軍隊がフィレンツェに入城した時，25歳だった彼は絶対王権の軍隊の規模と統率の高さに驚嘆した。またこれほどの軍隊を指揮する指導者の資質等についても考究をめぐらすようになる。シャルル8世来襲の際，メディチ家当主ピエロはあっさりと降伏しフィレンツェ要塞明け渡しに応じたが，この措置に反発した市民が彼を追放し，シャルルの軍が引き上げた後，サボナローラの独裁的な神権政治が始まる。しかしサボナローラも処刑され，再びメジチ家が政治の実権を取り戻すのだが，メジチ家が政権を失っていた時期，フィレンツェ政庁の要職に登用されたマキャベリは，外交使節としてイタリアや西欧諸国に赴き，喪失したピサの回復等フィレンツェの再興に奔走する。

その過程でマキャベリは，都市国家フィレンツェの政治的弱体ぶりを嘆き，統一国家の政治権力の大きさに魅了される。またイタリア統一の野心に燃えるチェーザレ・ボルジアと知り合い，彼の政治力にも強い刺激を受ける。こうした実体験が，強力なリーダーの必要性とその資質を説いた『君主論』となって

結実する。だが彼は『ローマ史論』では古代ローマの偉大さの原因を共和制に帰せしめており、マキャベリの本領は共和主義にこそあり、専制主義は緊急手段として評価したに過ぎなかったと見るべきであろう。また『フィレンツェ史』ではポリビウスの歴史観を発展させ、「力は平和を、平和は安逸を、安逸は不秩序を、不秩序は混乱を招く」という政体循環論を取り入れている。さらにフィレンツェの軍事委員として、傭兵は時代遅れであり国民皆兵の制度を作るべきだと主張、自ら農民兵の徴募を試みたが、1512年8月、スペイン軍がフィレンツェに迫った時、この国民軍が敗走し彼の構想は挫折に終わった。強い政治権力の出現と統一国家作りをめざすマキャベリの思想は、その後の歴史の趨勢を正しく見据えたものであったが、当時のイタリアでは未だ実践困難であったことが彼の不幸であった。マキャベリズムの悪名を歴史に残したが、マキャベリこそパワーとリアリズムを基本とする近代政治学の開祖であることは間違いない。

③ ドイツと神聖ローマ帝国
●神聖ローマ帝国の成立

　東フランク王国（ドイツ）では、オットー1世が辺境を脅かすマジャール人やスラブ人を討って領土を拡大するとともに、チャールズ大帝の伝統を受け継ぎ、キリスト教的ローマ帝国の理念を抱いてイタリアに出兵、教皇を援助した。教皇ジョン12世はオットーにローマ皇帝の冠を授け、ここに神聖ローマ帝国が成立（962～1806年）。爾来、ドイツ皇帝がイタリア国王を兼ねることとなる。11世紀前半、ハインリヒ3世の時代、皇帝権は最強を迎えるが、オットー以降の歴代国王が神聖ローマ皇帝としてイタリア政治に深く関与したことがドイツに禍した。そもそも皇帝位を得たとはいっても、現実には一ドイツの国王に過ぎない者がその内政を省みず、超国家的な世界支配の理念に幻惑されてイタリア経営に乗り出したため、ドイツ本国では諸侯の分立が進み、国家の集権的統一を著しく遅らせることになった。皇帝は自らのイタリア政策に諸侯の同意を得るため、政治的譲歩や特権の付与を余儀なくされ、逆に教皇は諸侯中の反皇帝分子と結んでドイツの分裂、内紛を助長するようになっていく。

　さらにヘンリー4世に始まる叙任権闘争は、その傾向を加速させた。ウォル

ムスの協約（1122年）により教皇に聖職叙任権が付与されたことで、帝国の教会政策は破綻し、諸侯自立の機運は一層強まった。12世紀後半、シュタウヘン朝（1138～1254年）のフリードリヒ1世（赤髭王）は帝権を強化し、イタリア遠征や第3回十字軍にも出征したが、13世紀にフリードリヒ2世がシチリア経営に没頭し、ドイツ国内の政治を怠ったため再び分権化が進み、13世紀末には大小3百の諸侯が各々の領邦国家を形成していた。有力諸侯の中には東方植民（12～13世紀以降エルベ川以東のスラブ人の地への植民）の先頭に立つものもあり、ブランデンブルク辺境伯領やドイツ騎士団領（1511年にプロシャ公国となる）のような領邦国家も出現した。

　その間シュタウヘン王朝が断絶し、13世紀半ば、神聖ローマ皇帝位を巡る諸侯の争いは国際的な紛争へと発展した（大空位時代）。その後、カール4世の金印勅書発布（1356年）によって、神聖ローマ皇帝位はマインツ、トリール、ケルンの各大司教、ベーメン王、ブランデンブルク辺境伯、ザクセン侯およびプファルツ伯の有力7諸侯の選挙によって決せられることとなり、かつそれぞれの諸侯領には独立国の地位が認められた。この文書は帝権の衰退と国内分裂を示すものであり、中央権力の後退と領邦分立というドイツの政治的運命は決定的となった。ヨーロッパの中央に位置しローマ帝国の後継者を任じながらも、聖権への過度の拘泥によってドイツはヨーロッパ覇権争奪戦からの後退を余儀なくされた。

● ハプスブルク家の台頭

　分立するドイツ諸邦に代わり皇帝位を獲得し、大陸国家の雄であるブルボン王朝（フランス）と激しく競りあうようになったのが、ハプスブルク家である[3]。ハプスブルク家は、もともとライン川上流のバーゼルとチューリッヒを結ぶあたりから独仏国境のアルザス地方を根拠地とした小封建領主であったが、1273年、ルドルフ1世が神聖ローマ皇帝（ドイツ）に選出された。帝位を狙う野心的なボヘミア王等と違い、小勢力のハプスブルク家であれば自らの権益を侵されることもあるまいと7選挙侯が判断したからである。だがこうした侮りとは反対に、英明なルドルフはボヘミア王オトカル2世を倒し、世襲領のスイスに加えて新たにオーストリアを獲得、東欧進出の足掛かりを掴んだ。同家中興の祖ルドルフの子で初代オーストリア公となったアルブレヒト1世も神聖ローマ

皇帝に選ばれるが、後に暗殺され、15世紀まで帝位は一旦同家を離れる。だが1440年にフリードリヒ3世が再び神聖ローマ皇帝の座を得た後は、1806年に帝国が解体するまでのほぼ全期間王位を独占し、その間、ハプスブルクはヨーロッパ諸国に婚姻関係を張り巡らせることで領土を拡大させていった。

まず1477年、フリードリヒはその子マクシミリアン1世をブルゴーニュ（ブルグンド）公国シャルルの娘マリアと結婚させたが、その直前にシャルルがスイス人との戦闘（ナンシーの戦い）で陣没したため、ネーデルランドをはじめとする広大なブルゴーニュの領邦を獲得。スイス、オーストリアに加え西ヨーロッパにも進出したハプスブルク家は、以後、中央集権体制の確立に先ん出たフランス（バロア、ブルボン各王朝）と敵対。シャルル8世がイタリア遠征を開始しナポリを占領したのに対抗して、マクシミリアンはローマ教皇アレキサンドル6世やベネチア等と神聖同盟を結成し仏軍を撤退させた。ハプスブルクとブルボンの対立はマリー・アントワネットがルイ16世に嫁ぐまで約4世紀にわたって続いたが、こうした大陸国家相互の抗争が海洋国家英国の台頭を許す一因ともなった。

またマクシミリアンはマリアとの間に生まれた息子と娘をスペインの王子、王女と二重結婚させ、息子フィリップとスペイン王女ファナの長男カールがカルロス1世としてスペイン国王に即位する。この時代のスペインはイベリア半島のほかにもナポリ王国、シチリア島、サルディニア島、さらには新大陸もその版図に含まれていた。マクシミリアンは孫のカールに皇帝位を獲得させるべく、アウグスブルクの金融財閥ヤコブ・フッガーから巨額の資金を受けて選挙侯への買収工作を進め、有力な対立候補仏王フランソワ1世を退けることに成功、カルロス1世はカール5世として神聖ローマ皇帝に選ばれ（1519年）、ヨーロッパ史上最も広大な領土を統治する君主となった。さらにマクシミリアンは孫のマリアとフェルディナンドをハンガリーの王子ラヨシュ、王女マリアと二重結婚させたが、若き国王となったラヨシュはオスマントルコとの戦争（モハッチの戦い）で戦死、ハンガリー王家には他に王子が存在しなかったためフェルディナンドが王位を継承した。当時ハンガリー王がボヘミア王も兼ねており、ハプスブルクはスペインにとどまらずボヘミア（チェコ）、ハンガリー両王国も獲得した。こうして16～17世紀、マクシミリアンは一滴の血を流すこともな

く，婚姻政策によってハプスブルクを一大帝国へと導いたのである。

● **イタリア戦争の勝利**

　ハプスブルク家はカール5世の時に絶頂期を迎えた。中世的普遍帝国の再興を皇帝の使命と考えたカールの最大の宿敵は，シャルル8世以来イタリアへの勢力拡大を狙うフランスであった。ドイツ，オーストリアとスペインの合体で自国の周辺をハプスブルクに包囲されたフランスでは，カールと皇帝位を争ったフランソワ1世がルイ12世の意志を継いでハプスブルクへの挑戦を決意，ベニスと結んでミラノ公国を攻め，マリニャーノの戦い（1515年）で大勝しイタリア政策で優位に立った。これに対しカール5世は，分散する領土間の提携を密にするため北イタリアとブルグンド（ブルゴーニュ）の確保をめざし，教皇レオ10世，ベニス，ジェノバ，英国のヘンリー8世等と対仏同盟を結び，ミラノ公国に対する古い権利を口実にフランスとイタリアで干戈を交え，ミラノ南方パビアの戦いで仏軍を打ち破った。この戦いで捕虜となったフランソワ1世は屈辱的なマドリードの和約を強いられ，ミラノ，ナポリ等北イタリアに対する要求放棄とブルゴーニュの割譲を強いられた（第一次イタリア戦争：1521～26年）。

　だが，釈放されるやフランソワは英国や教皇クレメンス7世等とコニャック同盟を結び，マドリード和約の無効を訴えて再びカールとの戦争を再開した。この戦いでフランスはブルグンドの相当部分を奪還することに成功したが，カンブレー条約（1529年）によってイタリアに対する権利は断念させられた（第2次イタリア戦争：1527～29年）。この時，レオ10世の後を継いだ教皇クレメンス7世が，ドイツのみならずスペイン及びその属領であるネーデルランドを併せ持つカールの優勢を警戒し，それまで同盟を結んでいた皇帝側から身を翻し一転フランソワに結びついたため，怒ったカールはローマに軍隊を派遣，ドイツ傭兵軍によってローマは劫掠され，サンタンジェロに逃げ込んだクレメンテ7世は幽閉の身となり，教会はカールとの妥協を強いられた（1529年）。このローマ劫掠を機に，カソリックの自己改革が本格化する（反宗教改革）。フランスや教皇と戦うと同時に，この時期，カール5世はオスマントルコの脅威にも備えねばならなかった。スレイマン1世の治下，最盛期を迎えたオスマントルコが西方への進出を強めたからだ。オスマントルコの軍勢はモハッチの戦い

(1526年)でハンガリーを破り属国となし、さらに神聖ローマ帝国の領内に侵入、カールの領地であるウィーンを包囲した(第1次ウィーン包囲：1529年)。弟のオーストリア大公フェルディナンドとともにカールは何とかこの包囲を押し返したが、以後トルコは度々ウィーンを窺うようになる。一方復讐に燃えるフランソワ1世は、国内では新教徒を弾圧しつつ、ドイツの新教諸侯には援助を行い、さらにオスマントルコにも接近、これと密約を結びハプスブルクを挟撃、カール5世の孤立化を謀った。

　カール5世とフランソワ1世のイタリアでの戦いは延べ4回に及んだが(第3次イタリア戦争：1536〜38年、第4次イタリア戦争：1542〜44年)、結局フランスはイタリア確保の足掛かりを掴めず、逆にカールはクレピーの和約(1544年)でイタリアからの仏勢力の排除に成功する。かくて20年余にわたったイタリア戦争(1521〜44年)はカール5世の勝利で終わったが、両国の覇権闘争はミラノやパルマの帰趨を巡り、カールの子でスペイン国王のフェリペ2世とアンリ2世に引き継がれた。その際、教皇パウルス4世は反宗教改革の立場にありながら、スペインハプスブルクの台頭を嫌いドイツ新教徒やトルコと結び、フランスに組してフェリペに敵対した。しかしスペインの優位は動かし難く、カトー・カンブレジの和約(1559年)でフランスはイタリアに有する領地のほとんどを失い、全面撤退が決定的となった。反対に、ミラノ公国、ナポリ王国、それにシチリア、サルディニア両王国、トスカナ沿岸を直接領有したスペインハプスブルクのイタリアでの優位が固まった。以後フランスのエネルギーは一転内向きとなり、国内宗教戦争に費やされるが、この年(59年)、フェリペ2世がフランス王家のエリザベートと結婚したことで、両国の関係は落ち着きを見せる。

④ 宗教改革と戦争

●カール5世 vs. 新教徒

　フランスやトルコと対峙する一方、カール5世は宗教改革の波にも立ち向かった。ドイツの宗教改革運動は、ルターが発火点となった。ルター登場の契機となったのは、教会の免罪符であった。時の教皇レオ10世はサン・ピエトロ寺院の改築費調達のため、免罪符の販売をマインツの大司教に委ねた。この

大司教はその地位を買うための費用をフッガー家から借りており，免罪符売上げの半額はこの負債の消却に充てられることになっていた。これに対しザクセン選帝侯領内にあるウィテンベルク大学の神学教授ルターは「人は信仰によってのみ救われる」という自らの宗教的信念と，教会の背後にいた高利貸（資本家）や大商人層への反感から，露骨な免罪符の販売撤回を申し入れたが，これが聞き容れられなかったため，「95か条の論題」を提示し教会に公然たる理論闘争を挑んだ。本来これは神学上の論争であったが，教皇をドイツ統一の障害と考える愛国者や自由を求める都市市民，封建制度と教会の重圧に苦しむ農民，さらに教会の巨大な富に野心を持つ諸侯達の幅広い支持を得ることになった。

　しかし，カール5世は旧教理念と結びついた伝統的な皇帝の性格を変えようとせず，ウォルムスの国会を招集し（1521年）ルターに自説の撤回を要求，ルターがこれを拒否したため，カールは勅令をもって新教の活動を禁止した。だが新教の勢いは抑え難く，宗教改革運動は皇帝と諸侯の対立抗争に途を開き，ひいては封建国家の崩壊と国民国家誕生の端緒となる。もっとも，カール5世の対新教政策も対外関係の変化につれて一様ではなかった。ローマカソリック教会の再建には熱意を持ちながら，フランスやオスマントルコとの戦争，またスペイン，ネーデルランド問題の処理等に忙殺され宗教改革運動の取締りに専念できず，妥協的な施策を打ち出すことも多かった。対仏戦に国内諸侯の援助を必要としたカール5世は，第1シュパイエル国会ではルター派と妥協して一時新教徒の布教を黙認（1526年）した。だがウィーンに迫ったトルコを撃退し，イタリアに攻め入り教皇を屈伏させる等対仏戦に勝利するや，第2シュパイエル国会を開き一転先の決議を撤回しウォルムスの禁令を確認して新教の布教を禁じた（1529年）。ルター派は直ちにこの措置に抗議したが，"プロテスタント"の名は此処に由来する。

　その後，カールはアウグスブルクの議会（1530年）で新教とカソリックの和解に努めたが，メランヒトンによるアウグスブルク信仰告白が否決され新教排撃が決議されたため，プロテスタント側はシュマルカルデン同盟を結成して旧教側に対抗した。しかし仏土との戦いに追われたカールは，ニュールンベルクの宗教会議で再び新教を容認，その助力を得てトルコを退け，44年にはフランソワ1世を破りクレピーの和約を成立させたことは前述した。この間，新教

勢力は次第に力を伸ばしていったが，対仏講和がなったカールは再び新教を圧迫，新教側のオリエント公会議への参加拒否を口実に攻勢を強めたため，シュマルカルデン戦争（1546～47年）となって爆発した。ミュールベルクの戦い（1547年）でカールが新教側に壊滅的打撃を与える等戦いは当初新教側の苦戦が続いたが，（アンリ2世の）フランスと組したザクセン公モーリッツが皇帝側から新教側に寝返り，皇帝側の優位は覆された。ルター派の抑圧に絶望したカールは1555年，アウグスブルクの宗教会議で「領域を支配する者が宗教を支配する」原則に基づき，神聖ローマ帝国域内の領主に新旧教それぞれの信仰の自由を認めた。ここにルター派プロテスタントは公認され，1517年以来の宗教対立は一応の解決を見た。

● ハプスブルクの分裂とユグノー戦争

　カール5世の時代，ハプスブルク家はヨーロッパ最大の領域を擁する勢力となったが，その力を以てしても帝国内をカソリックで統一することはできなかった。引退を決意したカールは1555年ネーデルランドを，次いで56年にはスペインの統治を息子フィリップに譲り，神聖ローマ皇帝の地位はフェルディナンドに引き渡した。

　「戦は他国にさせておけ。幸いなるオーストリアよ。汝は結婚せよ」という格言があるように，ハプスブルクの広大な領域は軍事力で勝ち取ったわけではなく，政略結婚の産物であった。そのため帝国内の一体性・凝集性や集権性は低く，オスマントルコと対峙する東欧から新大陸に至る広大な領土を一人の王が統治するには無理があった。そのため，程なくハプスブルク帝国はスペイン系とオーストリア系に分裂する。フィリップの引き継ぐスペインハプスブルクは海外植民地とネーデルランド，フランシュコンテ，ナポリ・シチリア王国を含むスペイン王国を，皇帝フェルディナンドの引き継いだオーストリアハプスブルクはライン上流の旧来の所領とオーストリアをその領域とした（ハプスブルク家の分裂：1556年）。

　一方，カトーカンブレッシ条約締結（1559年）で仏，西との関係に区切りをつけ，内政，即ち国内宗教問題への対処に取り組む環境が整ったフランスでは，この年アンリ2世が急死する。王妃カトリーヌ・ド・メディシスは15歳でしかも病弱な子フランソワ2世の摂政となり国政を担当したが，当時北フランス

最大の領主ギーズ公を中心とするカソリック勢力が強大で、スペインの国際的なカソリック反動の支柱ともなっていた。これに対し貴族や商人等の改革派はユグノーであるブルボン家のアンリ・ド・ナバール（後のアンリ4世）の下に結束し、農民、手工業者の支持を得てカソリックに対抗した。

　翌60年、アンボワースでユグノーの謀反計画が発覚、またこの年フランソワ2世が夭折し、わずか10歳のシャルル9世が王位に就いた。摂政カトリーヌ・ド・メディシスは新旧両勢力の均衡を図ろうとしたが失敗、カソリック、ユグノーの対立は王権を巡る政争とも絡み、バシーにおける新教徒の大量殺戮が契機となって30年にわたるユグノー戦争へと発展した(4)。旧教側はスペイン、教皇を後ろ楯とし、ブルボン家やコリニ提督ら新教派は英蘭、スイス、それにドイツ諸侯の援助を受けたため、内戦は国際的規模の戦争となった。その後、新教派の領袖アンリ・ド・ナバールとシャルル9世の妹マルグリットの結婚によって一旦両派に講和がなったが、カトリーヌ・ド・メディシスとコリニの反目が原因で3万人以上の新教徒派が殺害され大打撃を受けた（聖バルテルミーの虐殺：1572年）。ユグノー派もブロワの虐殺で復讐に出たが、両派の対立で国土は荒廃し、フランスは南のプロテスタント共和国と北のカソリック王国に事実上分裂、全土で農民反乱も起こり、封建支配そのものが脅かされる事態となった。フランスのみならず、16～17世紀のヨーロッパ各地で新旧両派の激しい争いが繰り広げられ、それは政治闘争とも深く絡んでいた（宗教戦争の時代）。その最大のものが、ドイツにおける30年戦争であった。

5　東欧・バルカン半島における興亡

● ローマ、ゲルマン、スラブ

　ドイツとロシアに挟まれた東欧～バルカンは、古来より東西両勢力争奪の地であった。バルカンにはもともとトラキア人、ダキア人、イリリア人の三先住民族がいたが、そこに外来民族としてギリシャ人が進出し、トラキア人等と敵対関係に入ったことが『オデッセー』等に描かれている。その後、この地方はローマの支配下におかれ、オクタビアヌス帝政末期の紀元1世紀頃、ローマ帝国の版図はドナウの南、即ち現在のハンガリー、チェコ、それにトラキア（現在のギリシャ北東部およびブルガリア、トルコ欧州地域）を除くバルカン半島全域

に及んだ。2世紀にはトラヤヌス帝がダキア(現在のルーマニア)を征服しラテン化を進め,さらにトラキア地方も支配下に組み込んでいった。だが2世紀末に帝国の統治は乱れ,3世紀半ばには南下するゲルマンのゴート族にダキア地方が奪われローマの植民者はドナウの南に撤退し,この地域は南がローマ帝国,北がゲルマン民族によって二分される。

4世紀,フン族の進出を契機とするゲルマン民族の大移動が始まり,西ゴートはドナウを越えてモエシア地方(現在のブルガリア北部~セルビア・モンテネグロ)に入り,その後アドリアノープルの戦い(378年)にローマ軍を破り,コンスタンチノープルに迫った。テオドシウス帝の外交によってゴートのコンスタンチノープル占領は阻止されたが,もはやローマ帝国にゲルマンの国境突破を防ぐ力は無く,395年に帝国は東西に分裂。このローマ帝国の影響力後退で生じた力の空白を埋めたのが,中央アジアから進出したスラブ民族であった。スラブの起原は定かでないが,ゲルマン,リトアニア等の諸族に圧迫され南方に移住し始め,3世紀頃には東スラブ,西スラブ,南スラブに分化しつつ居住地域を拡大させていった。東スラブ族は4世紀以降北上してロシア平原西部に展開し,西スラブ族はポーランド人,チェコ人,スロバキア人等に分化,南スラブ族はドナウ下流地帯を越えギリシャ半島に到達,そのうちスロベニア人は東部アルプスに,クロアチア人はイリリア(現在のクロアチア)に,セルビア人はイリリア南部からマケドニア地方に定着した。南スラブに追われたイリリア人はアドリア海沿岸に逃れ,混血を重ねながらアルバニア人になったといわれる。こうして7世紀に入ると,スラブはロシアからエルベ,そしてバルト海からドナウ,バルカン南部に至る広大な地域に細分・定住化するようになった。

● 南スラブ

さてドナウ方面の南スラブ人は,6世紀中頃よりパンノニア平原(旧ユーゴ・ハンガリー国境付近)に侵入したアジア(モンゴル)系遊牧民アバール族の支配を受け,7世紀にはバルカンに移動したが,スラブを南北に分断したこのアバール王国も8世紀末,カール大帝の打撃を受け衰退,その後この地域はビザンチン帝国の影響下に入り,ギリシャ正教化したブルガリア,セルビアが自立する。ブルガリアは,フン族の血を引くアジア系のブルガル族が南ロシア方面から南下し,7世紀後半ワラキア地方に樹立した国(第一ブルガリア王国)で,同地を

占拠していたスラブを支配下に収めたが，その過程でスラブの言語と文化を受け容れ同化していった。9～10世紀，シメオン帝の治下に最も隆盛し，セルビア，アルバニア，北ギリシャを含む巨大な領域を支配し，南のビザンチン帝国とバルカンを二分する勢力となるが，ビザンチン帝国のバシル2世によって滅ぼされ(1018年)，約2世紀にわたりその支配下に組み込まれる。12世紀末，ブルガリアは大ブルガリア王国を再建し(第2ブルガリア王国)，13世紀には再びドナウ以南に帝国を築いたが，今度はセルビア王国に圧迫，取り込まれ，やがて解体していった。

ブルガリアに次いでバルカンの覇者となったのが，セルビアである。ブルガリアを圧迫したセルビアは12世紀後半，ステファン・ネマニャの下で最初の統一国家を実現し，クロアチア，ヘルツェゴビナ，モンテネグロを含むセルビア王国として繁栄した。そしてブルガリアとバルカンの覇を競い，1330年にはブルガリア・ビザンチン連合軍を打ち破った。翌年即位した中世セルビアの英雄ステファン・ドゥシャンの下，この国は最高の繁栄期を迎える。彼の治下，マケドニア，アルバニア，ギリシャ北部を支配し，ブルガリアにも宗主権を持つ大王国となるが，ドゥシャンがコンスタンチノープル攻略の途上に倒れるや，急速に衰退に向かった。

● 西スラブ

一方，西スラブでは9世紀半ばスラブ族によって大モラビア帝国が出現し，西のフランク王国と互したが，王位継承をめぐる内紛でわずか2代で衰退し，9世紀末ロシア南部のステップ地帯からカルパチア山脈を越えて西進してきたアジア系のマジャール人によって滅亡する。マジャールは東フランクを圧迫し，さらにフランスに攻め込み，一部は南部ドイツ，北部イタリアも侵略した。このマジャールに反撃を加えたのが東フランクのオットー1世である。アウグスブルク近郊レッヘ川の戦い(955年)でマジャールを倒した彼は，ローマ皇帝位を得て神聖ローマ帝国初代皇帝となり(962年)，スラブ征討に乗り出す。

敗北，後退したマジャール族は遊牧を放棄して中央平原に定住を始め，1001年，イシュトバーン1世がローマ教皇より塗油されハンガリー王国を完成させた。その後，ハンガリーはクロアチア，トランシルバニアにも勢力を広げ，14世紀，ラヨシュ1世の治世には北部バルカンを支配し，同王がポーランド国王

も兼ねる等大国として隆盛した。ポーランド王国は10世紀，スラブ系のミエシュコ1世によって開かれたが（ピアス王朝），内紛が相次ぎ，13世紀には異教徒対策のために入植させたドイツ騎士団がプロシャ，ポメラニア地方を根拠地にポーランドを北東から脅かし，国家の統一が失われてしまう。しかし14世紀に再統一がなり，カジミェシェ3世はハンガリーやボヘミアと協力してドイツ騎士団を抑え，またユダヤ人の入植を許すことで商業を活発化させ，首都クラクフを中心に文化も繁栄した。その後，後継が絶えたためハンガリー系のヤドビガ王女がポーランド王位に据えられたが，彼女が当時ロシアの大部分を支配していたリトアニア王国の王子ヤゲローと結婚（1386年），ヤゲロが即位してポーランドはリトアニアと同君連合を結成する（ヤゲロー王朝）。15世紀後半，ポーランド国王はハンガリー，ボヘミアの王を兼ね，ボスニア，モルダビア，トランシルバニアを統治したほか，プロシャを臣下に組み込み，バルト海，黒海，アドリア海の三つの海に接する大国に発展した。

　このほかチェコ・スロバキア地方では，9世紀にスラブ族が建てたモラビア王国がマジャールによって滅ぼされた後，チェコ人はボヘミアに，スロバキア人はカルパチア山脈寄りにそれぞれ王国を築いた。このうちボヘミア王国は12世紀末オトカル1世の登場とともに躍進し，モンゴル来襲でも打撃を受けなかったことから，13世紀半ば，オタカル2世の頃には東欧の強国となり，神聖ローマ皇帝位をハプスブルクのルドルフと争った。さらにバーツラフ2世の時代にはポーランド，ハンガリー，クロアチアの各国王を兼ねる大王国を実現させ，14世紀にはカレル1世が神聖ローマ皇帝に選出され，プラハを中欧随一の文化の中心地に仕上げボヘミア黄金時代を築く。ボヘミア（チェコ），ポーランドの両国は，カソリックを受容したハンガリーによってコンスタンチノープルと妨げられたこともあり，カソリック国家となり，クロアチアもカソリックに改宗された。

　かように，西からはローマカソリック，東からはビザンツ文化とギリシャ正教が入った東欧・バルカン地域では，スラブ民族の文化・宗教が二分され，西スラブのポーランド人，チェコ人と南スラブのクロアチア人，セルビア人の一部はカソリック（西ヨーロッパ文化圏）に，東スラブ（ロシア人）と大部分の南スラブ及びバルカン南部（ギリシャ，セルビア，ブルガリア，アルバニア，ルーマニ

ア）はギリシャ正教とビザンチン文化圏に属することになった。

● オスマントルコの支配

　中世期、幾つかの有力な王国を輩出した東欧・バルカン諸国も、生産性の停滞や相互敵対と内紛、さらに外圧の増大に直面し、やがて異教徒の支配下に置かれてしまう。13世紀以降、東からはモンゴルの来襲（1243年）を、西からはドイツの植民活動や十字軍及びそれに付随したイタリア商人（ベニスによるラテン帝国建設）の進出を受けたが、最大の脅威はオスマントルコのバルカン半島進出であった。1347年、オスマントルコは初めてヨーロッパに進出し、アドリアノーブルを首都とした（1362年）。次いでブルガリア、マケドニアを降し、さらにコソボの戦い（1389年）でセルビアを倒した後、ニコポリスの戦いでキリスト教十字軍を撃破する。

　その後、チムールの西進を受けバルカン侵略は一時頓挫したが、メフメト2世がコンスタンチノープルを陥落させビザンチン帝国を滅ぼし（1453年）、さらにボスニア、ヘルツェゴビナ、それにアルバニアも統治下に収めた。セリム1世の時代、オスマントルコはアジア、ヨーロッパ、アフリカの三大陸に領土をもつ大帝国に発展、次のスレイマン1世の代に最盛期を迎える。ベオグラードを奪った後モハッチの戦いでハンガリーを破り（1526年）、その大半をオスマン帝国に編入したスレイマン1世は、勢いに乗ってウィーンを包囲（1529年）したが、これを陥すことはできなかった。この西進でドナウ川沿岸の独立国家は相次いで姿を消し、以後4百年間、東欧・バルカン地域はハプスブルクとオスマントルコ、北では18世紀までポーランド、その後はロシアの支配を受けることになる。

6 海洋勢力の台頭1：大航海時代の先陣ポルトガル

● 大航海時代とポルトガルの台頭

　大航海時代の幕を開いたのはポルトガルであった。ジョアン1世治下の1415年8月、この国の2百隻の大艦隊が突如ジブラルタルの対岸イスラム勢力の本拠地セウタをわずか1日で攻略して、アフリカ西岸進出の拠点を確保したのをもって、大航海時代の始まりとするのが一般であるが、ポルトガルやその隣国スペインが新時代の先鞭をつけ得たのは、両国が大西洋に面しており、

新大陸発見に有利な位置を占めていたからに他ならない。ユーラシア内陸部から遠いという中世的価値観からすれば負の地政的ファクターが，南あるいは西へ向かうにあたっては，逆にプラスの要因として作用することになったのである。ただ，両国が海洋国家の道を歩み始めるようになったのは何もこうした自然条件ばかりではなく，むしろその活用を促すことになった十分な社会・経済的バックグラウンドが存在していたからでもある。それは，ベネチアを代表とするイタリア諸都市の香料貿易独占体制への強い不満と，それに対する挑戦意欲の高まりであった。

　ヨーロッパでは胡椒をはじめシナモン，クローブ，ナツメグ等の香料は極めて貴重な商品であった。香辛料の中でも胡椒はジャワやインドなどアジア南東部に広く産したが，チョウジ，ニクズクはモルッカ諸島内の特定の島でしかとれなかった。ヨーロッパ人が香料を必要としたのは冬期に肉を保存するためであった。冬には牛の飼料としての乾草が欠乏するので，秋口になると屠殺が行われるが，食肉の腐敗による悪臭を防ぐために香辛料が用いられたのである。ドイツの地理学者マルチン・ベハイムによれば，中世末においてもヨーロッパに香料が届くまでに少なくとも12人の商人の手を介在し，その価格は銀と等しかったという。しかもこの頃，マルコ・ポーロの『東方見聞録』が人気を博し，アジアへの関心がヨーロッパでブームとなりつつあったことから，ムスリムやイタリア商人から高価な香料を買わされ続けるのではなく，自らアジアへの新航路を発見して安価にそれを入手したいとの願望と野心が高まったのである。当時のヨーロッパが人口過剰で，かつ経済が下降期にあったことも海外進出を促した要因であった。

　しかし，両国がヨーロッパ膨脹の先駆者となった理由はそれだけではなかった。ポルトガルやスペインがイスラム教徒と戦いつつ生まれた国であり，またイスラムをヨーロッパから撃退した国であることからも窺えるように，地理上の発見にイベリア半島の住民を駆り立てた精神的背景には，イスラムの封じ込めとキリスト教の布教という大きな戦略目標が伴っていたのである。例えばポルトガルのエンリケは，その探検目的に“ジョアンとスパイス”の二つを挙げたが，これは当時アフリカ西岸にいると信じられていたキリスト教君主プレスタ・ジョアンと手を組んでオスマントルコを挟撃しようと考えていたからであ

る。しかも皮肉ではあるが，この地域が世界最高水準の文明を誇るイスラムの支配下に長く置かれていたため，他のヨーロッパ諸国以上に最先端の技術に接触する機会を得ることができた。東方貿易の主導権をベネチアに握られていたジェノバ商人が経済進出の目的で12～13世紀頃よりセビリアやリスボンに住み着き，ポルトガル人やスペイン人に航海，造船の技術を教えていたことも影響した。ポルトガル沿岸の諸都市はジブラルタル経由でフランドルに向かうジェノバ船団の航海途上に位置しており，両者の接触が深まるのは自然の成り行きであった。

　さて，ポルトガルの，そしてヨーロッパ大航海時代の先駆者はジョアン1世の第三子でセウタ攻略でも武勲をあげたエンリケ航海王である。彼は自らは一度も航海しなかったが，領内のサグレス岬に航海研究所を設け天文観測や航海術の研究に専念し，アフリカ西岸への探検事業に全力を傾けた。その結果，エンリケの物的，人的援助の下，ポルトガルはカナリア（1415年），マデイラ（1420年），アゾレス（1431年）の島々を発見し，1445年にはベルデ岬にまで進出した。また彼は大三角帆を備えたアラブ船（ダウ）を参考に，それまでのバルカと呼ばれる低速の横帆式船に換え，3本マストにラテンセール（大三角帆）を備えた快速外洋船のカラベル船を開発した[5]。カラベル船こそは，ポルトガルを海洋先進国に押し上げた立役者であった。中世コグ船の発展型といえるカラベル船は軽くて船足が早いうえ，舷側が高いので波浪にも強く，しかも吃水が浅いことから暗礁が多く水深の定まらないアフリカ沿岸の航海には最適であった。さらにラテンセールの装備によって逆風にも強く，それだけ遠距離航行能力が高まった。

　1460年エンリケが死去した頃，ポルトガル船は現在のリベリアあたりまで進出，さらに西アフリカ沿岸の南下を続けたポルトガル船はやがて赤道を通過（1471年）する。その後カスティリアの王位継承を巡ってポルトガル王室とスペインのイザベルとの対立が起こり，70年代後半一旦探検は沈滞するが，ジョアン2世が即位した1481年以降，再び活発化する。だが南下を続けるポルトガル船の眼前に広がるのは灼熱不毛の地ばかりであった。そのため黄金海岸にエルミナ城塞を築き（1482年），ここを根拠地としてポルトガルは奴隷貿易を行うようになった。その後，ディオゴ・カウンがコンゴ王国に到着，さらに西

のベニン王国に至ったアフォンソ・アベイロは原住民からキリスト教団の存在を聞かされたが，この話はそれこそ捜し求めているプレスター・ジョンの国ではないかとジョアン2世に大きな期待を抱かせた。そこでアフリカ探検隊が陸路派遣され，またバーソロミュー・ディアス指揮の下に海路による探索も実行に移された。そしてディアスがアフリカ南端の希望峰に到達（1488年）し，大西洋とインド洋が繋がっていることを証明したほか，1498年にはバスコ・ダ・ガマがカリカットに到着，ヨーロッパ人として初めてインド航路の開拓に成功する。

　このガマの報告でスパイス貿易の中心地としてのインド西南部沿岸の重要性を強く認識した国王マヌエルは，1500年にも13隻の大船団を再びインドに派遣した。指揮官のカブラルは途次ブラジルを発見，翌年大量の香料を本国にもち帰った。こうしてマヌエル2世の治下，ポルトガルは武力を背景に香料の独占を狙い，イスラム勢力の駆逐を目的に毎年のようにインドへ艦隊を派遣し，重要な香辛料産地である東インド諸島とアラビア海とを連結する基地を各地に建設，その過程で南インドからペルシャ湾，エジプトに至るアラブの海上貿易独占権を打破したのである。即ち1502年には再びガマの指揮下に20隻の船団が，また1503年にはアルフォンソ・アルブケルケの船団がインドに向かった。1505年にはアルメイダをインド総督となし，彼の指揮の下22隻の船に分乗した1万5千人の兵員が送り込まれた。彼の後任アブルケルケはスルタン・ビジャプールからゴアを奪取（1510年），同地に商館と城塞を築き，アジアにおけるポルトガル最大の根拠地となすとともに，翌年にはモルッカ諸島とマラッカを占領，この二つの地はアジアにおけるヨーロッパ人最初の植民地となった。こうしてポルトガルは，リスボン—西アフリカ—希望峰—東アフリカ（モザンビーク，ザンジバル）—ゴア—マラッカ—モルッカを結ぶ"スパイスルート"を完成する。

　一方，ポルトガル艦隊のイスラム商船襲撃に対抗するため，マムルーク朝エジプトのスルタンはベネチアからの懇願と支援を受けてトルコ，アラブ人からなるイスラム連合艦隊を編成し，インドと協力してポルトガルに立ち向かった。しかしアルメイダの率いる大砲装備のポルトガル大型船部隊はインド北西岸グジャラート地方ディウ沖でこれを殲滅（ディウ沖の海戦：1509年）し，以降，マ

ムルーク朝は勢力を失いオスマントルコに吸収され（1517年），逆にポルトガルはマラッカ，ホルムズを扼し，インド洋，アラビア海の制海権を握り東インド貿易の独占に成功する。カラベル以外にもカラックやナウ，ガレオンと次々に新たな帆船を開発するとともに[6]，西アフリカの金や奴隷貿易，ブラジルとの砂糖貿易でも多大の利潤を獲得したポルトガルは，16世紀前半から約1世紀にわたり，一大海上帝国として最大の領土と富を得たのである。

● ポルトガルの没落

ヨーロッパ東端の小国ポルトガルが他国に先駆けて海外進出に成功した背景には，海洋アクセス（地政的要因）や香料の獲得（経済的要因），キリスト教の拡大（宗教的要因）等の理由に加え，この国が早くから国家的統一を実現し，商業ブルジョワジーを母体とした王権による中央集権体制が進んでいたことも関わっていた。スペイン同様8世紀末に国土をイスラム教徒に侵されたポルトガルであったが，10世紀以来レコンキスタに伴い次第に失地を回復，英国の援助とローマ教皇の仲介により1143年にカスティリアから独立してポルトガル王国が建設された。1147年にはイングランド十字軍の援助を得てリスボンを占領，1250年までには全土からイスラム勢力を追い出していた。スペインより2世紀も早いレコンキスタの終了である。そして14世紀末にジョアン1世は英国の援助を受けカスティリアの軍事介入を破り，海洋交易商人や中小貴族支持の下アビス王朝を開いた。さらに人種，宗教，言語を等しくする国民国家の形成に成功したポルトガルでは，国土の1/3を領有していたブラザ公による封建貴族の反乱をジョアン2世が巧みに平定したことで大土地所有者が権力を失墜し（1481年），15世紀末迄にはブルジョワジーに立脚した中央政体が既に確立していたのである。

つまり，海外進出という国家的大事業を積極的に推進しうるだけの政治システムや，資金面でそれをバックアップする商人階級が早くからこの国には存在していたということである。東方の富を求める商業資本と領土拡大を望む国王，それにキリスト教徒の獲得をめざす教会勢力の野望と，三者の要求が一致・集束したことが，国家戦略のとるべき進路を海の彼方に向けさせたのである。スパイス交易路を制したのちもポルトガルの海外進出は続き，1557年には明からマカオを租借，ここに東アジア貿易の拠点を設け，1543年には日本近海に

も来航し我が国に鉄砲を伝えている。首都リスボンは，香料，織物，象牙，砂糖等東方の高価な商品が溢れるヨーロッパ最大の経済都市へと発展した。

だが，こうしたポルトガルの繁栄は極めて短期間で終焉し，16世紀も半ばを過ぎると早くも没落の途を歩み始めることになる。ポルトガルの繁栄が数十年しか続かなかった最大の原因は，交易で得られた利益が王室とそれを支える商業ブルジョアジーにしか還元されず，しかもその大部分は奢侈，消費に充てられ国内産業への資本投資がなおざりとなり，この国が中継貿易の域を脱せなかったことにあった。そもそも奢侈品以外に輸出できる生産品を持っていなかったことがポルトガル最大の弱点であった。そのため香料等の東方商品をドイツに売って南ドイツ産の銀を手にいれ，それで支払いに充てるというのがこの国の貿易の基本パターンであった。だが，スペインが新大陸から大量の銀を持ち込んだことで南ドイツの銀が圧倒され，銀取引を掌中に収めたスペインによってポルトガル経済も凌駕されてしまう。

また人口150万足らずの小国であるにも拘らず，あまりにも急激な海外進出を行ったため，植民地統治の根幹も原住民に依拠せざるを得ない等その支配体制も脆弱だった。ポルトガルの勢力圏は広大ではあったが，太平洋戦争中の日本軍と同様，それは面の支配ではなく，商館を拠点としたあくまで点と線の支配に過ぎなかったのである。しかも，アジア進出の後発組であるオランダや英国と比べ，ポルトガルやスペインの旧教国は商業上の利益追求のみならず布教というもう一つの目的達成にも拘った。そのため，未開の野蛮人にキリスト教を教え啓蒙してやるというその傲慢な姿勢にカソリックの非寛容性が加わり，現地人の反発と憎悪を買うことになる。そのため，一旦はポルトガルに屈したイスラム商人も，ポルトガルの支配に不満を抱く原住民から香料の横流しを受けることが可能となり，ポルトガル独占体制の網をかい潜って従来の内陸・東地中海ルートで香料をイタリア商人に供給し続けた。1580年6月アルバ公の率いるスペイン軍がバダホス付近から国境を越えて侵入，8月末にはリスボンを占領し，ポルトガルはフェリペ2世によってスペインに併合される。さらに17世紀に入るとヨーロッパ各国が競って東インド会社を設立し，ポルトガルの干渉を廃して東方貿易に参画を始める。1640年，ブラガンサ公がジョアン4世として即位（ブラガンサ王朝）し，スペインからの独立を回復したが，既に東

方の交易権はオランダ人の手に移っており、ポルトガルがかっての繁栄を取り戻すことは二度となかった。

7 海洋勢力の台頭2：新大陸の発見とスペインの盛衰
● イベリア半島の状況

ポルトガルがアフリカ航路の探検活動を本格化させていた頃、隣国スペインではようやく国家の統一が実現しそうな段階に入りつつあった。ここで中世以後のイベリア半島の動向を略観すると、711年にイスラム勢力が侵入し西ゴート王国を倒して以来、アラブの支配が続いたが、11世紀にコルドバの後ウマイヤ朝が崩壊したのを契機に、北方に追い詰められたキリスト教徒は国土回復運動（レコンキスタ）を開始するようになった。当時のイベリア半島は、北部の小国ナバラ、内陸国家のカスティリア、早くから地中海に進出していたアラゴン（アラゴン、カタロニア、バレンシアからなる連合王国）、それにイスラムの占領するグラナダ王国に分裂していた。レコンキスタ開始当初はカスティリアが主導権を握ったが、12世紀にはアラゴンが強力となり、ポルトガルもカスティリアからの独立を果たした（1143年）。その後、諸国間の対立で回復運動は一時中断されたが、13世紀には再びキリスト教諸国が攻勢となり、カスティリアはコルドバを占領（1236年）し、アラゴンは西地中海に進出（シチリア併合：1282年、サルディニア征服：1323年）する等後のスペイン王国の基礎が固められ、イスラム勢力はグラナダを残すのみとなった。

そして15世紀後半、キリスト教勢力の中では半島内陸部に位置するカスティリアが優勢を占めた。これに対しアラゴンは慢性的な経済不振や東部カタロニアでの反乱に苦しみ、さらに百年戦争終結に伴うフランスからの圧迫に対抗する必要からカスティリアとの提携を望むようになっていた。そうしたなか、カスティリア王女イザベルとアラゴン王子フェルディナンドの結婚が挙行された（1469年）。その後、カスティリア王でイザベルの腹違いの兄エンリケ4世が死去すると、その娘ファナとイザベルが互いに王位継承を主張、そこにポルトガルのアフォンソ5世がファナを支持して軍事介入したため、カスティリアは内戦状態に陥った。イザベルがこの戦いに勝利し、正式なカスティリア女王となるが、同じ頃アラゴンのフワン2世が亡くなり（1479年）、フェルディナンド

がアラゴン王となり，ここに両王の共同統治という形でスペイン統一王国が誕生するのである。

　統一なったスペインはレコンキスタの完成を急ぐ一方，貴族の影響力を取り除くとともに教会勢力を支配下に置き，国王中心の集権体制作りを進めていった。そしてポルトガルの交易・植民活動が東に向かったのに対し，コロンブスの新大陸発見を端緒にスペインは逆に西への進出を試みる。1484年，コロンブスはポルトガル国王ジョアン2世に西行き航海を提案したが受け容れられなかった。そこでスペインに向かい，86年イサベラに会見を求め，自らの西行き航海によるアジア航路開発案を売り込んだ。トスカネリの地球球体説を信じる彼は，大西洋を西に向かえば必ず黄金の国ジパングや中国にたどり着けると確信していた。しかし当時スペインの最大課題は，イベリア半島におけるモロ人（イスラム教徒）最後の拠点グラナダ王国の打倒にあった。そのためイザベルの関心を引きつけたものの，コロンブスの提案は女王の諮問を受けたタラベラ委員会で却下されてしまう。だがその後一転してイザベル自身の決断によって彼の計画が実行に移される運びとなるが，それは1492年1月，スペインがグラナダを陥落させレコンキスタが完成したためであった。ポルトガルと同様，スペインにもジェノバ商人が多数進出していたが，ジェノバ生まれであるコロンブスの夢の実現には，このジェノバ商人やキリスト教に改宗したユダヤ人の財政的支援も関わっていた。

　1492年8月3日，旗艦サンタマリア号とピンタ，ニーニャの2隻のカラベル船はパロス港を出港し，72日目の10月12日バハマ諸島に辿り着いた。コロンブスはその後も93年，98年それに1502年と三度新大陸に出かけたが，彼の発見した地はアジアのジパングではなく，また黄金を持ち帰ることもできなかった。しかし彼の航海が契機となり，以後相次いで探検船団が送り込まれ，1513年にはバルボアがパナマ地峡を横断して太平洋を発見したほか，1519年から3年をかけてマゼランが南米大陸南端（マゼラン海峡）を発見の後，太平洋に進み，東回りで人類初の世界一周航海に成功する。5隻237人でセビリアを出帆した一行は帰国時にはわずか1隻18人になり，マゼラン自身もマルタン島で島民に殺されたが，モルッカ諸島から持ち帰った約26トンの香料は4隻の損失を償うに十分な価値を持っていた。1494年にはローマ教皇アレクサ

ンダー6世の仲介でライバルポルトガルとの間にトリデシラス条約を結び、ベルデ岬西方を境として西をスペイン、東をポルトガルの領土とすることを決め、互いの勢力圏を明確化した。その結果、ポルトガルがインド貿易で香料を独占したのに対し、スペインは新大陸に産する大量の金銀を獲得した。

スペインによる新大陸開発は当初、征服、略奪の手段が用いられたが、征服者（コンキスタドーレス）として有名なのがコルテスとピサロである。コルテスは1519年、わずか6百人の兵士と74門の大砲、16頭の馬でメキシコに侵入し、1521年にはアズテカ文明を滅ぼした。メキシコには馬や牛のような大型の家畜がおらず、マヤ人は騎兵を馬と人が一体となった動物だと考え恐怖感に陥るとともに、疾走するその巨体に圧倒されてしまい全くなす術を知らなかったのだ。続くピサロも250人の兵と馬60頭で1533年インカ帝国を制覇した。新大陸におけるスペイン領はこれら中南米地域を中心に、16世紀中頃には北緯35度以南の北米大陸とブラジルを除く南米大陸の沿岸地域へと広がった。カリブ海地域では当初期待していた金は少量しか産出しなかったが、プランテーション経営による砂糖生産やラム酒製造が盛んとなった。

その間、コンキスタドーレスによる原住民の奴隷化と酷使で、西インド諸島に約30万人いたインディオは16世紀初めには6万人に激減した。そこでインディオに代わる労働力として黒人奴隷が供給されたほか、イザベルは1503年エンコミエンダ（委託）制を採用し、国王が委託した領主にのみ土地とインディオ利用の権限を付与し、そのかわりにインディオの保護とキリスト教化の義務を負わせた。エンコミエンダを受けないコンキスタドーレスは権限を授けられた領主の従者となるか、新たな土地を求めてさらに新大陸奥地を探検するしか途はなく、これが却って新大陸におけるスペイン帝国の版図拡大の要因ともなった。原住民、後には黒人奴隷を使役してポトシュ銀山等の鉱山開発に取り組んだスペインは、水銀アマルガム製法の採用によって世界全体の7～8割に上る莫大な金銀を手中に納め、16世紀半ば以降、栄華の絶頂を極めた。

● **スペインの衰退**

スペインの絶対主義は、カルロス1世のあとを受けたフェリペ2世の代（1556～98年）にピークを迎えた。カルロス1世の退位後、ハプスブルク家は東西に分裂し、弟のフェルディナンドはオーストリアを受け継ぎ、王子フェリペが

フェリペ2世としてスペイン国王に即位した。その領土はスペイン本国に加え，併合したポルトガル，ネーデルランドのほか，ミラノ，ナポリ，シチリアや中南米，更にはフィリピンにまで及ぶ史上最大の広さとなった。ちなみにフィリピンの名は皇太子であったフェリペに因んで命名されたものであった。

元々婚姻政策で領地を拡大してきたため，ハプスブルク家の領地は異民族の雑然とした総体に過ぎず，同一君主の支配に服さねばならない必然性も乏しかった。またスペイン国内は内陸部と地中海沿岸とで地域格差が大きく，さらに各地には有力な封建貴族が割拠していた。こうした事情から，彼は服従を強いるためにカソリックの権威を利用した。元来信仰心の厚いフェリペは自らを旧教の保護者として位置づけ，新教勢力（徒宗教改革）に立ち向かうことで，専制的な王権の強化と自国領の団結を高めようとしたのである。まず彼はイタリアにおけるスペインの支配権に挑戦してきたフランスをサン・カンタンの戦い（1557年），グラヴリーヌの戦い（58年）でそれぞれ破り，1559年にはカトーカンブレッシ条約を締結してフランスのイタリアに対する要求を放棄させ，イタリア争奪戦に勝利を収める。その後も彼は仏国内の宗教戦争に対してカソリックの立場から30年も干渉し続けた。また1571年には，ギリシャのコリント湾レパントの海戦で264隻のオスマントルコの艦隊を撃退した。この海戦はガレー船どうしの最後の戦いとなり，イスラム海軍の不敗神話を打ち破り，回教徒の攻撃からヨーロッパ防衛に成功したのである。1580年には自身ポルトガル王フェリペ1世としてポルトガル王位を継承してこれを併合（〜1640年）しイベリア半島を統一しマドリードの北にエスコリアル宮殿を建設した。

このように，フェリペ2世の活躍は一見華やかであり，16世紀半ばからの1世紀はスペインの黄金世紀（シグロ・デ・オロ）と呼ばれている。『ドンキホーテ』を著したセルバンテスや画家のエル・グレコ，ベラスケス，ムリリョなどが輩出しスペイン文化が最高水準を示したのもこの頃である。だが，表面的には衰退の兆候は読み取り難くとも，当時既にこの国の王室財政と国民経済は破綻の兆しを見せていた。国運隆盛し，それに刺激されて文化・芸術も躍進を遂げ，やがて天才的芸術家の輩出を見る頃には既に国家は衰退の坂道を駆け降りているものである。そもそもスペイン経済は新大陸の金銀とその特産品である毛織物の交易で発展したのだが，それまで流通していた量の4倍以上という夥

しい金銀のヨーロッパへの流入は逆にその価値を下落させ，激しいインフレの嵐がヨーロッパ全土を襲った（価格革命）。この出来事はそれまで地代収入で生活していた封建貴族層の没落を招くとともに，商工業者の台頭や資本の蓄積をもたらし，ヨーロッパに資本主義を誕生させる大きな契機となるが，最初に銀が流入するスペインでは物価の高騰が特に著しく，国内経済を混乱に陥れてしまった。それゆえカルロス1世の時代から財政赤字は蔓延化し，国庫収入の大部分はフッガー家等外国金融業者の手に落ちた。他方，王室は羊毛生産を高めるためメスタ（大規模牧羊者の組合）ばかりを保護し，その特権ギルド化を招来せしめた。その結果，独占的な牧羊地の囲い込みによって中小自営農民は没落し，穀物供給量は大きく低下。民衆はインフレによる生活苦に加え，飢餓と疫病に悩まされ，カスティリアの人口が減り始める等労働力の減少というさらなる問題を引き起こした。フェリペ2世は広大な領土だけでなく，カルロス1世の膨大な負債も継承せねばならなかったのである。

ところでスペインが海陸の双方でヘゲモニー獲得に動いたのは，大航海時代に入り，その地理的特性を活かして海洋国家としての発展に自らの活路を見出そうとした一方，大陸国家の雄ハプスブルク家としての立場も兼ね合わせていたため，戦略行動の分裂と矛盾を招いたことに原因が求められる。加えて，アラゴンとカスティリアという二つの王国が，スペイン統一後も有機的一体化を図れなかったことも影響していた。そもそも東部のアラゴンは早くより地中海進出を進め，15世紀初めにはサルジニア，コルシカ両島に対する領有権を獲得する等海洋商業国家としての道を歩んでいた。これに対し半島の内陸部を占めるカスティリアは東西をポルトガルとアラゴンに挟まれ，しかも南は長らくイスラム勢力と境を接していたことから，交易よりは軍事，それも陸上兵力中心の国柄で，ハプスブルク帝国の軍事的中核を形成したのもカスティリア歩兵であった。セルバンテスの著した騎士「ドンキホーテ」の活躍する場がカスティリアのラマンチャ地方であったこともこうした事情を反映している。

相反する戦略環境に位置した両国は，イザベルとフェルディナンドの結婚の後も一体化されることはなかった。両国は統一後もそれぞれ独自の身分制議会を持ち，法律，軍隊，通貨，税制等も互いにそれまでと同じ制度を維持したほか，両国間には税関すら存続する等独立した政治単位のままであった。しかも

両国の力関係は均等ではなく，カスティリアは面積でも人口でもアラゴンを遙かに凌ぐ強国であった。それゆえイザベルとフェルディナンドの結婚の際に両国で取り交わされた結婚契約書の中でも，カスティリアの優位を認めることがはっきりと条件づけられていたのだ。スペインは中央集権国家への途をめざしながらも，実はこうした複雑な地域関係を清算できずにいた。さらにこの矛盾によって，スペインは国家戦略の分裂だけでなく国内治安の不安定さという難問も抱えることになった。セビリア等カスティリア中心の繁栄にアラゴン地方が反発，イベリア半島各地で度々暴動や反乱が生起したのである。

　内政の不安定という点では，ネーデルランドの抵抗運動も抱えていた。ネーデルランドはスペイン産羊毛の買い手であると同時に，新大陸で必要とする毛織物の産地でもあり，スペインはここを手放すわけにいかなかった。しかし新教徒の多いネーデルランドではフェリペ2世のカソリック政策に反対が強く，北部7州はユトレヒト同盟を結び (1579年)，オレンジ公ウィリアムを統領に抱き独立を宣言 (1581年)，スペインからの離脱を図った。ネーデルランドの背後に英国がいることを知ったフェリペ2世は，メアリー・チューダーとの結婚で英国旧教勢力の再建に成功し一旦は同国をスペインの影響下に収めかける。しかしメアリーが病没し，女王に即位 (1558年) した義妹エリザベスがカソリックへの復帰を拒否し英国教会体制の再建に動いたことで，彼の狙いは外れた。しかも活発な私掠船活動で，英国はスペインの海上支配に公然と挑戦を挑むようになった。そこでフェリペはメアリー・ステュアート処刑への報復としてメディナ・シドニア公爵指揮下134隻の大艦隊を編成，リスボンを出港したこの無敵艦隊（インビンシブル・アルマダ）は英本土上陸を試みるが，ドーバー海峡でドレイクや提督ハワードの率いる機動性の高い英国艦隊の迎撃と暴風雨の前に敗北を喫し (1588年)，逆にスペインの海上支配が崩れる結果となった。

　その後，スペインはオーストリアハプスブルクを助けて30年戦争に参戦，またネーデルランドとの抗争に破れ同地回復の希望は潰えた。1640年にはポルトガルが独立を達成する。さらに30年戦争で疲弊した後も，スペインは単独でフランスと戦い続ける。病弱なフェリペ3世，4世の治下，寵人政治と宮廷陰謀がはびこったことも国力の失墜を加速させた。ピレネー条約 (1659年) を結び領土の多くをフランスに割譲，ルイ14世と国王の長女マリ・テレーズ

の結婚を取り決めた頃には，ヨーロッパにおけるスペインの経済，軍事的優位は完全に失われていた。1500年当時9百万人だった人口も，相次ぐ戦争で1700年には6百万人に減少していた。

ポルトガル同様，スペインも海への進出と技術的な優位を利用し一躍台頭を遂げたが，国内産業の基盤や王権の安定性等その政治経済システムや価値観は中世を引き摺っていた。旧教の防衛という宗教的ファクターが対外膨脹を支える主柱であったことは，この国が中世的世界から脱皮できなかったことを物語っている。既に国際政治は宗教的利害から解き放たれ，国益がそれにとって代わりつつあったのだ。旧体制からの脱却を図る暇もなく，フェリペによる相次ぐ攻勢戦略で経済政策の失敗や戦費高騰の悪条件もつけ加わってしまった。真の覇権を獲得するには，戦うべき敵がスペインには余りにも多すぎたということである[7]。

■注 釈

(1) 「もしも神聖ローマ帝国が理論上その管轄下にあたるすべての領地の上に集権的支配を成し得ておれば，同国と西欧諸国の関係は，中華帝国のその周辺諸国に対する関係と類似したものであったかもしれない。だが，中世のほぼ全期間を通して，神聖ローマ帝国はそうした強力な集権力を持ち合わせてはいなかった。一つの理由は，十分な交通機関と通信制度の欠落により，広大な領土を纏めあげることが困難であったことだが，より重要な理由は，神聖ローマ帝国では教会の支配と政府の支配が分離していたことである。エジプトのファラオやローマ皇帝とは違い，神聖ローマ皇帝は宗教的に神聖であるとの特性を持っているとはみなされなかった。西欧以外の地においては，東方教会の支配地域においてさえ，その宗教と政府は，各々の要職が中央政府によって任命されるという点で統合されていた。宗教的権威者は，手段においても権威においても西方キリスト教が権利として持っていた自主独立の地位を持っていなかったのである。西欧においては，教皇と皇帝の間の潜在的な，時には実際の対立が，結果的に近代民主主義の基礎となる立憲主義や権力分立の条件を生み出した。それはまた，封建諸侯が相対立する皇帝と教皇の双方から利益を引き出すことによって，彼らの自治権をたかめることを可能とさせた。その結果，大公国や州，市，司教管区等々のパッチワークからなる分裂したヨーロッパが形成されたのである。」Henry Kissinnger, *Diplomacy* (New York, Simon & Schuster, 1994), pp.56-7.

(2) 神川彦松『近代国際政治史』（原書房，1989年）34ページ。

(3) ハプスブルクの歴史についてはBarbara Jelavich, *Modern Austria: Empire and Republic, 1815-1986* (Cambridge, Cambridge University Press, 1987), part1が便利。

(4) 仏国王アンリ3世は自身カソリックであるが，ユグノーの首領アンリ・ド・ナバー

ル（後のアンリ4世：ブルボン朝初代国王）と妥協，連携を図り，戦傷によって"向こう傷のアンリ"とあだ名されたカソリック派の頭目で，パリの熱狂的なカソリック教徒の支持を受けていたギーズ公アンリをブロア城で暗殺する（1588年）。しかしアンリ3世もカソリック側の報復によって翌年暗殺され，バロア王朝は終焉する。こうした新旧両派の抗争は俗に"三アンリの戦い"とも呼ばれている。

(5) ボイス・ペンローズ『大航海時代』荒尾克己訳（筑摩書房，1985年）332ページ。
(6) George Modelski et al., *Sea Power* (London, Macmillan, 1988), pp.158-65.
(7) Paul Kenedy, *The Rise and Fall of the Great Powers* (New York, Randam House,1987), pp.41-.

第2章　17世紀の国際関係

1 序

　16世紀末〜17世紀にかけて，欧州各国で絶対王権が伸張を見せる一方，国内における宗教対立の嵐はピークを迎えつつあった。特にドイツでは依然多くの封建諸侯が割拠し，それに新旧の宗教争いが加わり国内の対立は深まった。これに対しユグノー戦争から解放された隣国フランスは，西墺の両ハプスブルク家に挟撃されている現状の打破を求めた。ルター派の新教国デンマーク，スウェーデンもドイツの情勢に関心を示し，スペインの海上支配を打破した英国も大陸の動向に無関心ではなかった。かくてドイツ国内の抗争に周辺諸国の干渉が加わり，欧州全体を揺るがす大戦争へと拡大，それが30年戦争であった。この戦争の結果，政治と宗教の分離（聖俗分離）原則が確立するとともに，宗教的普遍帝国に代わり主権国家が新たな国際政治の主たるアクターとなる（ウェストファリアシステムの誕生）。

　「（中世的キリスト教普遍帝国の樹立をめざすという）統合概念の崩壊によって，ヨーロッパに出現した国々は，その異端性を正当化し，かつこうした国家間の関係を律する何らかの原則を必要とした。彼らはそれを，国家理性（レーゾン・デタ）およびバランスオブパワーの概念に見出した。それは互いに関係しあっていた。国家理性は，国家の福利を守るためには如何なる手段をとることも正当化されると主張した。国益は，中世的な普遍的道徳観にとって代わった。バランスオブパワーは，各国が自国の利益を追求することが，他のすべての国の安全と進歩に何らかの貢献をするであろうとの慰めを抱くことにより，世界帝国へのノスタルジアにとって代わったのである。」（キッシンジャー）[1]

　欧州政治の新たな主役となった主権国家，特に王権強化をめざす絶対国家は，勢力均衡原理の下，互いに覇を競いつつ，地域権力の分散状態に終止符を打ち中央集権的な統治組織の構築をめざしたが，そのためのシステムとして発展を

みたのが官僚制度であり常備軍であった[2]。そして，絶対王政を正当化するための政治理論が王権神授説であった。その説くところは，国王は神聖であり，王権は神に対してのみ責任を負い，人民は王命に反抗することは許されないというもので，フランスの司教ボシュエや英国王ジェームズ1世の著した『自由王政の真の法』にその思想が顕現されている。また官僚や常備軍を維持するには相当の経済力が要となる。そこで「貨幣が多い程国も富む」との発想の下に絶対王政が進めた経済政策が重商主義であり，金銀の獲得や輸出超過による貨幣の蓄積が目標に掲げられた。

さて16世紀がポルトガル，スペインの時代であったのに対し，17世紀ヨーロッパはフランスの時代であった。16世紀末以来のオランダ独立運動でスペインの衰退が決定し，17世紀初頭オランダの経済的躍進が顕著となる。しかし大航海時代の潮流に乗り遅れていた英国が隆盛し始め，同じ新教国のオランダと衝突。絶対国家のスキームに欠けるオランダは，英国の挑戦に脆くも敗退する。一方ハプスブルク帝国とフランス（バロア・ブルボン）の対立は17世紀に入っても続いたが，30年戦争でハプスブルク（スペイン及びドイツ皇帝権）が力を落とし，フランスが優位を占める。それゆえこの時代は"ルイ14世の世紀"とも称されるが，17世紀後半のヨーロッパの国際関係は，ルイ14世の対外膨脹政策とこれを抑え込もうとする英蘭等周辺諸国の鬩ぎあいを軸に展開する。そして，オランダを倒し，かつ早々と国内の政治革命も終えた英国が次の18世紀，大陸国家フランスの覇権に挑むのである。両国の覇権闘争はヨーロッパを越えて新大陸，アジアにも拡大し，"海洋勢力対大陸勢力"の構図はグローバル化していく。

2 新教国家オランダの独立

●オランダの隆盛

オランダ（ネーデルランド地方）はかってブルゴーニュ公国の支配下にあったが，1477年シャルル豪胆公の娘マリアとハプスブルク家のマクシミリアン1世が結婚したことでハプスブルクの手に移った。1516年，マクシミリアンの孫でガン生まれのカール（神聖ローマ皇帝カール5世）がカルロス1世としてスペイン王に即位，その後ハプスブルクの分裂でこの地方はカルロスの子でスペ

イン王のフェリペ2世に継承され (1556年), 以後スペイン領となる。中世後期以降のヨーロッパには, バルト海, 北海を活動拠点とするハンザ同盟と, 地中海からオリエントにかけて交易に従事していたイタリア諸都市の南北二つの経済圏が存在していたが, その中間に位置し中継貿易や毛織物工業で栄えたのがネーデルランドであった。なかでも15世紀末〜16世紀にかけて繁栄したアントワープ, あるいはガン等の南部ネーデルランド諸都市がその中心で, 住民はラテン系で仏語を話し, カソリックが多かった。元来南ネーデルランドの中心はフランドルのブルージュであったが, ドイツ・ハンザと結びついたブルージュの繁栄はハンザ同盟とともに衰えた。さらに英国が羊毛, 毛織物の輸出先をブラバンドのアントワープに移したことがブルージュの致命傷となり, 代わってアントワープが北ヨーロッパにおける貿易, 金融の中心地となった。アントワープは毛織物業の中心でもあった。16世紀半ばには, 南ネーデルランド産の毛織物がアントワープを経緯してスペインに輸出され, セルビアに集められて新大陸に運ばれた。一方, ホラント, ゼーラント, ユトレヒト等北部ネーデルランドはゲルマン系で新教徒が多く, 土地が特に低いため南部に比べて商工業の発達は遅れたが, 13世紀に入り堤防組織が整い始めると経済も発達,「オランダの海の金鉱」と呼ばれた北海の鰊漁や造船・海運業も盛んであった。

ところで, ネーデルランドの新教徒は当初ルター派が多かったが, 時代が下るにつれカルビン派支持の中産市民層者が増加し, 彼らはゴイセン (乞食) という屈辱的な名で呼ばれていた。ところがフェリペ2世が新教徒の撲滅を企図し宗教裁判所を設ける等激しい弾圧を加えるとともに, 相次ぐ対外戦争のための軍資金不足を解消するためアルカバラの重税 (1%の所有税, 5%の土地売買税, 10%の消費税) を賦課する等専制支配を行ったため, 商業勢力とプロテスタンティズムが"同盟"した。宗教裁判の停止を求める領主貴族と都市代表はブラッセル集会で騒乱 (1566年) を起こし, これが発端となって1568年以降オラニエ公ウィレムを指導者としてスペインに対する独立戦争 (80年戦争) が始まった[3]。フェリペ2世は1万の軍勢を率いたアルバ公をネーデルランドに派遣 (1567年) して徹底的な新教徒弾圧政策で対抗した。アルバ公の6年間にわたる恐怖政治でエグモント伯, ホールン伯等の反対派貴族が逮捕・殺害される等8千人が処刑され, 海外に逃亡した者は10万人にも及んだ。ネーデル

ランドは独立的な自治州の集まりから成り立っていたが、全ネーデルランド17州はガンの協約（1576年）を結び、一致団結してスペインにあたることを誓う。その後、旧教徒の多い南部10州（現在のベルギーの起源）はカンブレーでの敗北（1578年）を機にアラス同盟（79年）を締結しスペインと和平し、戦線から脱落したが、北部7州は互いにユトレヒト同盟を結んで結束をさらに固めた。ウィレムの率いるセーゴイセン（海乞食）と呼ばれる集団（義勇艦隊）は大小の河川や運河を利用し、小型の快速艇でスペインの補給線を攻撃するゲリラ戦法を駆使して奮闘、1581年にネーデルランド連邦共和国（7州中ホラント州が指導的地位を占めたのでオランダ共和国とも呼ばれる）として独立を宣言した。宗教的寛容の立場からネーデルランド全体の統合を願ったオラニエ公がカルビニストに排斥、暗殺される事件も起きたが、その子マウリツは抵抗運動を引継いだ。英仏の支援やアルマダの敗北もあり、補給の続かないアルマ公率いるスペイン軍は撤退を余儀なくされ、1609年、オランダはスペインと12年間の休戦条約締結に漕ぎ着け、ウェストファリア条約で独立を達成する。

　独立戦争の際、アントワープをはじめ南部の各都市がスペインに占拠、破壊されたことから、戦後ネーデルランドの商工業は北部に移動し、毛織物業はライデン、貿易はアムステルダムが中心地となった。既述したように、16世紀末からスペインの毛織物工業が衰退し、代わってスペインの支配から脱したオランダが毛織物業で優位を占めることになる。またポルトガルを併合したスペインがリスボンへのオランダ船乗り入れを禁じたため（1580年）、これを機に直接アジアへの進出を決意する。当初オランダは北方航路の開拓を試みたが失敗したため、1595年にはインド洋航路による東方進出に乗り出し、スマトラの西エンカ島に到着、胡椒の獲得に成功した。そして東インド会社を設立（1602年）するとともに、1605年にはポルトガル領アンボイナを占拠する等香料貿易の根拠地確保のため各地に商館を築いていった。1619年には東インド会社総督に任命されたクーンがジャワ島を占領しバタビア（ジャカルタ）に城砦を建設し、ここを東洋貿易の拠点としてペルシャの絹、インドの綿、中国の陶磁器、日本の銅、チモールの白檀、モルッカ諸島の香料等が取引された。そのためジャワ、モルッカ諸島でやはり香料獲得をめざす英国の権益と抵触、オランダはモルッカ諸島中のアンボイナ島で、10人の英国人がオランダ人に反乱を

企てたとして英国植民地会社の本拠を急襲し，彼らとそれに加担したといわれる日本人9人，ポルトガル人1名を逮捕・虐殺し英国商人を排斥する（1623年：アンボイナ事件）。またオランダ船隊は至るところでポルトガル船を襲い略奪をくり返したが，この頃既にポルトガルのアジア植民地はすっかり退廃して16世紀始めの活気を失っていた。1641年，ポルトガルからマラッカを奪いとり，オランダがアジアの香料貿易を独占するに至った。こうして17世紀前半，オランダの東洋支配体制は確立するのである。

オランダの海外進出はアジアに力点が置かれたが，新大陸にも関心を示し，ハドソンに北米探検をさせハドソン河口に要塞を築いて植民地開発の基礎を開いた（1609年）。1621年には西インド会社を設立，ニューアムステルダムを建設（1626年）したほか，一時ポルトガルからブラジルを奪った。この間オランダ人はフライト船という，新タイプの安価な商船を生み出した。この船は快速のうえ船底が平らで，浅瀬の多いザイデル海での航行に適していた。また低重心で船倉も広く，バルト海貿易の主要産品である穀物や材木の大量輸送が可能となったことから，オランダは輸送コストをそれまでの2/3ないし1/2に引き下げることに成功。フライト船からなるオランダ商船隊は北欧貿易の主導権を握った。造船や海運業の発達に加え，北海の鯡漁でもオランダは常時6～8百隻の大船団を繰り出し，その規模は他国を圧倒した。樽詰め鯡は17世紀後半ネーデルランドの主要輸出品であった。このようなめざましい海洋進出により，オランダはバルト海，地中海を完全に制覇するとともに，大西，太平両洋の海上権も掌中に収めた（パクスネーランディカ）。エリス・バーカーの『ネーデルランドの盛衰』によれば，1634年当時オランダの所有していた船舶総数は3万4850隻に達し，これは英国，フランス，スコットランドの合計を遥かに上回っていた。またオランダ船の総トン数（1670年）は，英仏西葡独5か国の合計に匹敵した。

オランダの繁栄，それはバルト海交易を中心とした中継ぎ貿易と南ネーデルランド伝来の毛織物業を端緒とし，それに東アジアおよび新大陸貿易の推進が組み合わされて生み出された。1630年代の有名な"チューリップ景気"は，アムステルダムを中心とするオランダの活発な経済活動の象徴でもあった。16世紀のポルトガル，スペインの時代に続き，17世紀前半はオランダの時代と

なったが，人口僅か250万，領土も狭隘でしかも建国間もないオランダが，何故これほどの急成長を成し得たのであろうか。

● オランダを繁栄に導いたもの

もともとオランダは人間の生活に適した土地では決してなかった。ド・ウィッテの書いたといわれる『政治格言』の中に，同国の地理的欠陥が列挙されている。

「その第一は冬が非常に厳しく，かつ長い。故に他の温暖な地方に比べると多くの燈火，燃料，衣服，食物を必要とし，また牧場の家畜はこれを建物の内に入れてやらねばならず，より多くの費用と労力を要し，一年中放牧可能な国に比して利益が少ない。第二には，オランダの気候は農業に不利で栽培に注意せねばならない。種子は湿潤の地ではすぐ腐敗するし，かつ生育に適する季節が短いから蒔き直すのが不可能である。第三には海が近く土地が低平であるから，不健康だし，風が吹いて春には果樹の花を傷め，秋にはその成熟前に落としてしまう。第四にもっと大きな欠点として，土地が海より低いため洪水防止に莫大な費用を要し，……第五にこの国には鉱物も鉱山も全くない。土から採れるのは粘土と葦のみで，それすら採れば土地が直ぐ悪くなる。オランダの土地の大部分は砂，荒地，沼地より成り立っているから，ほかから土を持ってくるか，もしくは肥料を施さねば耕作ができない。」

このような劣悪な自然環境にありながら，オランダ人は不利益を逆に国家発展の資として利用した。まず堤防を作り，ポンプで水を汲み出し，次に風車で地下水を吸い出す。風車で得たエネルギーは穀物を粉にし，造船や材木を切るために用いられた。数々の弊害をもたらした風がオランダにおける最も重要な動力となったのである。土地が偏平で低いことは農業や道路建設には不都合であったが，反対に運河建設は容易で，海洋利用技術の発達にも貢献した。厳しい自然環境が創意工夫の才と堅忍不抜の精神を産んだのだ。さらにオーエン・フェルダムが「オランダ人は世界の蟻である。彼らは草の提供する以外の何物も持たず，しかもあらゆる物品の倉庫である」と述べたように，勤勉，節約で有名な国民性も土地の貧困や気候の悪さに起因する。この国にカルビニズムの精神が根づいたのも同様の理由からであった。吝嗇にも近いオランダ人の節約や高い貯蓄性向こそが，同国の産業発達の礎になったのである。

無論，逆境がもたらしたこれらの要因だけでオランダの躍進全てを説明することはできない。それらが繁栄を生み出すいわば潜在的因子とすれば，それを土台として現実の繁栄を開花させたファクターが存在する。まず，オランダがヨーロッパの重要な通商路，即ち西ヨーロッパからバルト海に進むルートと，南ヨーロッパからライン河を経て英国に達するルートの交差路にあたっていた地理的利点を見逃すことはできない。当時の時代背景もオランダには幸いした。スペインが没落する一方，英仏両国は依然国内の争乱を抱え，絶対国家としての基盤を確立できておらず，オランダの台頭が始まった17世紀初頭にはその進出を妨げる有力なライバルが存在しなかったのである。

　そして，より重要な点として，オランダ社会における統制権力の欠如と，それがもたらした自由の謳歌が挙げられる。グロティウスが『海洋自由論』（1609年）において「如何なる国民も自然法と万民法の原則に従い，海洋を自由に航行し，他の国民と自由に交易する権利を有する」と述べ，東インドにおけるポルトガルの通商独占権を否定したように，オランダが海洋の自由や自由貿易を国是としたことは有名だが，この自由尊重の気風がその後の商業の拡大発展の原動力となったのである[4]。商業に携わる国家では大なり小なりこうした気風が育まれるものだが，オランダの場合，商業活動の発展が自由の気風をもたらしたのではなく，独立自存の連合体から国家が形成されるという独特の社会構造に根ざしたものであった。しかもそれは，ホイジンガが「オランダ人をして世界貿易の支配者たらしめたものは断じて商業組織や経済理論の領域における優位などではなかった。それどころか，まさに国家の干渉がなかったことこそオランダ人に幸いしたのである。オランダ人をして大ならしめたものは制度や組織ではなく，むしろ制度や組織の欠如であった。あるいはより適切にいうならば，中世の人々が自由と呼んだあの極端に排他的な態度をとる組織を固守したことであった。そのような組織とは，それぞれ自己の圏内では厳しい拘束を課し，局外者はできる限り排除するけれども，中央政府からは何らの制限も加えられない独立小自治体のことである」[5]と論じているように，自由思想とは言っても，仏革命以降の近代的自由とは異なる中世的な自由思想であった。奇妙なことだが，この国の繁栄はむしろ時代遅れと呼ばねばならない枠組みの中で進展していったのである。

3 フランスの興隆

●絶対主義への途

フランス絶対主義の起源は百年戦争末期のシャルル7世に溯れるが，それが本格化したのは宗教戦争を終息させたアンリ4世の時代である。ジャン・ボダンが『国家論』を著し（1576年），近代的な主権論を展開し絶対的な権力を握る強力な王権の登場を願ったのも，このような時期であった。

さて，ユグノー戦争で国内が混乱したフランスでは，ギーズ公を暗殺したアンリ3世自身も暗殺されてバロア朝が断絶，ブルボン家のアンリ4世が即位（1589年）する。アンリ4世が背負った課題は，宗教戦争に乱れた仏の秩序と平和の回復に努めることであった。当時フランスの大部分は旧教勢力が支配しており，プロテスタントのアンリ4世に従うのは王国の1/6程度。パリを中心とするカソリック勢力は新教徒の彼を異端の国王として承認せず，スペインも武力介入を行ってきた。そのためアンリ4世はカソリックに改宗し（1593年：彼はプロテスタント→旧教→プロテスタント→旧教と3回その信仰を変えている），両勢力の和解を図ったうえで翌年パリに入城。1598年にはナントの勅令を発し国民に宗教の自由を認めるとともに，ユグノーに官職を開放し諸都市のユグノー支配を許した。この政治的妥協により，フランスの宗教紛争は下火に向かう。ユグノー戦争を終結させたアンリ4世と宰相シュリーは，国内再建の必要から平和共存を対外政策の基本に据えた。その一環としてアンリ4世はヨーロッパ諸国の連合創設を提唱したが，これは「アンリ4世の大計画」として知られ，後世の国際連合思想の先駆となった。もっとも，フランスを東南北の三方から包囲するハプスブルクの威信低下とその孤立化には執念を燃やし，オランダの独立運動を支援したりオスマントルコと連携したほか，ドイツプロテスタント諸侯やスイスのユグノーを味方に付けた。また商工業の発展に尽力し，絹織物業の基礎を築いたほか，海外進出にも熱心で，東インド会社の建設やシャンプランによるケベック建設（1608年）等カナダ植民地の開発を進めた。宗教戦争による国内分裂でヨーロッパの権力闘争から一時後退していたフランスは，アンリ4世以降，覇権大国への途を歩むことになる。

●リシュリューとマザラン

1610年，アンリ4世が狂信的カソリック教徒の手に倒れ，ルイ13世が即位

したが、幼少のため母后のマリ・ド・メディシスが摂政として親スペイン的なカソリック反動政治を展開し、ユグノーの反発をかった。その後、引退したメディシスに代わり国政を担当したのが宰相リシュリューである。フランスの興隆はリシュリューとその後継者マザランの政治手腕に負うところが大きい。まずリシュリューは、ナントの勅令以後、勢力伸張の著しい新教徒を打破すべく、ユグノーの本拠として当時事実上の独立共和国と化していたラ・ロシェルを包囲、陥落させたほか、王権を脅かす貴族勢力を抑圧、また強大な権限をもつ地方監察官を国内各地に派遣する等絶対王権の強化と集権化を進めた。対外的にはドイツ30年戦争に干渉し宿敵ハプスブルクの勢力を減殺させ、フランスの影響力を拡大させた[6]。

ルイ13世の死後、幼少のルイ14世が即位（1643年）し、政務は宰相マザランが担当した。彼はリシュリューの政策を受け継ぎ30年戦争に介入を続けた。仏軍は北東部国境でスペイン軍を撃破（ロクロアの戦い）、東部国境でもテュレンヌの率いる軍が優勢を確保し、44～45年にかけて皇帝軍を圧迫、戦後のウェストファリア条約で神聖ローマ帝国は名目上の存在となり、東方の脅威を取り除くことに成功した。そのほかアルザスの大部分とメッツ、ツール、ベルダン等ライン左岸の地を獲得した。その後もスペインとは戦争を継続し、ピレネー条約（1659年）で国境争いに決着をつけると共に、ネーデルランドのスペイン領を獲得。さらにスペイン王に彼の娘とルイ14世の結婚を承諾させる（ただし、莫大な持参金の見返りに、仏王はその妻のスペイン王位継承権を放棄するものとされた）。こうしてフランスはヨーロッパ最強国の地位を獲得する。一方国内では貴族や中産階級の反発に直面し、フロンドの乱が勃発（1648～53年）。一時マザランや王室はパリから逃れるが、彼の招集した軍隊が内乱を鎮圧。貴族勢力は完全に無力化し、王権の強化は一層進んだ。マザランの死去（1631年）に伴いルイ14世が親政を開始し、絶対王政の時代が始まった。

4 ドイツ30年戦争とハプスブルク帝国の陰り
● 30年戦争の勃発

ハプスブルク家の分裂後、スペインではフェリペ2世が攻勢的な対外政策を展開したが、急激に国威が衰退したことは既に見た。しかも18世紀に入ると、

ユトレヒト条約でブルボン家に吸収され、2百年でスペインハプスブルクはその幕を閉じた。一方、オーストリアハプスブルクは神聖ローマ帝国の皇位を独占したが名君が輩出せず、歴代君主の宗教政策にも一貫性がなかったため政治的には生彩を欠いた。さらにオスマントルコの脅威が顕在化したほか、領内ではキリスト教新旧両派の対立が強まり、やがて30年戦争へと繋がっていった。即ち、皇帝カール5世はアウグスブルクの和議で、諸侯、自由都市にはカソリック、ルター両派に対する信仰の自由を認めた（1555年）が、個人に対する宗教の自由は依然許されず、カルビン派は除外されたままだった。新旧の勢力争いに諸侯らの政治経済的利害も絡み、新教側はファルツ選帝侯フリードリヒ4世を首領として新教連合を結成、カソリック側はバイエルン（ババリア）公マクシミリアンを盟主にカソリック同盟を組織した。

そうした折り、皇帝マティアスが即位するが子供が無く、従弟のフェルディナンドをボヘミアおよびハンガリー王とし帝位相続者に指定した。先駆的宗教改革者フスの故地であるベーメンはカルビン派が勢力を増していたが、フェルディナンドは徹底したカソリックでありベーメンの新教徒は強く反発する。1618年5月、ルドルフ2世が発した信仰自由を保証する勅書（1609年）をフェルディナンドが破棄したため、憤激したベーメン貴族が皇帝の代官らをプラハ城の窓からつき落とし反乱を起こした。翌年マティアスが死去しフェルディナンドが皇帝に就任（フェルディナンド2世）するや、ベーメンの新教徒は彼を王位から追い落とし、新教連合の盟主ファルツ選帝侯フリードリヒ5世をベーメン王に擁立してハプスブルクからの分離独立を図ろうとした（30年戦争の勃発）。

これに対しフェルディナンド2世はカソリック同盟を率いるマクシミリアン公と連合し、スペインの援助のもと、フリードリヒ軍を倒しベーメンを回復。スペイン軍はフリードリヒの本拠ファルツを攻撃し、新教連合を瓦解させた。ベーメン回復後、フェルディナンド2世は新教勢力の処刑と追放、それに徹底した旧教政策を打ち出した。こうして30年戦争の前半は皇帝・旧教側の完勝で終わったが、ハプスブルクの勢力拡大や旧教勢力の復活を阻む目的で、デンマーク、スウェーデンそれにフランスが相次いで戦争に介入したため、戦いは長期化した。

まず英蘭の軍費援助を受けたルター派のデンマーク王クリスチャン4世がカ

ソリックの復権阻止と新教徒の保護を名目に北ドイツに侵入したが (1625年)、皇帝側の最高司令官に任命されたボヘミア出身の傭兵将軍ワレンシュタインの率いる軍とティリー率いるカソリック同盟軍のまえに敗北し、リューベックの和約 (1629年) によって従来どおりホルシュタイの領有を認められる代わりにドイツへの介入を断念させられデンマークへ退散した。次いでスウェーデン王グスタフ・アドルフがドイツへ侵攻した。スウェーデンの背後にはフランスがいた。ハプスブルク打倒をめざすリシュリューが、占領地域でのカソリック信仰の継続を条件にスウェーデンに戦費援助を行っていたのである[7]。自由農民からなる歩兵と新様式の騎兵隊を主力とするグスタフ軍は、不敗の将軍ティリー率いる皇帝軍を打破するなど連勝を続け、カソリック連盟の指導者ドイエルン公の都ミュンヘンも陥れ、オーストリア国境に迫った。驚いた皇帝はワレンシュタインを急ぎ召喚し、ライプチヒ郊外でグスタフ軍とワレンシュタインの皇帝軍各々2万人が衝突した (1632年:リュッテンの会戦)。戦いはスウェーデン軍の優勢で終わり、ワレンシュタイン軍はライプチヒに後退したが、グスタフ自身は戦死を遂げる。グスタフを失ったスウェーデン軍は6歳の女王クリスティーナを擁する宰相オクセンシェルナの指導の下、その後もドイツで戦い続けたが苦戦を強いられ、ネルトリンゲンの戦いではスペイン・皇帝の連合軍に大敗を喫した (1634年)。ここに至り、それまで表面に登場しなかったフランスが遂に参戦した。

こうして、当初は宗教戦争の性格が濃かった戦争も、後半はハプスブルク対ブルボンという2大大陸王家の覇権争奪戦の様相を呈するようになった。リシュリューが死去するやマザランが戦争の指揮を執り、コンデはフランス北東部国境のロクロアの戦いでスペイン歩兵部隊を撃破 (1643年)、チュレンヌが率いる軍もフライブルクからバイエルンに攻め入る等仏軍は攻勢を続け、44〜45年にかけて皇帝軍を圧迫した。フェルディナンド2世の後を継いだフェルディナンド3世は、国力の疲弊と戦況の芳しくないことを考慮し停戦を決意、フランス、スウェーデンもこれに応じた結果、1644年暮れ、北ドイツウェストファリア地方に皇帝やドイツ66か国諸侯、それに仏瑞西等欧州諸国の代表が集い、講和会議が開催された。

● ウェストファリア会議

　ウェストファリア会議はヨーロッパ史上最大の国際会議であり，各国利害が複雑に交錯し，討議は4年の歳月を費やした。1648年，神聖ローマ皇帝はミュンスターでフランス，デンマーク，蘭，ローマ教皇と，またオスナブリュックでスウェーデン及び新教諸侯と和平条約を締結した。これらをウェストファリア条約と総称する。この条約ではまず，カソリック，ルター派それにカルビン派も含め信仰の自由が承認され，3世紀にわたった宗教戦争に決着が着けられた。但しここにいう信仰の自由とは「個人の自由」ではなく「各諸侯の自由」であった。「領土の属する者に宗教も属す」(cuiusregio, eius religio) の原則が公に承認され，各諸侯には臣民の信教を決定する権利が認められた。この条約で最も利益を得たのはフランスとスウェーデンであった。フランスは，ハプスブルクからアルザス（除ストラスブール）とメッツ，ツール，ベルダンの要衝を含むライン左岸を獲得したほか，北イタリアのピネローロを占拠し対仏包囲網の打破に成功，併せてドイツ帝国議会への参加権も獲得した。スウェーデンは西ポメラニア，ブレーメン，フェールデン等ドイツ北岸の要地（オーデル，エルベ，ウェーゼル三大河の下流地域）を確保し，北海，バルト海の守りを固めることができた。またドイツ内に領土を得，フランス同様ドイツ帝国議会に参加する権利を与えられた。ハプスブルク領であったオランダ，スイスの独立も正式に承認された。一方ドイツ諸侯は領土主権を認められ，各邦相互及び外国との同盟締結権を獲得し，その領邦化が完成。以後各諸侯はそれぞれ独立した国家として自国の強化に取り組んでいく。この会議に参加せず，ウェストファリア条約も承認しないスペインは，なお10年間フランスと戦い続けた。

　30年戦争はヨーロッパの主要勢力全てが参加した初の大戦争であり，宗教改革と宗教戦争の総決算でもあった。多大の犠牲を払った新教徒は信仰の自由を獲得，これに対し神聖ローマ帝国はその後なお約1世紀半にわたりハプスブルク家を名目上の君主として存続するが，皇帝の権威は完全に失墜，帝国は事実上解体した。長期の戦乱でドイツの人口は3千万から千2百万に減少する等国土の荒廃は著しく，戦闘での破壊や疫病の流行に加え傭兵の略奪暴行に起因する被害も多かった。これは，傭兵軍が食糧その他必要な物資を現地調達に頼っていたからである。戦後，ドイツの中心は比較的戦禍の少ない東部に移動

する。「リシュリューはドイツの統一を2世紀遅らせた」(キッシンジャー)といわれるように, 他の欧州諸国が中央集権化を急ぐ中, 逆にドイツは分裂に向かい, 19世紀後半まで統一国家の出現を見ることはなかった。オーストリアハプスブルクはドイツでの影響力を著しく退調させ, 普遍的世界帝国実現の夢は遠のいた。国土が戦場とならなかったスペインハプスブルクも国力の疲弊が進み, ライバルであるフランスのブルボン家が大陸の覇を唱えることになる。ウェストファリア条約は仏革命までの1世紀半, ヨーロッパの国際関係を規律する基本的枠組みとなった。この戦争を境に, 以後ヨーロッパでは主権(領域)国家が覇権争いの主役を演じる時代に入っていく。

● 墺土戦争とハプスブルクのドナウ進出

衰退ハプスブルクには別の脅威も迫っていた。オスマントルコである。第1次ウィーン包囲を凌いだ後, スペインのフェリペ2世はレパントの海戦でオスマン海軍を撃破する (1571年)。だがフランスの画策もあり, 再びハプスブルクは二正面脅威に直面させられた。1683年, フランスと結んだカラ・ムスタファ率いる9万のオスマントルコ軍が再びウィーンに迫った。皇帝レオポルド1世はパッソウに撤退, 2か月にわたるウィーン包囲攻撃のあと, 9月の大攻撃でもはやウィーンも陥落かと思われたが, 辛くもハプスブルクはトルコ軍を撃退。撤退するオスマン兵からの戦利品として, コーヒーがヨーロッパに伝えられたのはこの時との伝説も残された。逃げるオスマン軍をサボイ公オイゲンがハンガリーに追撃し, ゼンダの戦い (1697年) で勝利する。締結されたカルロビッツの和約により, ハプスブルクはトルコの脅威を取り除くとともに, ハンガリーのほぼ全土とクロアチア等ドナウ川中流域の全てをトルコから譲り受け, ハプスブルクドナウ国家の基礎が形成された。オスマントルコがその領土を他国に割譲したのは, これが初めてであった。ドイツでの後退を埋め合せるかの如く, ハプスブルクはドナウへの進出を果たしたのである。

その後, ヨーゼフ1世やカール6世が統一ハプスブルク復活を夢見たが, 実現しなかった。このカール6世の娘がマリア・テレジアである。彼女は帝国の集権化を進めたが, もともとハプスブルク帝国は各領土の寄せ集めで, ゲルマン人のほか, ボヘミアにはチェコ人, ハンガリーにはマジャール人やスラブ系という具合に11にも及ぶ諸民族が領内に混在, 風俗, 言語, 宗教も雑多なた

め帝国の一体化は困難だった。マリア・テレジアの子ヨーゼフ2世は啓蒙専制君主として進歩的な"ヨーゼフ主義"を追求する一方，積極的に税制改革を行い封建貴族を排して国家の集権化をめざしたが，ネーデルランド，ハンガリーの反乱や諸階級の抵抗に苦しみ十分な成果は上げられなかった。東に出たハプスブルクの前に，やがてバルカンの支配を争う国が出現する。それが，ロシアである。

5 ルイ14世の時代

●コルベール主義

1661年にマザランが死去すると，22歳ながらもルイ14世は親政を宣言した。当時ユグノーの反抗は既に鎮まり，3部会は閉ざされたままで，衰退ハプスブルクとは対照的に仏王権の伸張は目覚ましいものがあった。この時期，ルイ14世を補佐し内政全般を取り仕切ったのが，コルベールである。収賄で失脚したフルケに代わって財務総監に任命されたコルベールは財政改革に着手するとともに，海外から優秀な技師や手工業者を集めたり王立工場を設立する等商工業の保護育成に努め，毛織物，絹織物業やガラス，陶器業等が発展した。またコルベールは海外進出にも積極的で，北米ではルイジアナを得たほかカナダの植民地化を推進，インドではボンディシェリーを獲得（1672年）し，翌年にはシャンデルナゴルを買収してフランス支配の基礎を築いた。さらにアフリカにも植民地を建設，東インド会社も設立した（1664年）。交易をバックアップする必要から，彼は海軍の育成や造船所の設置にも腐心した。国家権力が経済の保護育成にあたるというコルベールの推進した重商政策は，コルベール主義と呼ばれるようになった。

絶対王政の基礎を支えるもう一つの柱である軍事力の整備に関しては，テリエとその子ルボアが活躍した。彼らは軍隊を直接国王の管理下に置き常備軍の制度を整えたほか，武装や編成改革にも手腕を発揮した。30年戦争で名を馳せたコンデ，テュレンヌ等の名将に加え，築城家ボーバンは160以上の要塞を構築・改修し，約40回にわたり要塞攻囲戦を指揮した。またボーバンは，ピレネー，アルプス，ライン川，それに大西洋をフランス国境にすべきとの自然国境説を唱え，この考えを基にルイ14世の対外膨脹政策が進められることに

なる。1666 年当時，7 万 2 千人だった兵力は 78 年には 28 万人に増加する等ルイ 14 世の治下，フランスは欧州最強の陸軍国家となった。

● 相次ぐ対外戦争
《ネーデルランド相続戦争》

ルイ 14 世が親政を開始する以前より，ともに海洋国家である英蘭の間では戦争が始まっていた。そして第 2 次英蘭戦争（1665〜67 年）で，両国が行動の自由を失っている最中の 1665 年，王妃マリー・テレーズの父スペイン国王フィリップ 4 世が死去し，カルロス 2 世が後を継いだ。これを受けルイ 14 世は，王位継承権が初婚の子に帰すというブラバンドの法に基づき，スペイン領ネーデルランドの領有をカルロス 2 世の異母姉にあたる王妃マリー・テレーズの権利と主張し，チュレンヌの率いる 3 万 5 千の軍をフランドル（スペイン領ネーデルランド）に侵攻させた（フランドル戦争あるいはネーデルランド相続戦争：1667〜68 年）。これを発端に，ルイ 14 世の相次ぐ対外戦争（4 大戦役）が開始される。

わずか 8 千のスペイン軍に対し，チュレンヌ率いる仏軍はフランドル，リール等を次々に占拠しブラッセルに迫る勢いを見せた。だがフランドル地方をフランスとの緩衝地帯と位置づけていたオランダは危機感を抱き，英国も安全保障上自国の対岸がフランスの手に落ちることは容認できなかった。勢力均衡を図る観点から，オランダのデ・ウイットが英国首相ウィリアム・テンプルとブレダで協議した結果，和睦（ブレダの和約：1667 年）が成立，また英蘭は対仏同盟を形成，さらにスウェーデンを誘い込んでハーグ三国同盟（1668 年）となし，フランスの軍事優位を牽制した。当初ルイ 14 世は攻撃の手を緩めず，2 月には東部フランシュ・コンテへの侵攻作戦を開始し，同地域を制圧した。だがシーパワー勢力の結集を警戒し，アーヘン（エクスラシャペル）でスペインと和を結び，軍隊を引き上げた。この和約でフランスはフランシュ・コンテをスペインに返還したが，フランドル地方のリール，シャルルロア等 12 の都市を獲得し，リールにはボーバンに命じて要塞を築かせた。反仏同盟の謀主となったオランダに対するルイ 14 世の憎しみは強く，これが次の戦争を招く原因の一つとなった。

《オランダ侵略戦争》

1667 年，コルベールはオランダ商品の閉め出しを狙いに高関税政策を打ち

出した。フランドルの一部が奪われ，さらにオランダ経済に果たし状を突き付けたフランスに対し，オランダのウィレムは強い警戒心を抱いた。だが復讐に燃えるルイ14世は，さらに外務大臣リヨンヌをして対蘭孤立化外交を展開させた。まずハーグ三国同盟を切り崩すため英国に接近，年間3百万ルーブルの資金援助とオランダ諸港を与えることをチャールズ2世に約し，その見返りに海軍力をはじめとする英国の対仏支援を引き出した（1670年：ドーバーの密約）。また大金を与えてスウェーデンとも対蘭密約を結び三国同盟を死物化させたほか，ドイツ諸侯からも盟約や中立確約を取り付けた。こうしてオランダの孤立化が進められた1672年3月，英国が口火を切り対蘭戦争を宣言（第3次英蘭戦争），次いでコンデ，テュレンヌの仏軍もラインを渡河し，オランダへの侵攻を開始した（オランダ侵略戦争：1672～78年）。オランダの貿易独占やフランスからの葡萄酒輸入に関税を賦課したこと，さらにフランスからの亡命者を受け入れたこと等が侵略の口実とされた。英国海軍支援の下，陸上兵力で優るフランスは蘭軍を撃退し，6月にはアムステルダムに迫りつつあった。一方オランダではハーグ革命が起き，デ・ウイット兄弟が殺害され，徹底抗戦を主張する民衆はオラニエ公ウィレムをオランダ共和国総督に迎えた（1672年8月）。彼は水門を開いて海水を入れ，仏軍を水攻めにする国土水浸作戦でコンデの進軍を阻んだ。海上ではロイテルの蘭海軍が英国海軍を打ち破っていた。

　この善戦を背景にウィレムはオランダ孤立網を打破し，逆に反仏同盟の形成に動く。まずスペインおよび皇帝レオポルドとオランダ支援のハーグ条約を締結（1673年8月），次いでドイツ諸侯やデンマークも味方につけたほか，1674年2月にはウェストミンスター条約を結び対英講和にも成功し，英蘭戦争を終結に導いた。やむなく仏軍はオランダから撤退し，新たに独西と戦端を開いた。仏軍はアルザスに侵入した皇帝軍を撃退，またフレンシュ・コンテを占拠し，1676年には地中海でオランダ・スペイン連合艦隊を打ち破っている。6年におよぶ一進一退の戦いの末，ナイメーヘンの和約（1678年）でフランスはオランダと，次いでスペインとも講和する。フランスはコルベールの高関税政策を廃止させられたが，フランシュ・コンテをスペインから得たほか，フランドルの一部，それにロレーヌを確保した。オランダはフランス占拠地域の全てを取り戻し，賠償支払いを強いられたスペインはさらに没落の度を早めた。

《ファルツ継承戦争》

　2度の侵略戦争の後も，フランスはトルコのヨーロッパ侵入で神聖ローマ皇帝が身動きできない隙に乗じてアルザスやリュクサンブール等を併合したほか，3万の軍を差し向けてストラスブールや北イタリアのピエモント国境の町カサルを占領した。ライン川左岸の2/3を支配下に収め，自然国境確保の目標は概ね達成され，フランスの大陸での影響力はかってない程に高まり，1680年代，その覇権は絶頂期を迎えた。だがその権威がピークにあった1685年，ルイ14世はナントの勅令を廃止するという大きなミスを行った。ナントの勅令はフランスの宗教戦争に終止符を打ち，限定的にせよプロテスタントに信仰の自由を認めるものであったが，この措置によりカソリックへの改宗を強いられることを嫌った20万余の新教徒はオランダ，スコットランド，北米へ移住していった。その中には優れた技術者や手工業者らが多数含まれており，これが仏経済に大きな打撃を与えた。

　宗教は戦争の主原因とはならなくなりつつあったが，それでもルイ14世の行為は新教国の反発を生み，反仏政策に動いていたオランダのオレンジ公に支援が集まった。その結果，オレンジ公ウィレムはオーストリアハプスブルクや西瑞，それにドイツ諸侯を加えた反仏同盟を結成（アウグスブルク同盟：1688年）し，共通の敵フランスに対して新旧教両勢力を一つに纏めあげた。ルイ14世はこの反仏包囲網に先制攻撃を加えるとともに，ドイツとアルザスの間に緩衝地帯を設けることを狙いにファルツ選帝侯領の相続問題に介入，義妹オルレアン公妃（1685年に死去したファルツ選帝侯カールの娘）の継承権を根拠として仏軍にファルツの占拠を命じた。そうした折り，英国で名誉革命が起こり，ルイ14世の支援するジェームズ2世が追放となり，代わりにオランダのウィレムがウィリアム3世として英国王位に就いたため，英国もこの反仏同盟に加担することになった。

　仏軍のスペイン宣戦を皮切りに，戦争が勃発（ファルツ継承あるいはアウグスブルク同盟戦争：1689～97年）。カソリック対プロテスタントのこの戦争は，ドイツにとってはアルザス奪回とファルツ占拠の報復戦であり，国内体制の建て直しを終えた英国にとっては，以後約百年にわたるフランスとの覇権争奪戦（第2次百年戦争）の幕開きとなった。当初ルイ14世はジェームズ2世の復

位を図ったが、アイルランドで英軍に破れ失敗。その後、ビーチーヘッド沖で仏海軍が英蘭連合艦隊を破る等優勢に立つが、陸上戦では決定的な勝利を得ることができなかった。さらにトゥルヴィル提督の率いる仏海軍が英蘭連合艦隊に大敗（ラ・オーグの海戦：1692年）し、フランスの海上権力は大きく後退した。新大陸も戦場となり、植民地争奪戦の様相を呈した。戦争はライスワイクの和約（1697年）で終結、フランスはアルザス、ストラスブールの領有やスペイン領ネーデルランドとの国境に要塞を建設する権利を得たが、オレンジ公ウィリアムを英国王と認め、占拠したオランダの領地は返還させられた。

《スペイン継承戦争》

英蘭のシーパワー国家に苦戦を強いられたルイ14世は、次にスペイン王位に目を向けた。後嗣をもたないスペイン・ハプスブルク第4代の王カルロス2世が死去（1700年）し、遺言で義兄のルイ14世の孫アンジュー公フィリップに王位を譲った。ルイ14世は早速彼をスペインに差し向け、フェリペ5世として王位を継承させたが、神聖ローマ皇帝レオポルド1世も姻戚を理由に次子カールの相続権を主張した。フランスのスペイン併合を危険視した英蘭はレオポルド1世の支持に回り、これにポルトガル、サボイ、プロシャも加わり反仏大同盟が生まれた（1701年）。この両陣営がネーデルランドから北イタリア、北米、それにインドの各地で戦ったのがスペイン継承戦争である（1701～14年）。英国のジョン・チャーチル（後のマルボロー公）、それにサボイのプリンス・オイゲン等名将が活躍し、仏王政を財政破綻と軍事的敗北に追い込みかけた。

だが、二つの出来事が戦争を終結させた。まず英国でトーリー党が選挙に勝利し、主戦派のホイッグ内閣崩壊を受け、アン女王がマルボローを呼び戻した。また戦い半ばに死去したレオポルド1世を継いだ皇帝ヨーゼフ1世も死去（1711年）し、弟のカールがオーストリアを相続し皇帝位についたため、再びオーストリアとスペインが合体する可能性が生じた。ハプスブルク帝国の再現はヨーロッパの勢力関係を一変させるため、列国は力の弱まったフランスとの和平を選択したのである。1713年、フランスは英蘭、ポルトガルとはユトレヒト条約を締結。翌年には神聖ローマ皇帝との間でラシュタットの講和が成った。ユトレヒト条約はウェストファリアに次ぐ大条約で、英国の勝利、フランス、スペインの敗北が顕著となった。まず英国はジェームズ2世の系統を否

認し，ハノーバー朝の王位継承権をフランスに承認させたほか，ノバスコシア，ニューファンドランド，ハドソン湾を獲得。スペインからは同国内におけるフランスの商業特権を譲り受けたほか，ジブラルタル，ミノルカを獲得し地中海に足場を築く等最大の利を得た[8]。またフランス・スペインの両ブルボン家が合同しないことを条件に，フィリップ5世にスペイン王位継承権およびアメリカ植民地を認めること，スペイン継承権の喪失の見返りとしてオーストリアハプスブルクにはスペイン領ネーデルランド，ナポリ，サルディニア，ミラノの地を与えること，ブランデンブルクとその領地をプロシャ王のものと認めること等も定められた。

　スペイン継承戦争は50年にわたるルイ14世の治下，最後の侵略戦争であったが，ヨーロッパ列強が連合して彼の覇権主義に抵抗したため，成果は乏しいものに終わった。ルイ14世は孫にスペイン王位を与えることができたが，スペインとフランスは決して合体しないという条件付きであったため南への領土拡大は実現できなかった。北および東方の国境は拡大したが，相次ぐ戦争は国力の消耗を招き，コルベールが改善させた財政は再び悪化した。さらに新大陸における仏植民地が英植民地に包囲され，将来の発展性が阻害された。スペインはヨーロッパの全属地を失ったばかりか戦略的要衝ジブラルタルも英国に奪われ，大国としての資格を完全に喪失した。

6　英国：辺境からの脱却

- 相次ぐ渡来勢力による支配：原始〜ケルト〜ローマの支配

　1万年以上前（旧石器時代），ブリテン島はヨーロッパ大陸と未だ地続きだったが，氷河の後退に伴い大陸から分離して島となる。やがて農耕牧畜生活がオリエント地方より伝播し，前3千年頃には新石器時代に入り，紀元前2500年頃，イベリア半島から地中海人種が移動し，ブリテン島に巨石文化を築いた。ソールズベリー付近にあるストーン・ヘンジはその代表である。その後紀元前18世紀頃にはラインラントより青銅器文化を持ったビーカー人と呼ばれる一派が渡来してきた。さらに前7世紀以降，インド・ヨーロッパ語族に属するケルト人が鉄器をもってブリテン島に移り住むようになった。ケルト人（ローマ人はガリア人と呼んだ）はもともとロシア南部付近（中・東欧）を中心に広く分布して

いたが，前8世紀頃から欧州全土に移動・展開を開始，中欧にハルシュタット文明と呼ばれる鉄器文明を建設した。

ケルト人の渡来は数世紀の間，何波にも分かれて続き，初期に移住した種族はゴイデル人，後から移り住んだ一派ベルガエ人はローマ人からブリタニ（ブリトン人）と呼ばれた。この名称が，この島を意味するブリタニアの語源となった。ケルト人はブリテン島に先住するビーカー人等を征服し，やがてアイルランドまで支配領域を広げ，紀元前1世紀迄にはブリテン島をほぼ完全に制圧する。勇猛なケルト人は丘陵に砦を築き"丘の戦士"とも呼ばれたが，30程度の部族に分かれたままでブリテン島の統一はできなかった。彼らは文字を持たず，その生活ぶり等詳細は不明な点も多い。ケルト人との戦いを続けていたカエサルは紀元前55年，海を渡ってガリア地方のケルト人を支援するブリトン人を討つべくブリタニアに侵攻，ドーバー付近に上陸した。このカエサルのブリタニア攻略以降，ローマ人はこの島を"ブリタニア"と呼んだ。そのローマ人は紀元後1世紀，イングランド，ウェールズを版図に収め，北部を除きブリテン島はローマの属領ブリタニアとなる（ローマ駐屯軍はテムズ河畔の地ロンドニウムをその根拠としたが，これが後のロンドンである）。

● アングロ・サクソンの渡来

その後，本国の衰退に伴い次第にローマ軍はブリテン島から撤退するが，ローマ支配の終焉はブリトン人の復活を意味しなかった。それは当時，ゲルマン民族のブリテン島への侵攻が活発化しつつあったためである。5世紀頃よりブリタニアに侵入したゲルマン族は，ユトランド半島の西海岸～西北ドイツに住んでいたアングル人，サクソン人，ジュート人らの混成で，一般にアングロ・サクソン人と総称される。このアングロ・サクソンと先住のケルト系ブリトン人の間で激しい戦いが続き，アングロ・サクソンはブリタニア東南部を制圧していった。ブリトン人を率いたアンブロシウス・アウレリアヌスは6世紀始め頃，東から攻め込んできたアングロ・サクソン人を"ベイドン丘の戦い"で打ち破り，その西進を食い止めた。「アーサー王伝説」は，このブリトン人とアングロ・サクソンの戦いの過程で誕生したといわれている。ベイドン丘の戦いの結果，ウェールズとアイルランドだけはアングロ・サクソンの影響をあまり受けず，ローマ的ケルトの文化が維持された。一方，西に追われたブリトン人

の一部はフランスのブルターニュ地方に移住。この地と区別するため，以後ブリテン島は"グレート・ブリテン"と呼称されるようになる。

　波状的な侵入によって次第にブリタニアを制圧していったアングロ・サクソン人も，当初はケルトと同様，多数の部族，小王国に分かれていたが，徐々に統合が進み，6世紀末，7王国時代を迎え，829年にはウェセックス王エグバートによって統一国家が樹立された（アングロ・サクソン王国）。6世紀末，ローマ教皇グレゴリウス1世は，アウグスティヌスを布教のためブリテン島に派遣，彼はカンタベリーにこの島で最初の教会を建設。やがてアングロ・サクソンの中にキリスト教が広がることになる。

● *ノルマン征服王朝*

　9世紀末，ブリテン島はノルマン（バイキング）の一派デーン人の侵入を受ける。ウェセックス王アルフレッド大王はデーンの進出を食い止めるが，ほどなくしてノルマンディ公ギョームが王位継承権を根拠にイングランドに侵攻し，ウィリアム1世としてノルマン王朝を開設する（1066年）。12世紀半ばには，仏領主アンジュー伯アンリがヘンリー2世となりプランタジネット王朝を開き，ノルマン朝以上の強力な王権の下に封建的国家体制を整備した。だが同世紀末に即位したリチャード1世は，第3次十字軍に出征し，海外に獅子王の名を轟かせたものの，膨大な出費のため諸侯の反発を招いた。また次王ジョンは仏国王と争って大陸所領の多くを失ったばかりか，ローマ教皇から破門され，イングランド全土を改めて教皇から封土として受けるという政治的失態を演じた。さらに重税に叛旗を翻した封建諸侯の要求に屈して，マグナカルタに署名（1215年）。諸侯は次の王ヘンリー3世に対しても国政を監督するオックスフォード条項を認めさせ，13世紀半ば，エドワード1世の時代には国王と臣下との話合いの場である模範議会が設けられた。この中世議会はエドワード2世時代にさらに発展し，都市市民の政治参画に道が開かれる。

　続くエドワード3世は毛織物工業の育成に努力した一方，フランドル諸都市の利権や仏王位継承権をめぐり百年戦争（1337～1453年）を開始する。この長期戦争は概ね三時期に分けられる。第1期はクレーシーの戦いを契機に英国が優勢に立つが，ヨーロッパを襲ったペストで中断。第2期は，大規模な農民反乱もあってフランスが優位を占めた。続く第3期の当初，英国が攻勢を掛けた

が，ジャンヌ・ダルクらの活躍で英国軍はフランスから駆逐されてしまう。この敗戦で高まった封建諸侯の不満がランカスター家とヨーク家の王位相続を巡り爆発し，30年にわたる内乱（バラ戦争）となる。この過程でヨーク朝が誕生，また貴族相互が共倒れし，王権の強化に途が開かれた。

● スペインへの挑戦

イベリア半島でポルトガルやスペインが大航海時代の先鞭をつけた15世紀末，百年戦争やバラ戦争を通じて封建貴族の勢力が急速に弱体化したのを背景に，英国も王権強化の途を歩み出す。ユーラシアの辺境に位置し，ローマからも遠隔で，しかも大陸の拠点を失う等当時の英国は欧州世界の中で最も後進的な国の一つと見られていた。しかしヘンリー7世からエリザベスまでのチューダー朝約百年間を通して国王権力は伸張し，集権体制も整えられていった。内政の充実を背景に英国は海洋国家への途を志向し，スペイン，ポルトガルという先発海洋国家を自らの射程距離に捉え，将来における覇権国家としての基盤を築いていくのである。

1485年8月，バラ戦争最後の戦いとなったボズワースの戦いでリチャード3世を倒したヘンリー・チューダーは，翌年ヨーク家のエリザベスと結婚し，宿敵ランカスター，ヨーク両家の結合を図りヘンリー7世としてチューダー王朝を開設した。そして封建貴族の力をそぐため，封建家臣団の解散や司法権の中央統制を目的とする星室裁判所を設置する等王権の強化と官僚機構の整備に努める一方，毛織物工業を保護し，王室財政の基盤確立に取り組んだ。また長男のアーサーをスペインのイサベラとフェルディナンドの間に生まれた娘キャサリンと結婚させ，6か月後アーサーが死去するや次男ヘンリーを再びキャサリンと結婚させて当時の覇権国家スペインとの同盟関係を築くことに成功する。この時期，英国でも初の探検航海が試みられ，ジェノバ人のジョン・カボットが北米海岸沿いに航海しアジアへの道を探索（1497年），ニューファンドランドやノバスコシアを発見している。もっともこの航海はブリストルの富裕商人による経済援助で実現したもので，王室とは関わりのない私的事業であった。当時の英王室にはスペインやポルトガルのように国家的事業として新航路開拓に取り組むだけの余力はなかったのである。

続くヘンリー8世は常備海軍を創設（1532年）したほか，艦艇保有数の増加

や大口径大砲の積載に取り組み，世界初の舷側砲装備艦メリーローズ号を就役させる等英国のシーパワーと海外発展の礎を築いた。またそれまでの羊毛輸出国から毛織物の輸出国へと変身を遂げつつあったことから，市場開拓のため北（北極圏）回りでアジアをめざす北西あるいは北東航路の開発を盛んに試みている。これは，既存ルートでの航路開発競争に参入してスペインを刺激することを危惧しての選択であった。その後，エリザベス1世の時代に入り，英国絶対王政は最盛期を迎えた。エリザベスは毛織物輸出商人達に独占的特許状を与えてその活動を保護すると共に，東インド会社を設立（1600年），さらにバージニアの植民地化を推進する等貿易や領土の拡大に努める一方，スペインのフェリペ2世の求婚を退けオランダの独立運動を支援した。エリザベスがオランダを支援したのは，宗教上の理由だけでなく，英国の対岸にあたるフランドル地方に強大なスペインの権力が存在することを嫌ったためである。また北方航路によるアジアへの到達が容易でないことが明らかとなるにつれ，英国商船は一転してアフリカやカリブ海に乗り込んで貿易活動を行うようになり，当然権益を侵されるポルトガル，スペインとの関係は悪化した。エリザベスは即位直後の1588年，アフリカ航海の禁止を解きポルトガル大使の抗議を撥ね付けたが，スペインとの関係には慎重な姿勢を見せ，安易な好戦論は退けた。もっとも，ホーキンズやドレイク等シードッグといわれた海賊がスペイン商船隊に対する略奪行為を頻繁に行うことはなかばこれを公認した。ホーキンズは，1560年代にスペインの目を潜ってアフリカの黒人奴隷を西インドや南米に売り込み，カリブ海域のスペイン商船を襲った。ドレイクは英国人として初めて世界周航を為し遂げ（1577〜80年），その途次スペイン植民地や商船から30万ポンドを越える莫大な分捕り金を持ち帰っている。英国は彼らの海賊行為を容認することで覇権大国スペインに非公然たる挑戦を挑んだのである。

　1588年7月，フェリペ2世はネーデルランドの新教徒を支援し，しかもトルデシラス協定を無視し新大陸との交易を侵す英国に掣肘を加えるべく，無敵艦隊（アルマダ）を派遣したが，逆に英国がこれを破りスペイン海上支配に打撃を与えた。リスボンを出港した130余隻，兵員3万を越えるスペイン艦隊に対し，わずか34隻の軍艦と海賊船を掻き集めただけの英国海軍では戦力に格段の開きがあったが，大型船の多いスペイン艦隊に軽快な小型帆船で縦横に攻

撃を加え，勝利を掴み取ったのである。その後，エリザベス1世の死去でチューダー王朝は断絶。メアリ・スチュアートの子でスコットランド国王のジェームズ6世がジェームズ1世として即位し，スチュアート王朝を開いた。これでイングランドとスコットランドは同君連合となる。この王朝の下，清教徒革命と名誉革命の2度の革命，騒乱を経て英国は内政の安定が実現，18世紀における覇権獲得の基盤が築かれた。

さて17世紀に入ると，英国もオランダに刺激され，王室収入増加を狙いにエリザベス女王の特許状によって東インド会社を設立した（1600年）。当初はインドネシア方面で香料を求める個別航海の形がとられ，1601年に最初の商船隊を派遣，ジャワに商館を設ける等アジア進出に乗り出した（英国のアジア進出）。だが，アンボイナ事件（1623年）を契機に英国は拠点を東インド諸島からインドに移した。これは香料貿易で英国がオランダに敗退したことを意味するが，投機性の高い奢侈品貿易を早い段階で断念し，日用品を交易対象に代えたことが結果的にはその後の産業革命，そして大英帝国建設に途を拓くことになった。即ち，英国は自国製毛織物の市場を北部インドに見出し，反対にインドからはキャラコ，更紗，モスリン等の木綿製品，染料のインディゴ，硝石といった原料を入手できたからだ。木綿は本国の経済にとって日増しに重要性を増していたし，火薬の原料となる硝石は当時のヨーロッパでは不可欠の輸入品であった。ジャハンギール皇帝から許可を得て西海岸のスラットに商館を建設（1612年），以後，マスリパタム，マドラス，ボンベイ，カルカッタと次々に拠点を置き，商館の設置・拡充と要塞化を進めた。清教徒革命後，政権を獲得したクロンウェルは東インド会社を近代的な株式会社組織に改組する（1657年）。

一方，北米での植民活動は国王の特許状を得た会社企業の形式で行われた。17世紀初め，まずバージニアにジェームズタウンが（1607年），次いでバミューダ島にも植民地が設立された。ステュアート朝下の国教強制を逃れ，信仰の自由を求めて清教徒や旧教徒が数多く移住し，1620年ピルグリム・ファーザーズと呼ばれる清教徒の一部がメイフラワー号でプリマスに上陸，ニューイングランド植民地を開設，1630年にはやはり多数の清教徒によってマサチューセッツ植民地が築かれた。その後も多くの入植地が築かれ，18世紀前半までに13植民地が建設された。これらの植民地はいずれも農業を主とし，人口も多く，

自由独立の気風が強い点で他国の植民地とは異なった性格を有していた。

英国の植民活動が進むにつれ，ともにスペインに抵抗した間柄のオランダとは，17世紀以降各地で対立するようになる。主な対立点は，(1)北大西洋での漁業（鰊，鯨），(2)インドにおける貿易拠点の確保，(3)アフリカ，西インド諸島での奴隷貿易等に絡むものであった。モルッカ諸島の支配を巡るアンボイナ事件以後，英国の対蘭感情は悪化したが，北米でもオランダのニューネーデルランド植民地とその南北に連なる英国のバージニア，ニューイングランド植民地の利害が対立，一連の抗争は英蘭戦争へ発展する。オランダの衰退を決定づけたのが英蘭戦争であった。スペインに背いてもその独立を支援してきた同じ新教国のオランダに，英国は戦端を開いたのである。

7 英蘭戦争とオランダの衰退

● 英蘭戦争

オランダの奇跡は，時には称賛の，しかし多くは敵意ある嫉妬と注視に曝された。そのため，各国は自らの経済圏からオランダの仲買人を締め出す統制主義に傾斜していった。中継貿易で栄えるオランダが自由貿易政策を採ったのに対し，経済的自立をめざすヨーロッパ諸国は重商主義政策を以てオランダの商業覇権に対抗したが，その先鞭を切ったのがクロンウェルの英国だった。当時，北大西洋の鰊漁は蘭英の絶え間ない紛争の種であった。鰊漁は6月から年末にかけてオークニ島からテムズ河口にかけてスコットランド，イングランド沿岸水域で展開されたからである。その漁獲高は2百万ポンドに達し，これは当時の英国の毛織物輸出額の総計に匹敵した。オランダ代表として英国との漁業紛争の調停にあたったのが，グロチウスであった。彼の海洋自由論は，英国沖での蘭船の鰊漁を擁護するためのものでもあったのだ。しかし，目の前でみすみすオランダに漁業資源を奪われる英国はこの理論に納得しなかった。しかも新大陸の英植民地から本国に送られる商品の大部分は，オランダ船で運ばれるという状態であった。

そこで英国は航海条例を制定し，自国の貿易からオランダを公然と排除し始めた（1651年）。航海条例とは，(1)英国及びその植民地の産物は英国の船で，しかも乗組員の3/4以上が英国人である船に限り輸出を許す，(2)外国の産物は

英国船またはその生産国の船でのみ輸入を認める，(3)英国近海の魚類は英国船によってのみ輸入し得ること等を定めた露骨なオランダ締め出し規定で，以後2百隻にもおよぶオランダ船がこの適用を受け，英国に積み荷を没収されてしまう。また英国はオランダの毛織物業に打撃を与えるため，同国への羊毛輸出も禁じた。英国の挑発にも拘らずオランダは平和的な態度で応じたが，英国の嫉妬心はあまりに強かった。結局，英国軍艦に対する敬礼を蘭船が怠ったという英国の言い掛かりが端緒となり，三度にわたる激しい海上戦（英蘭戦争：1652年～74年）が繰り広げられることになった。コルベールの活躍するルイ14世治下のフランスもオランダに挑戦，高関税の導入等自国産業保護政策を打ち出すとともに，陸軍をオランダに進めた（1672年）。スペインという共通の敵が消えた途端，かっての友邦英仏が共にオランダの敵と変じたのである。

戦端が開かれるや，ホラント州首相ヤン・デ・ウィットの政治指導やトロンプ，ロイテル各提督の活躍等オランダはよく戦った。だが，着々と海軍力の増強に取り組んできた英国に対し，オランダはウェストファリア条約以来軍備の縮小を進めていた。また商船団の護衛を主目的とするオランダ艦隊に比べて英国艦隊は艦形も大きく，搭載する大砲の数でも質でもオランダを凌いでいた。さらにオランダの場合，海軍が各州に所属するため，その統一運用に手間どる等国家統制力の欠如が有効な戦略決定を阻害した。こうしたハンデのため，苦戦は免れなかった。第1次英蘭戦争（1652～54年）では，ウェストミンスター条約によって英国は航海条例をオランダに承認させたほか，アンボイナ事件の賠償金獲得とモルッカ諸島における交易地の確保に成功した。

その後，英国のニューアムステルダム（ニューヨーク）占領に端を発し第2次英蘭戦争（1665～67年）が勃発，ロイテル率いるオランダ艦隊がテムス川を遡航してロンドンを脅かす等オランダは英国と互角の戦いを繰り広げた。しかしルイ14世が南ネーデルランドの相続権を主張し，ピレネー条約以降休戦状態にあったスペインとの戦争を再開（1667年：ネーデルランド相続戦争）したため，フランスと国境を接することを恐れたオランダは急遽英国と和睦（ブレダの和約），宿敵スペインとも同盟を締結した。この結果，英国は東インド諸島の権利を放棄する代わりにニューアムステルダムを手に入れた。翌68年には英蘭にスウェーデンを加えた対仏同盟が成立，フランドルの一部を得たフランス

は，アーヘン（エクスラシャペル）の和約で戦いを取り止めた。

　だがフランスは直ちに次の戦争準備に入り，スウェーデンと英国をオランダから引き離すことに成功する。チャールズ2世とドーバー密約（1670年）を結んだルイ14世はオランダに侵略，これを機に第3次英蘭戦争が開始された（1672～74年）。英国による海からの攻撃のみならず，仏軍数十万による陸からの侵入も蒙ったオランダでは，戦局悪化に憤激した暴徒によって執政官ヤン・デ・ウイットが虐殺されたが，ロイテルの艦隊が英国海軍の侵入を防ぐ一方，総督となったウィレム3世が堤防を決壊させる洪水戦術によって仏軍に激しく抵抗し，その進撃を食い止めた。その後，フランスの強大化を恐れる列国の動きを利用し，オランダは英仏との講和に漕ぎ着ける。議会に迫られた英国のチャールズ2世がウィレムと和平条約（ウエストミンスター条約）を締結し，対仏同盟条約（ドーバー密約）の破棄と開戦前への状態復帰を約したのである。だが20年以上にわたる英国との死闘で，オランダの国力は衰弱した。近隣に強力なライバル海洋国家（英国）と大陸軍国家（フランス）がほぼ同時に出現したことが，この国の不幸であった。

●オランダ衰退の原因

　他国の強い嫉妬心が招いた戦争で，オランダの地位は揺らいだが，ジェラシーや戦争の惨禍ばかりがオランダ衰退の原因ではなかった。国土狭小で資源にも恵まれない等覇権国家たる要件を十分に備えていなかったこともあるが，オランダの繁栄が短かった大きな理由は，ポルトガルやスペイン同様，この国が加工貿易あるいは中継貿易のみに終始し，毛織物等の自国生産業の保護，育成を怠ったことにある。

　「オランダ人の経済は，まったく他国の物産で成り立っている。つまり，ただ買っては売り，取り寄せては送り出すに過ぎず，輸出するものといえば，ほとんどあるいはまったく，さきに輸入したものばかりだ。オランダで製造するものといわれる麻織物でさえ織糸の大部分はシレジアやサクソニアから，その他の亜麻もロシアやポーランドから輸入している。……オランダには，取り寄せたり，見つけたり，運んだりする海運業者や船員としての働きの他には，自国の土産物・海産物もなければ，自国民の労働の生産物もない。」

　ダニエル・デフォーがこう指摘したように，オランダは「買っては売り，輸

入しては輸出する中継貿易の国」であった。アムステルダムはその代表だが，海外から輸入し，再び国外に輸出される製品が一過的に集散する中継市場として栄えた。外国産品に手を加えても，せいぜい追加・従属的な軽加工に限られ（例えば英国産の毛織物を半製品で輸入し，それに漂白や染色，仕上げをして消費地へ輸出するケース），仲立ち貿易に依存した従属的加工業（トラフィーク）の域を脱することは最後までなかった。ところが経済力を身につけた英仏が自国産毛織物の加工を自国で行い，完成品の輸出も自らの手で進めるようになると，オランダの仲立ちに依存する必要はなくなってしまう。こうしてオランダの中継貿易システムは急速に瓦解していった。

　オランダも重商主義を取り入れて国内織布業者の保護育成に努めるべきだったが，国内の政治的実権は17世紀半ば以降，レヘントと呼ばれる商業ブルジョワジーに握られ，彼らの利益優先から国内産業の育成が疎かにされたのである。しかもレヘントらはランチェ（金融資本家）化し，手元に残った豊富な資本や技術をライバルの英国等に投資し，その産業革命の手助けまで行ってしまった。よく言えばインターナショナリズムに徹したこと，悪く言えば商人層の独走が国を没落に導いたわけで，国家が国内産業を積極的に保護育成した英仏とは対極的であった。

　この国が商人層突出の政治に陥ったのは，その政治体制と関係していた。7州の連邦として発足したオランダでは，先述した如く中世都市型の自由意識が抜けず各州の独立意識が極めて強かった。国家組織として総督と中央連邦議会（国会）が設けられたが，各州は州議会を持ちそれぞれが自治権を主張した。そのため経済的利害関係を重視するレヘント（商人貴族）を中心に，対外的には和平推進，対内的には州と都市の独立を強調する分権派（共和派）と，中小市民や農民支持の下に中央集権をめざすオランダ総督オラニエ公一派（総督派）の対立が独立後も続いた。また前者は宗教的に寛容だったが，後者はカルビン主義による信仰の統一を望んだ。つまり，この国の実態は統一国家からほど遠く，有力なホラント州をはじめ7州の"緩やかな連合体"に過ぎなかったのである。

　両派の対立は，当初総督派が優位に立っていた。1609年にオランダがスペインと12年間の休戦条約を締結した際，オラニエ公の盟友で休戦実現に尽力

したホラント州の首相オルデンバルネフェルトと戦争継続を主張するウィレムの子マウリッツが対立したが、マウリッツら総督派はオルデンバルネフェルトを逮捕、反逆罪で処刑するという強権的手段によって共和派を粛正・一掃した。逮捕されたメンバーの中にはグロチウスも含まれていた。和平派の後退によりスペインとの戦争を再開、30年戦争に巻き込まれるなかで総督権限は強化され、その地位はオラニエ家の世襲となるが、オランダ経済が発展を続ける限り、それを支えているレヘントらの勢力は抑え難く、1639年には「オランダの主権は国会に存せず、この国を構成している諸州に存在する」旨の宣言が出され、43年には州を代表して国会に選出された議員に対し、予め州の意見を尋ねることなく一切の決議に加わってはならない旨の訓令をホラント州が出す等分権派が勢いづいた。

　30年戦争が終結するや、スペインとの戦いをなお継続しスペイン領南ネーデルランドの解放をめざす総督ウィレム2世と、和平による軍備削減を求める共和派が再び対立。この時もウィレム2世は共和派逮捕に踏み切り、一旦は強権による軍事支配を実現した（1650年）。だがその直後に彼が死去し、共和派が巻き返しに出た。そしてホラント州指導の下各州の代表者からなる大会議が催された結果、総督職は廃止され、軍隊の指揮や将校の任命は各州が独自に行う等分権主義が前面に打ち出されるようになった。

　こうして17世紀、中央集権化の時代潮流とは反対にこの国では分権派が優位し、中でもアムステルダム商人が牛耳るホラント州の利害優先の政治が進められていく。強力なリーダーシップや国民意識の醸成に苦しんだばかりか、例えば海軍も各州議会の支配下にある5つの海軍本部の寄せ集めでしかなく、英蘭戦争にあたっても最後まで統一海軍は成立しなかった。躍進の要因がまさに凋落の引き金となったわけである。

　凋落のオランダに対し、英国の海外貿易は著しい発展を遂げ、航海条例の制定以降アメリカが独立するまでの1世紀の間、貿易量は飛躍的に増大した。例えば王政復古から1700年の間だけでもロンドン港の総輸出量は一挙に3倍に増加、中でもアメリカ・アジア方面の貿易が増え、ヨーロッパ向けを凌ぐようになった。それに伴い基幹産業だった毛織物以外の製品が増加し、米大陸からの原料を基にタバコ、コーヒー、砂糖、またアジアからの原料を基に絹、綿が

輸出された。ヨーロッパ以外から原料を輸入し、それを加工して輸出する加工貿易のパターンが生まれたのだ。一方、大陸における主役は英国に破れたオランダからフランスへ移り、以後英仏両国がヘゲモニー争いの主役となる。

■注　釈

(1)　Henry Kissinnger, *Diplomacy* (New York, Simon & Schuster, 1994), p.58.
(2)　絶対主義国家の成立といっても、早くは英国のエリザベス女王が16世紀後半、ルイ14世が17世紀半ば〜18世紀、ピョートルが17世紀後半〜18世紀、遅くはフリードリヒ大王が18世紀半ば以降と、国によりその時期は16〜18世紀と3世紀の幅が存在した。そのため、絶対化が早い英国では、大陸で絶対主義が浸透する17世紀半ばには既に民衆革命が生起し、絶対主義を否定するブルジョワ革命の波が生まれていたことには注意せねばならない。
(3)　C・ウイルソン『オランダ共和国』堀越孝一訳（平凡社、1971年）26ページ。オランダ独立戦争については *Spain and the Netherlands 1559-1659* (Glasgow, Fontana Press, 1979) が詳しい。
(4)　「オランダ共和国の半レッセフェール的政策は、この新生"国家"に製造業や商業・金融上の技術、営業上の人間関係のネットワークなどを大いに増進させ、資本と船舶を激増させた。……こうしたことがなければ、オランダの発展はもっと遅く、もっとささやかなものになったであろう。」C. H. Wilson, "The Historical Study of Economic Growth and Decline in Early Modern History", E. E. Rich & C. H. Wilson, eds., *The Economic Organization of Early Modern Europe* (Cambridge, Cambridge University Press, 1977), p.18.
(5)　ホイジンガ『レンブラントの世紀』栗原副也訳（創文社、1968年）25ページ。
(6)　「1624年から1642年までフランス宰相の座にあった……リシュリューは近代国家システムの父であった。彼は国家理性の概念を普及させ、それをフランス自身の国益追求のために冷酷なまでに実践した。彼の保護の下、国家理性は中世的概念である普遍的な道徳価値観に代わってフランス政治の指導的理念となったのである。当初、彼はヨーロッパにおけるハプスブルク支配の阻止に努めた。だが究極的には続く2世紀の間、彼の後継者達がヨーロッパにフランスの優位を確立しようという誘惑にかられる程の成果を遺産として残した。そして、かかるフランスの野心が挫折する中からバランスオブパワーが出現した。当初それは事実として、次いで国際関係を組織するためのシステムとして現れた。」Henry Kissinnger, *op. cit.*, pp.58-9. スペインのフェリペ3世、フェリペ4世が30年戦争に参加したのは、オーストリアハプスブルクとの結合によってドイツ帝国の中に覇を唱えるとともに、イタリアとネーデルランド（ベルギー）を陸地連結してフランスを包囲しカール5世時代の優勢を挽回しようということにあった。このスペインの野心を阻止し東方への発展を図るべく、リシュリューはスペインの根拠地であるイタリア半島に進出してこれを駆逐するとともに、ライン方面に進撃してスペインの包囲網を突破、南ドイツ方面の進出を企図したのである。神川彦松『近代国際政治史』（原

書房，1989 年）45 ～ 6 ページ。
(7)　「枢機卿としてのリシュリューは，神聖ローマ皇帝フェルディナンドによる正統派カソリック信仰を回復しようとする動きを歓迎すべきであった。しかるに彼は，フランスの国益を如何なる宗教的目標よりも上に置いたのである。……リシュリューの心配は，故なきことではなかった。ヨーロッパの地図を思い描けば明らかなように，フランスはその全周をハプスブルクの領地によって包囲されていた。南にはスペインが，南東には主にスペインによって支配されていたイタリア北部の諸都市が，さらに東部ではフランシュコンテ（現在のリヨン，サボイ付近）もスペインの支配下にあり，北もスペイン領のネーデルランドだった。スペインハプスブルクに支配されていないわずかな国境は，オーストリアハプスブルクの支配下にあった。ロレーヌ公国はオーストリアの神聖ローマ帝国に忠誠義務を負い，現在のアルザスにあたるライン沿いの戦略的要衝も同様だった。もしも北部ドイツまでがハプスブルクの支配に落ちれば，フランスは神聖ローマ帝国に対して危険な程に脆弱化しよう」Henry Kissinnger, *op, cit.*, pp.59-60.
(8)　「マハンが喝破したように，『この戦争前には英国はシーパワーの一つに過ぎませんでしたが，戦争後には彼に継ぐ者なき唯一のシーパワーとなった』のです。シーリーが『ユトレヒトは英国を世界における第 1 位に上らせ，数年間は対抗者なしにその地位にあった』といったのは適切です。」神川彦松，前掲書，58 ～ 9 ページ。

第3章　18世紀の国際関係

1 序

　前世紀における主権国家システムの誕生をふまえ，18世紀のヨーロッパでは，ポーランド継承戦争，オーストリア継承戦争等絶対国家相互の王位継承戦争が相次いだ。そして7年戦争の過程で所謂外交革命が起こり，フランス王家対ハプスブルク家というそれまでの対立軸は消滅した。覇権争奪のアクターではなかったロシアやプロシャという新興大陸国家の躍進も見られた。また海洋国家vs.大陸国家の視点から捉えると，第2次百年戦争とも呼ばれる英仏の激しい覇権争いが繰り広げられ，これに勝利した英国がパクスブリタニカと呼ばれる覇権秩序を築くことになる。この戦いは，ヨーロッパ域内に留まらず舞台は広く海外に及び，闘争はグローバル化の様相を呈した。もっとも，フランスを倒した英国も世紀末にはアメリカの独立を許し，一時その覇権に陰りを見せる。

　ところで王朝戦争の時代，戦いの主役であったヨーロッパの君主，貴族の間には，自分達は同じ文化の中に生きているという認識の共有があった。日々利害が交錯し，緊張と敵意が戦争へと発展することは日常茶飯事であったが，そこでの戦いは，祖国を守るため，あるいは敵国を殲滅するため全人民が武器を取って立ち上がるというものではなく，あくまで王室相互の権力闘争であり，戦争の目的も規模も，それに期間も極めて限られたものであった（制限戦争の時代）。しかるに啓蒙思想の普及に伴い，王朝支配の体制にも動揺が生まれる。まず新大陸アメリカが王室支配というアンシャンレジームに異議を唱え（米独立戦争），ヨーロッパではフランスがこれに続いた（仏革命の勃発）。これ以後，限定戦争としての王朝戦争から市民軍による戦争へと時代は移り行く。そのような変化の中で，政治理念や理想，それに民族意識等に支えられた巨大軍隊（マスアーミー）を率い，旧秩序に生きるヨーロッパ諸国を席捲し革命思想を伝播させるとともに，いま一度英国の覇権に挑もうとした人物が彗星の如く

現れた。それがナポレオンであった。

2 北・東欧における覇権の変遷
●バイキングの外征とスカンディナビア三国

本章では新興勢力ロシアの台頭を扱うが、併せて北・東欧における覇権国家の変遷過程についても概観しておきたい。5〜9世紀にかけてスカンディナビアの北ゲルマン、即ちノルマン人の社会でも部族間の統合が進み、デーン、ノール、メーラルといった王国が成立、のちのデンマーク、ノルウェー、スウェーデン三国の祖形となった。バイキング（「入り江の人」の意）と呼ばれた彼らは8世紀末〜11世紀初めにかけて略奪、通商、植民等の目的でヨーロッパ各地に進出、デンマークやノルウェーバイキングはイングランド、フランス、ドイツの沿岸を襲撃、河川を溯って内陸の都市、修道院、農村を荒廃させ、その一部は地中海にも勢力を伸ばし南イタリア（シシリー島）を征服、別の一派はアイルランドとアイスランドを支配下に収め、10世紀後半には北米大陸に到達する。一方、スウェーデンバイキングはフィンランドからボルガ、ドニエプル川流域に進出し、コンスタンチノープルやバグダッドと交易を始め、その途次にキエフ公国を樹立する。

しかし活発な外征活動を展開したノルマンも徐々に征服先で定住化し、セーヌ河口を支配したノルマンの首領ロロは、ノルマンディ地方を西フランクの封土として獲得しノルマンディー公国を形成（911年）、アイスランドやロシアでも国家建設が進み、いずれもその過程でキリスト教化されていった。一方、北欧では11〜14世紀にかけて国家体制や王権の強化が進み、デンマーク、スウェーデン、ノルウェーの各王国が誕生する。11世紀はじめ、デンマーク王カヌートがイングランドを征服しその王となり、さらにノルウェー、スウェーデンも併合し北海王国を打ち立てた。13〜14世紀、デンマークはバルト海貿易を独占するが、やがてドイツ人もこの地域に進出し始め、彼らが作るハンザ同盟と激しく競り合うようになる。1369年、ワルデマール4世がハンザ同盟との戦いに破れて後、バルトの経済的実権はハンザ同盟が握るところとなった。

この間、スウェーデンのエーリック9世は12世紀半ば、東方への十字軍を起こし、ロシアとの緩衝地帯に居住するフィン人を征服した。彼らはアジアか

ら移動してきた民族で、トナカイ遊牧民（サーメ）を北に追い上げフィンランド南部に定住したといわれている。この東征でフィンランドはスウェーデンの勢力下に組み込まれ、フィンランド南部にもキリスト教が伝播した。一方ノルウェーでは10世紀前半にハーラル美髪王が統一を達成、その後アイスランドに宗主権を確立、14世紀前半にはスウェーデンとの同君連合を形成する。

● カルマル同盟とデンマークの優越

14世紀後半にノルウェーがスウェーデンから離れ、スウェーデン、ノルウェー、デンマーク、それにハンザ同盟の四つ巴の抗争が演じられたが、1397年、北欧3王国の貴族がバルト海に臨むスウェーデンの港町カルマルに集い、三王国連合（カルマル同盟）の結成を決議する。この同盟は、ワルデマール4世の娘でデンマーク女王であると同時にノルウェー王位も兼ねるマルガレーテのイニシアティブで誕生した。ノルウェー国王ホーコン6世に嫁いだ彼女はワルデマール4世の死後、ノルウェー王との間に生まれた実子オーラフをデンマーク王に就け、その後ホーコン6世が没するとオーラフにノルウェー国王も兼ねさせ、政治の実権は自らが掌握した。さらにスウェーデンでメクレンブルク家のアルブレヒトが国王に選出されると、オーラフの王位継承権を主張して介入、アルブレヒト軍を打ち破りデンマークの優位性を認めさせた（1389年）。ところがその2年前、オーラフが急死する。マルガレーテは息子のために王位継承権を放棄していたが、政略に長けた彼女は自らが実権を握りつつ甥のエリックをノルウェー、デンマーク国王に擁立し、カルマルでの会議で3国の同君連合化とエリックのスウェーデン国王を承認させたのである。カルマル同盟の誕生を機に、デンマークは北欧での主導的地位を獲得、1523年にスウェーデンがデンマークから分離、独立するまで、120年余にわたりこの同盟は存続した（ノルウェーとの同盟関係は1814年まで維持された）。

さて、カルマル同盟を基にデンマーク優位の時代が続いたが、マルガレーテの死後、優秀な指導者が現れず、ノルウェーやスウェーデンも次第にデンマークに反発するようになる。1520年、デンマーク国王クリスチャン2世は、カルマル同盟からの離脱を図るスウェーデンを屈服させるべく、貴族らの大粛清（ストックホルムの血浴事件）を行ったが、これが裏目に出て、農民や鉱夫の支持を得たグスタフ・バーサが反乱を起こし、デンマーク軍を駆逐してスウェ

ンの独立を達成する（バーサ王朝）。国王に就いたグスタフ・バーサは勢力を伸ばしつつあったルター派と手を結び，貴族も味方につけ，カソリック教会の財産を没収して財政の安定を図るとともに重商主義政策を推し進め，近代国家への体制を整えた。

一方，スウェーデン遠征の出費から生じた不満が背景となり，デンマークでは貴族がクリスチャン2世を廃し，フレデリック1世を新国王に擁立した。その後フレデリック1世が死去するや，元国王クリスチャン2世の復位を求めて反乱が勃発，これに新旧教徒の対立も絡み，ルター派を信奉する新国王クリスチャン3世は旧教に立つ元老院貴族と敵対，デンマークは内戦状態に陥った（伯爵戦争）。スウェーデンと同盟し乱を鎮圧したクリスチャン3世は，教会所有地の没収や僧侶の追放等カソリック弾圧に着手し，王領の拡大と王権の強化に成功する。その子フレデリック2世はポーランドを味方につけ，スウェーデンの奪還を試みたが，7年間続いた戦争も曖昧なままに終わり，目的は達成できなかった（北方7年戦争：1563～70年）。

● **大陸国家ロシア**

ヨーロッパ・ロシアの地に入ったスウェーデンバイキング（ルス）は，先住スラブ人からワリャーグと呼ばれた。彼らは東スラブの部族内紛に乗じて傭兵や商人として内陸深く進出，やがてバルト海と黒海を結ぶ商業路をマジャール人から奪った。首長ルーリックに率いられたルス族は862年頃，ノブゴロドを都にノブゴロド公国を建設し，スラブ人を支配した（ロシアの起源）。ルーリックの子イーゴリの摂政となったオレーグは近隣のスラブ諸族を平定，ドニエプル川を下ってキエフを奪い，都をここに移しキエフ公国を樹てた（882年）。当初はルーリック後裔の支配権が強かったが，少数者による先進地域侵入の史例に漏れず，10世紀には少数のノルマン人はスラブ人社会に同化していった。

その後，キエフ公国はビザンチン帝国と通商関係を結ぶ等接触を深め，10世紀末にはキエフ大公ウラジミールへのビザンチン皇妹アンナの降嫁が契機となりギリシャ正教を導入する。だが12世紀になると奴隷を使う大土地経営の増加に伴い，農民の隷属化と豪族勢力の伸張によってキエフ公国は解体・分権化の趨勢が強まった。さらに13世紀前半には，モンゴルの侵入を受ける。バツの遠征軍がルーシと呼ばれるロシアの諸公国を征服（1237～41年）しキプ

チャク汗国を築いて以降2世紀半にわたり、ロシアの地はモンゴルの支配に陥った。この時、モンゴルがロシアに強いた苛斂誅求は、後世"タタールの軛"と称された。タタールとは本来、モンゴル高原東北部のトルコ族ではない諸部族の総称（＝中国語の韃靼も同義）だったが、モンゴルのことをロシア、ヨーロッパあたりでは一般にこう呼んだのである。モンゴル支配の下、ルーシではモンゴル流の徴税方式や戸籍制度、それにモンゴル軍団の戦術や騎兵システムが導入された。

キプチャク汗国は徴税等現地統治の細部はロシア諸公の手に委ねたが、その過程でそれまでルーシの中心であったキエフに代わり、モスクワ公国が力をつけた。巧みにモンゴルにとり入ったモスクワ公国のイワン1世は、キプチャク汗国第9代ハンのオズベクハンの庇護を受け、1328年には大公の地位を授けられた。モンゴルの侵入を受けた当時、モスクワには小さな砦があるに過ぎなかったが、ボルガ川を利用しての河川貿易で13世紀末頃から商業も発達、その後、キプチャク汗国への忠誠（貢納）を拒否したモスクワ公国のドミートリーが、モンゴルの大軍をドン川上流クリコボの戦い（1380年）に破り、威信を高からしめた。これはモンゴルに対するロシアの初の勝利であった。さらにモンゴルの承認なしに大公位に就いたイワン3世は、北方に勢力を持っていたノブゴロドを征服しウラルまでその領土を拡張したほか、キプチャク汗国の衰退に伴いモンゴルからの独立を達成（1480年）、遂にはキプチャク汗国を滅ぼし（1502年）東北ロシアを統一、モンゴルのロシア支配に終止符を打った。「全ルーシの君主」を名乗ったイワン3世は君主制の強化に取り組むとともに、最後のビザンチン皇帝コンスタンチヌス11世の姪ソフィアを妃に迎え、また帝国の紋章"双頭の鷲"を譲り受ける等ビザンチン帝国の後継者を任じ、モスクワをローマ、コンスタンチノープルに続く「第3のローマ」と称しモスクワ公国の正統性をアピールした。ツァーリ（皇帝）の称号を最初に用いたのも彼であった。"ツァーリ"はラテン語の"カエサル"を語源とするが、意味的には"ハン"をロシア語に翻訳したものといわれている。

イワン3世の孫イワン4世（雷帝）は、ストレルチという常備軍の創設や鉄砲の活用等ロシアの軍事的基礎を固めるとともに、ボルガ川中流域の要衝カザンを占領したほか、反抗する封建貴族や僧侶を抑えモスクワ公国の絶対主義化

を推し進めた。コサックのイェルマークによるシベリア遠征等ロシアの東方進出を開始したのも雷帝であった。だがロシアのヨーロッパ諸国との接触は未だ薄く、モスクワ・ロシアはあくまで東方の一小国でしかなかった。イワン4世が死去すると、その次子フョードルが後を継いだが、トルストイの史劇で有名なこの信心深い皇帝を最後にリューリック王朝は絶え、帝位継承をめぐり内乱状態に陥ったロシアは、ポーランドやスウェーデンの干渉を受ける。

● グスタフ・アドルフとスウェーデンの覇権

16世紀後半、北欧ではハンザ同盟が衰退し、スウェーデンとデンマークがバルト海の支配を賭けて抗争を演じたが、北方7年戦争を引き分けに持ち込んだスウェーデン国王ヨハン3世は、次にポーランドと結んで対露戦争を開始し、フィンランドの国境を東方に広げた。ヨハンの死後、カソリックを信仰するその子（後のポーランド国王ジグムント3世）ジギスムントがポーランドから帰国し、スウェーデン王位も継承し同国のカソリック化を狙った。だがヨハンの弟カールがこれを撃退し、新国王カール9世として即位（1599年）。ジギスムントに組みした貴族を粛正（リンチェピングの血浴：1600年）した彼は、ルター派を国教化し新教国家スウェーデンの立場を固めるとともに、内部分裂に悩むロシアに攻め入り、その皇帝位をポーランドと争った。しかるに、デンマーク王クリスチャン4世の攻撃を受けたため（1610年）、スウェーデンはポーランド、ロシア、デンマークの3国に包囲されることになった。

この苦難の時期、国王に就いたのがグスタフ2世（アドルフ）である。グスタフ2世は、デンマーク、ポーランドとの和平によって戦争をまず対ロシア戦に絞り、これともストルボバ条約（1617年）を結んで休戦し、ロシアからラドガ湖沿岸を獲得する。背後の安全を確保した後、グスタフ2世は攻撃の矛先をジグムント3世のポーランドに向け、アルトマルクの講和でこれを抑え込んだ（1629年）。翌年、フランスからの援助確約を得たグスタフ2世は30年戦争に参戦。ドイツ新教徒を救援する名目で欧州大陸に遠征し、彼自身はリュッツェンの戦いで戦死するが、スウェーデン軍は妨害に出たデンマーク軍を破り、ウィーンに迫る勢いを見せた。こうしてスウェーデンはデンマークとの和約（ブロムセブローの講和：1645年）及びウェストファリア条約（1648年）で、バルト海の周辺から南は西ポメラニアやブレーメン教会領をも含む一大帝国を実現

する。他方，広大な領土を失ったデンマークはバルト海の覇権を喪失，クリスチャン4世の死去（1648年）はこの国の衰退を象徴する出来事であった。この間，グスタフ2世は宰相オクセンシェーナらの助力を得て国制を整え，ウプサラ大学（1477年創設）の中興にも尽力した。

グスタフ2世の後も，スウェーデン・デンマークの戦いは続いた。スウェーデンの強大化阻止を狙うデンマーク王フレデリック3世に対してカール10世のスウェーデン軍は氷結する海峡を渡ってデンマークを奇襲攻撃しスコーネ等を獲得（ロスキレの講和：1658年），次のカール11世も領土奪還をめざすデンマーク王クリスチャン5世の挑戦を退け，スウェーデンの騎兵軍団はルンドの戦い（1676年）でデンマーク軍に勝利を収めた。両国で本格的な絶対王政が開始されたのも，このカール11世やフレデリック3世の治下であった。

● 北方戦争とロシアの台頭

スラブ民族のなかでも，モスクワ大公国は15世紀中頃より中央集権的な民族国家として次第に成長を遂げつつあった。イワン4世の死後，帝位が途絶えるが，1613年フョードル・ロマノフの子ミカエルがツァーリに即位し，ロマノフ王朝（1613〜1917年）が発足する。ミカエルの後，第2代アレクセイ，3代フョードル3世と続くが，ロマノフ朝初期におけるロシアの状態は，当時のヨーロッパとは様子を異にするものであった。3世紀近くモンゴルの圧政下にあったロシアは中世ヨーロッパの経験した封建制度，騎士道，十字軍，スコラ哲学等を経験せず，さらにルネサンスや宗教改革，大航海時代のいずれにも関与することがなかった。この国は専制と農奴制を2大支柱とする閉鎖的農業国として，政治経済的にも文化的にも立ち遅れたまま17世紀末まで西欧世界から孤立した存在であった。これに対し，17世紀バルト海沿岸の大半を領有し，鉄工業とバルト海貿易で繁栄を遂げたスウェーデンはその絶頂にあり，バルト海はスウェーデンの内海と化していた。このバルト帝国に挑戦したのが，ピョートル大帝であった。

1682年，フョードル3世の子ピョートル1世が第4代ツァーリに就いた。即位した当時ピョートルは10歳で，異母姉ソフィアはピョートルの弟イワン5世を共同統治者とし，自らは摂政の地位に就いた。1689年ソフィアが失脚し，親政を開始したピョートルはイワン3世以来の富国強兵と領土拡張政策を採っ

た。彼はまず黒海への進出を企図し，トルコのアゾフ要塞を攻撃する（1695年）。これは失敗に終わったが，敗因を研究したピョートルは海軍を創設。翌年の第2次アゾフ遠征で見事要塞を攻め落とし，ドン河口を手に入れた。さらにロシアを躍進させるには西欧の文化技術の吸収が不可欠と考えた彼は，自らも参加する250名の大使節団を英蘭に派遣（1697年），1年半にわたる西欧諸国遍歴を通して造船や軍事，医科学等を学ぶとともに，千人近い技術者を雇い入れた。この使節団には対トルコ戦のための十字軍連盟結成という別の目的もあったが，当時はスペイン継承戦争の直前で西欧諸国に余裕がなく，むしろ英蘭は親仏のトルコをロシアによって東から牽制させた方が有利と判断したため，連盟の結成には至らなかった。

　トルコ侵攻を一時断念したピョートルは，バルト海の覇権を握るスウェーデン攻撃を決意する。18歳の年少王カール12世が即位したばかりであること，スペイン継承戦争を目前に他の西欧諸国が干渉する余裕が乏しいことから，今こそスウェーデンの優越を覆す好機と判断したのである。1700年，ピョートルはスウェーデンに奪われた領土の奪回に燃えるデンマーク（フレデリック4世），ポーランド（アウグスト2世）と三国同盟を結成し，スウェーデンとの戦いに踏み切った。しかし，若輩ながらカール12世は有能で，機先を制してコペンハーゲンを陥落しデンマークを同盟から脱落させた後，8千の軍を率いてバルト海を渡りフィンランドに上陸，吹雪をついて6万のピョートル軍をナルバ河畔に急襲し，これを破った。しかし，カールは露軍を追撃せず兵をポーランドに向けたため，ロシアに立ち直りの時間的余裕を与える結果となった。ピョートルはナルバの敗北を国民に知らせず，軍備の強化に努めた。またネバ川の河口に新たな首都サンクトペテルブルクを建設し，クロンシュタット要塞を築いた。

　そこでカール12世は再び4万の兵を率いてモスクワめざしロシアに侵入した（1708年）が，南ロシアでモスクワからの独立をめざしコサックが反乱を起こしたため，カールはコサックの首長マゼッパと連携すべく，モスクワ進撃を止めウクライナ深くに兵を進めた。しかしピョートルが素早くコサックの反乱を鎮めたためスウェーデン軍と行動を共にするコサックは少なく，弾薬，食料の欠乏に異常寒気も重なって凍死が相次ぎ，その兵力は1万4千人に減少した。

さらに，ボルタバの戦いでスウェーデン軍は火力に優るロシア軍4万5千人に大敗する（1709年）。トルコに逃れたカールは5年間同地に滞在しスルタンと対露同盟を画策したが目的を果たせず，やむなく帰国する。既にスウェーデンはバルト海対岸の領土を全て失い，フィンランドにはロシアの勢力が伸びていた。しかも不作に襲われ国力は疲弊状態にあったが，カールは再度兵力を整えデンマークからノルウェーを奪う目的でオスロに進軍するが，その途次，ハルデンの攻防戦で戦死を遂げた。

　北方戦争の敗北でスウェーデンの覇権は終焉，逆にこの戦争に勝利し，ニスタットの和約（1721年）でリボニア，エストニア，イングリアおよびカレリアの大半（フィンランド東部）をスウェーデンから譲り受けたロシアが，バルト海の新たな覇者となる。ピョートルはその後も富国強兵政策を推進，内政では貴族会議（ドーマ）を廃して貴族の勢力を弱体化する一方，集権化をめざし最高の行政・司法機関である元老院を設立。また総主教制を廃止し，宗努庁を設けて教会を国家の支配下に置いたほか，農奴に人頭税を課し財政基盤を固めたうえでバルト艦隊や全国規模の常備軍を設立，さらに西方からの新技術導入や国営工場の建設，それに保護関税の採用等重商主義政策の導入によってロマノフ王朝の基礎を確立した。彼は清とネルチンスク条約（1689年）を結び中国との貿易を開始したほか，シベリア開発にも取り組んでいる[1]。

　ピョートルの攻勢的政策を受け継いだエカテリナ（カザリン2世）は，啓蒙専制君主と呼ばれる一方で，トルコと2度（1768～74年，1787～92年）にわたって戦った。第1次の露土戦争では，苦戦の末，オスマントルコとキュチクカイナルジ条約を結び，トルコが独占していた黒海での自由航行権を得たほか，トルコ領内のキリスト教徒保護権を獲得，さらにクリミア汗国の独立を承認させ，1783年にはロシアがこれを併合しセバストポールに軍港を築いた。また第2次戦争では，黒海沿岸の豊かなステップ地帯を手に入れた。黒海の支配に留まらず，エカテリナはオーストリア，プロシャとともに3度にわたってポーランドを分割し，西方にも広大な領土を獲得している。かくて17～18世紀末，ロシアは周囲を取り囲むトルコ，スウェーデン，ポーランドのいずれにも兵を進め，その影響力を著しく高めたが，国民の大多数を占める農民の地位は悪化する一方であった。エカテリナの時代には，地主に対しその所有する農民を土

地と切り離して自由に売買する権利が与えられる等農奴制は却って強化された。そのため、プガチョフの乱をはじめ農奴による暴動が頻発した。

一方、スウェーデンでは敗戦と市民勢力の増大が絶対王政への批判を強めさせ、国王フレドリックは王権を制限して国会を国家の最高機関とした新憲法を発布（1720年）し、国政の実権を握った国会では重商主義を唱える貴族のハット党と自由主義的な市民のメッサ党が競いあった。18世紀後半即位したグスタフ3世は、グスタフ・バーサやグスタフ・アドルフに憧れる国王で、軍備の増強や王権の復活・強化を進めた（グスタビアン絶対主義）が、併せてスウェーデン・アカデミーの創設やオペラ座の建設等文化活動にも力を注ぎ、ドロットニングホルム宮殿などを中心に華やかな宮廷文化を開花させた。デンマークでも1780年代、農奴制の廃止、農民の職業選択や土地所有の自由を内容とする改革が実施された。デンマークと同君連合にあったノルウェーでは独立への要求が表面化し、フィンランドでも北方戦争後、ナショナリズムが芽生えた。グスタフ3世が独断で対露戦争を開始した際、一部のフィンランド士官がロシアの庇護の下にスウェーデンからの分離独立を謀る事件が起きている（アニアーラ事件：1772年）。

● ポーランドの衰退とポーランド継承戦争

スウェーデンの優位が傾き、中欧ではプロシャが力を伸ばしつつあった頃、ポーランドはその地位を低下させていった。ポーランド王国は14世紀に神聖ローマ帝国から独立、ヤゲロー王朝の下で国力を伸ばし、15〜16世紀にはロシアに次ぐ広大な領域を有する等繁栄を極めた。だが17世紀も後半になると、スウェーデンにバルト海の商業権益を握られてしまう。都市や市民階級が発達せず、封建貴族の勢力が根強いため、中央集権化にも遅れをとり、その領土はハプスブルク、ブルボンの草狩り場となる。

1733年、ポーランド王アウグスト2世が死去すると、相続権に関心を抱くフランスのルイ15世は、ポーランド貴族を後援し岳父のポーランド王族レスティンスキーを王位につけ、オーストリアハプスブルクを背後から牽制することに成功する。しかし、ロシアとオーストリアがこれに異を唱え、ポーランドの少数派貴族と結んで武力介入しレスティンスキーを追放し、サクソニア選挙侯アウグスト3世を擁立する動きに出た（ポーランド継承戦争：1733〜38年）。

この戦争は主としてフランスとオーストリアの戦いで、戦場はポーランドではなく、オーストリア領のベルギーやロレーヌ地方、それにイタリアが舞台となり、1735年のウィーン仮条約（38年本条約締結）で事実上終結した。その結果、露墺の主張通りアウグスト3世がポーランド王に承認されたが、実際の勝利者はロレーヌ地方を獲得する等東方国境の拡大に成功したフランスであった。ポーランドはその弱体ぶりが一層露呈し、露軍の却掠で国は疲弊・荒廃した。さらにポーランドはエカテリナ、フリードリヒらによって三度領土分割の憂き目にあい（第1回：1772年・普墺露参加）（第2回：1793年・普墺参加）、1795年の第3回分割（普墺露参加）、その国名は地図から消滅する。

3 プロシャの台頭
●軍国プロシャの躍進

30年戦争の結果フランスが勢力拡大を果たしたのに対し、ドイツの人口は3千万から千2百万に減少する等国土の疲弊・荒廃は著しいものがあった。皇帝権は完全に弱体・名目化し、普遍的世界帝国実現の夢は遠のき、ハプスブルクもその勢力を著しく退調させた。一方ドイツ帝国内の領邦や自由市は独立主権と外交権を獲得、これにより3百余のドイツ諸侯がそれぞれに独立国家として割拠したことでドイツの分裂が決定化し、19世紀後半に至るまでドイツには統一国家が出現しなかった。それを実現したのは、戦争で荒廃した西ドイツに代わり、エルベ以東を基盤とする東ドイツの有力な領邦国家、具体的には鉱物資源の豊富なシュレジエン地方を挟んでハプスブルク家と対峙していたプロシャであった。プロシャのホーエンツォレルン家はもともと南独シュワーベン地方の一小領主であったが、15世紀にブランデンブルク選帝侯に任じられ、ベルリン付近を中心とする北ドイツの一部を領有するようになった。16世紀にルター派に改宗して新教徒国家群の中心となり、17世紀にはドイツ騎士団領東プロシャを併合した（ブランデンブルグ・プロシャ公国）。大選挙侯フリードリヒ・ウィルヘルムは30年戦争に参加して領土を拡大、フランスからの亡命新教徒を保護して国内産業の開発を奨励、続くフリードリヒ1世はスペイン継承戦争でオーストリアハプスブルクの側に立って参戦、代償として王号を認められ（1701年）、プロシャ王国と称し首都をベルリンに定めた。

18世紀以降，プロシャはオーストリアハプスブルクと互するまでに勢力を増大させたが，その礎を築いたのはフリードリヒ・ウィルヘルム1世である。彼はユンカーと呼ばれる封建土地貴族を軍隊の幹部や官僚に任命し王権の確立を図るとともに，重商主義政策によって国庫の充実に努め，強力な軍備保有に乗り出した。ヨーロッパ随一の軍隊建設をめざしたウィルヘルム1世は，全国に徴兵区（カントン）を設けて農民を強制的に兵士に徴募することで3万8千人の兵力を8万人に増強したほか，軍規を厳正にし，また士官将校には有能な貴族の子弟を抜擢した。彼の王子フリードリヒ2世（フリードリヒ大王）も富国強兵政策を推し進め，その非凡な軍事政治的才能によってプロシャの国際的地位を大いに高めた。やがて北ドイツの新教諸国はプロシャを中心に連携するようになり，他方南ドイツのカソリック諸国はオーストリアの下に結集し，以後百年以上にわたり両国はドイツ統一を巡って主導権争いを展開する。その最初の衝突が，オーストリア継承戦争であった。

● オーストリア継承戦争

フリードリヒ2世が即位した1740年，オーストリアハプスブルク家では皇帝カール6世が死去し，娘のマリア・テレジアが後を継いだ。カール6世には男子の世継ぎがおらず，生前領土の永久不分割と女子にも相続を許す国事詔書を発表（1724年）していたが，バイエルン選帝侯カール・アルブレヒトは彼女の即位に異を唱え自らの継承権を主張，ハプスブルク打倒をめざすフランスもそれを支援しこの問題に干渉した。その際，フリードリヒ2世は天然資源の豊かなシレジアの領有を欲し，シレジア割譲を条件にオーストリアに組するとの提案をなしたが，マリア・テレジアがこの申し出を拒否したため，フリードリヒは突如シレジアを占領した（第1次シレジア戦争：1741～42年）。シレジア奪還をめざしたオーストリア騎兵軍はモルビッツの戦いでプロシャ軍に敗北。プロシャの精強ぶりをみたフランスはバイエルン等とともにプロシャに組し，9月にはオーストリアに迫った。

当時，新大陸では英国とスペインとが交戦していた（ジェンキンズの耳戦争）が，仏西等がプロシャ支援に回ったため，英国はマリア・テレジアに味方した。もっとも英国の支援は金銭に留まり，欧州内部への関与は消極的であったため，オーストリアは引き続き苦戦を強いられた。1742年，マリア・テレジアはプ

ロシャのシレジア領有を認め（ブレスラウの和約），以後バイエルン，フランスとの戦いに兵力を集中し，神聖ローマ皇帝カール7世となったカールをバイエルンから追放するが，オーストリアの優勢を危惧したフリードリヒ大王が再びオーストリアと戦端を開いた（第2次シレジア戦争：1743～45年）。1745年カール7世が死去し，プロシャのシレジア領有を再確認すること，マリア・テレジアの夫をフランツ1世として皇帝となすことで普墺の戦争は終結する（ドレスデンの和約）が，その後もネーデルランドやイタリア，新大陸で英仏の戦争は続けられた。全ての戦闘が終結したのは1748年（アーヘンあるいはエクスラシャペルの和約）のことで，ここにマリア・テレジアの相続権が正式に認められた。鉱工業の発達したシレジア地方の獲得は，プロシャの近代化に利するところ大であった。

● 7年戦争

　シレジア奪還と対プロシャ報復の念断ちがたいマリア・テレジアは，国力の充実と集権化を急いだ。プロシャに倣って軍隊や官僚制度の整備を進め，軍制改革では，それまで各領土両邦の軍隊に依存していたのを改めて10万人の常備軍を編成した。外交面ではカウニッツの献策を容れ，プロシャの包囲孤立を目的に，2世紀にわたる宿年のライバルフランスへも接近を試みる。駐仏大使カウニッツはルイ15世の愛妾ポンパドール侯爵婦人を味方に取り込み，ブルボンへの接近を図った。一方ドイツにあるハノーバーの所領（英王室の故郷）がフランスの手に落ちることを恐れた英国王ジョージ2世は対墺同盟の樹立を希望したが，オーストリア継承戦争の際，大した援助を得られなかったことからマリア・テレジアはこの申し入れに関心を示さなかった。そこで英国は一転してウェストミンスター条約を結び（1756年）プロシャに接近した。英普の連携を察知したルイ15世はハプスブルクとの和解を決意，カウニッツの申し入れに応じ，ベルサイユ条約を締んで同盟関係に入った（1756年）。ここにハプスブルク対ブルボンというそれまでの欧州国際関係の基本図式は根本的一大転換を遂げる（外交革命）。この同盟にはプロシャの強大化を恐れるロシアやスペイン，バイエルン，サクソニア（ザクセン）およびスウェーデンも加わり，マリア・テレジアとカウニッツが望んだプロシャ包囲の図式が出来上がった。

　自らの孤立を悟ったフリードリヒ2世は1756年8月，宣戦布告をすること

なくザクセンに奇襲攻撃をかけドレスデンを占領，7年戦争が開始された。フリードリヒの卓抜した指揮と優秀な軍隊の活躍でプロシャは善戦し，ライプチヒ郊外ロスバッハで仏軍を破るや，返す刀でシレジアのロイテンでオーストリア軍を撃破した。しかしクネルスドルフの戦いで墺露連合軍に破れてからは劣勢が続き，ベルリンも占拠される。その後，女帝エリザベータの死去で露軍がオーストリアから撤退，続くピョートル3世はフリードリヒ2世の信奉者で，ロシアはプロシャと同盟を結んでオーストリアを攻めた。結局マリア・テレジアはあと一歩の所で目的を果たせず，パリ（フベルツスブルク）条約（1763年）でプロシャのシレジア領有が改めて確認され，同国は列強の一翼を占めるに至った。シレジア確保のためにプロシャが墺露仏瑞等を敵としたこの戦争は，英仏覇権闘争の一環でもあり，さらにハプスブルク vs. フランスを基軸とした18世紀的国際関係（ユトレヒト体制）を根本的に変化させた戦争でもあった。

④ 英仏の覇権闘争

●第2次百年戦争

1689年から，海洋国家英国と大陸国家フランスの覇権戦争が開始される。以後両国の抗争はナポレオンが没落する1815年まで百年以上続いたことから，『英国膨脹史論』の著者シーリーによって第2次百年戦争とも呼ばれることになった。それは大きくファルツ（1689～97年），スペイン（1701～14年），オーストリア（1740～48年）の各継承戦争と七年戦争（1756～63年）の四つの王朝戦争から成り立っている。

まず第2次百年戦争の幕を切ったファルツ戦争だが，ファルツとはライン川西岸の南ドイツ領で，この地を支配しようとしたルイ14世に対し，英国のウイリアム公が普墺スペイン等とアウグスブルク同盟を結成して対抗したことから戦端が開かれた。戦いはラ・オーグの海戦（1692年）で仏艦隊が壊滅を喫する等英国優位で推移し，ライスワイク条約でルイ14世はファルツ獲得を断念させられてしまう。だがスペイン王カルロス2世の死（1700年）により，彼の野心は再び勢いづくことになった。というのは，跡取りのいないカルロスが遺言で義兄に当たるルイ14世の孫フィリップを後継者（フェリペ5世）に指定したため，2大王家のハプスブルクとブルボンが合体し，ヨーロッパ最強の帝国

が出現する可能性が生まれたからであった。

　これに対しオーストリアハプスブルクのレオポルド1世も姻戚を理由に次子カールの相続権を主張，フランスの強大化を恐れた英国のウィリアム3世は勢力均衡を図る必要からオランダとともにオーストリア側に組して開戦，十数年にわたる戦乱となった（スペイン継承戦争：1701～13年）。この戦争はユトレヒト条約（1713年）で終結したが，フランスはスペイン王位の継承権は認められたが併合は許されず，領土の拡大も果たせなかった。スペインもイタリア領とネーデルランドを失い，オーストリアもスペイン王位を得られず，国力の疲弊を招いた。大陸各国には得る所の少ない戦争であったが，英国はフランスの野望を挫くとともに，ジブラルタルやミノルカ，それにニューファンドランド，西インド諸島等を獲得し一人勝を収めた。その後，シレジアの領有権をめぐる普墺の対立からオーストリア継承戦争及び七年戦争が勃発したが，前者でフランスがプロシャにつけば英国はオーストリアに，逆に後者の戦いでオーストリアをフランスが支援すれば，今度は英国がプロシャに味方するといった具合に，絶えず英国はフランスの勢力拡大を阻止し続けた。こうした英国のヨーロッパへの介入は，大陸での勢力均衡を維持し，ヘゲモニー国家の出現を阻止するという大きな戦略目的から出たものだが，それと同時に英仏両国はこの四つの王朝戦争と並行して新大陸で行われた一連の植民地争奪戦で正面から激突，互いの覇を競った。

　早くからカナダに植民地を建設したフランスは17世紀半ば五大湖付近に進出，その後ミシシッピー川を南下し，その支配は新大陸の中部全域に拡大した（この地はルイ14世に因み，1682年にルイジアナと名付けられた）。これは東海岸に位置する英国植民地の西進発展を妨げる格好となり，以後両国の関係は急速に悪化した。やがて両植民地はファルツ戦争で干戈を交え，続くアン女王（スペイン継承）戦争で英国はニューファンドランドやハドソン湾をフランスから，ジブラルタルやミノルカ島をスペインから獲得することに成功する。その結果仏植民地は東海岸から遮断され，英植民地に包囲されてしまう。また英国はカリブの制海権を手に入れ，当時新大陸からヨーロッパへの主要輸出品であったタバコと砂糖の貿易権を独占する。その後のジョージ王戦争は占領地の交換に終わった（アーヘンの和約）が，続くフレンチ・アンド・インディアン（七年

戦争はそれまでにない大規模な戦いとなった。当初英国はアメリカで苦戦を強いられたが、大ピットがヨーロッパにおいてはプロシャへの財政支援のみに留め、主力を北米とインドに振り向けたため、最後にはカナダ及びミシシッピー以東の広大な領地や西インド諸島をフランスから奪取（パリ条約）、インドでもフランス・ベンガル土候の連合軍をプラッシーの戦いで破り、独占的支配を達成する。

● パクス・ブリタニカをもたらしたもの

大航海時代が幕を明けた15世紀以降、ヨーロッパで繰り広げられたオーシャンヘゲモニーの覇権争奪戦は、16世紀にスペインを、そして17世紀にオランダを倒し、さらに18世紀にはフランスの勢力拡大を阻止した英国が最終の勝利者となり、以後、時代はパクスブリタニカ（英第1帝国）の段階を迎える。パクスブリタニカが実現した最大の理由は、ヘゲモニー争いのプレーヤーのうち英国のみが島国であり、到来した大航海時代に優位な位置を占めていたこと（シーパワー発揮の地理的優位性）、侵略の恐れが小さく、他国が陸軍兵力の整備に充てる分を海軍力の増強に集中できた点にある。無論植民地での戦闘には陸軍が必要だが、本国から遠く離れた地での戦いは補給力の如何に大きく左右されるため、強大な海軍力によりシーレーンの確保に成功した英国が優位に立てたのである。また大陸での覇権争いには勢力均衡策で臨み、ハプスブルク・バロア両家の抗争に巻き込まれることを避けつつ、しかも両勢力の共倒れを招来せしめる等柔軟な外交戦略を繰り広げたことも躍進の一因であった[2]。さらにヘンリー8世による宗教改革で教権の王権への干渉を防いだことも、幅広い国家戦略の展開が可能になった一因である。

長期にわたる戦争遂行にはそれを支える十分な経済力が不可欠だが、他国に先駆けて民主革命を経験した英国では、ハノーバー朝以後、国家が特定の大商人層のみを保護するというオランダ等が採ってきた方針（初期重商主義）が否定され、商工業全般を国が広く保護するようになり（後期重商主義）、毛織物、綿織物等の生産が飛躍的に増大した。そのため、あくまで商業を中心とし、それに追随する程度の加工貿易の域を出なかったオランダに比べ、英国では農村工業を基盤に工業化の発達が順調に進み、更にそれが契機となって都市の勃興、国内市場の拡大も可能となった。英国の毛織物業も初期の頃は染色・仕上げ等

の技術面でオランダに劣っていたため，半製品のままアントワープに輸出され，そこで仕上げ加工されたのち各地に再輸出されていたが，17世紀になって薄手の新毛織物の開発に成功するや，以後オランダに従することなく直接英国からヨーロッパ各地や新大陸に製品を輸出するようになった。

興隆する英国と衰退するオランダという二大貿易国家の産業構造を比較したダニエル・デフォーは，その著『英国経済の構想』(1728年)において，「私の知る限りで，(英国経済は)世界にその比をみないものだ。つまり(そこでは)元本はすべて国内で得られる。経済がすべて国内に由来することは英国経済の特色のひとつなのだ。が，他の国の場合はそうではない。オランダ人の経済は，まったく他国の物産で成り立っている。……オランダ人は買って売るが，英国人は植え，耕し，羊毛を剪り，それを織って売る。我が工業製品は国産であるばかりか，原料もほとんどすべて国産なのだ。」と述べているが，国民の生活や生産活動とは無関係に行われたオランダの中継貿易と異なり，英国の場合，毛織物業を軸とした国内の工業生産力と市場の充実を基盤としての輸出貿易であった。この強固な国民的産業の存在こそが，大商人の利益優先の経済政策をとりがちだったフランスをはじめとする諸外国との覇権競争に最終的に勝利し得た理由だった。

フランスの場合，その絶対王政は英国と異なり議会の拘束を受けることが少なかったが，その反面，フランスは英国における毛織物業のような農村産業を基盤とする国民的規模の産業を持たず，国内の社会的分業も未熟であった。そうであるがゆえに，フランスはコルベール主義を採用して国家の監督・統制という上からの指導で輸出向け産業の保護育成に取り組んだのであるが，内需向け農村工業の自由な発展が阻まれ，国内市場の狭隘化という点で英国資本主義との格差は遂に埋まらなかった。また国外市場を求めて対外戦争を重ねたが，膨大な戦費を投じたにも拘らず新大陸という自国製品の有力な輸出市場を確保できなかったことも英国に遅れをとった原因であった[3]。

他国に先駆けて英国で産業革命が実現した理由としては，(1) 18世紀の中頃にはフランスを破り世界の海上権を握り，ヨーロッパ第一の商業国として資本の蓄積が他国よりも進んでいたこと，(2)農村を中心とする毛織物工業が国民規模で広がっており，そこではマニュファクチュア(工場制手工業)が形成され

ていたこと，(3) 16〜17世紀の囲い込みに続き，18世紀半ばからの農業生産力向上に伴う第2次囲い込み運動で自営農民が没落し，賃金労働者の供給が可能になったこと，(4)植民地帝国であるがゆえに商品の消化力が大きかったこと，(5)国内に石炭や鉄等の工業資源に恵まれていたこと等が指摘できるが，フランスとの比較で考えれば解りやすい。

　まず，既にブルジョワ革命を経験し，しかも議院内閣制や政党政治が機能し始めていた英国と異なり，フランスでは他の大陸国家と同様に，ルイ14世の頃から仏革命に至るまで一貫して絶対王制という権力集中型の政治システムが支配していたことから，新興資本家階級の経済的要求を政治的に吸収し，それを国策に反映させる効果的なメカニズムが不在であった。しかも島国の英国とは違い，国境を接して直接強力なライバル国家を控えていることから，海外植民地防衛のための海軍と強大な陸軍の両方を整備せねばならず，当然これは課税負担の増加となって民間に跳ね返り，その資本蓄積を阻害したのである。さらにドラスティックな革命による安定政権の不在は，経済活動の妨げとなった。英国では1694年にイングランド銀行が設立されたのに，フランス銀行が設置されたのはナポレオン治下の1800年のことであった。この一事だけをとっても，資本主義発展のレベルで両国に大きな格差が存在していたことが窺える。アルマダと蘭海軍，さらにトラファルガーで仏海軍を打ち破ったロイヤルネイビーばかりでなく，ヨークシャーの織機が織り出す綿布も英国海上制覇の強力な武器だったのである。

5 アメリカの独立
●本国・植民地間の軋轢

　フランスとの植民地争奪戦は大英帝国の大勝利に終わったが，英国も1億3千万ポンドの負債を背負い財政的に疲弊したため，戦費と1万人の軍隊駐留経費（年間30万ポンド）の大部分を植民地に負担させるべく，英国は新たな課税を決意する。1764年，グレンビル内閣は収入増を狙いとする最初の法として砂糖法を，翌年には植民地の新聞，出版物，書類等に印紙税を課す印紙法と，英国兵への宿舎と物資の提供を命じる軍隊宿営法を制定した。砂糖法は西インド貿易に従事するニューイングランド植民地に打撃を与え，印紙法は全ての植

民地人への直接課税となるため全米で強い反発が生じた。税負担の重さもさることながら，英国的伝統から，課税権の確保こそ自由の基礎と考える植民地人にとっては，植民地議会のみが植民地人に課税することができ，それを無視して本国が一方的に課税することは認められなかったのである。1765年，バージニア議会ではパトリック・ヘンリーにより「代表なくして課税なし」という印紙法反対決議が採択され，ニューヨークでは9植民地が参加して印紙法会議が開かれ，同法が英国憲法に違反するとの採択を行ったが，この会議は植民地間の初の自発的な連合会議であった。

　植民地側の反対で印紙法は廃止され，砂糖法も植民地の希望を容れて改正されたが，英国は印紙法の撤廃と引換に「英国議会は植民地に関するあらゆる立法権を有する」との宣言法を発して植民地側の憲法論を否定した。しかも67年にはグラフトン内閣の蔵相タウンゼントがいわゆるタウンゼント諸法を制定し，植民地での密貿易取締りを強化したほか，本国からアメリカに輸入される茶，ガラス等特定の商品に課税し，その収入を駐留する軍隊の経費と植民地官吏の俸給に充てようとした。再び植民地サイドが課税反対の動きを強めたため，ノース内閣はタウンゼント諸法を撤廃するが，本国，植民地の対立は73年の茶法制定で3度激化した。茶法は財政破綻に瀕した東インド会社を救済し，かつアメリカへの茶の密輸入を防ぐため，東インド会社にアメリカでの茶の独占的直売権を認める法律であった。同社は本国の課税が免除されたため，オランダから密輸入される茶よりも安くアメリカで茶を販売できた。植民地にとっても安価な茶は歓迎すべきであったが，本国の一特許会社に植民地貿易の一部を独占させることは植民地自治に対する重大な脅威であることから，フィラデルフィアやニューヨークでは茶船の入港を拒否，ボストンではインディアンに変装した約60人の市民が入港した茶船を襲い，342箱1万5千ポンドの茶を海中に投げ捨てる事件が起きた（ボストン茶会事件）。

　これに激怒した英国は"耐え難き諸法"と呼ばれる一連の法律を定め，ボストン港の封鎖や英軍駐留に加え，マサチューセッツにおける裁判権の制限や，総督の同意なしにタウンミーティングを開くことを禁止する等本国の統制権を強化する報復措置を打ち出した。植民地側はこの強圧政策に立ち向かうため，74年9月ジョージアを除く12植民地の代表55人がフィラデルフィアに集い，

植民地に対する英議会の立法権を全面的に否定したほか，本国との通商断絶や武力行使の準備を進めることを決議した（第1回大陸会議）。

● 独立戦争

英本国もアメリカへの軍事威圧を強め，現地司令官ゲージ将軍に活動家の逮捕を命じる。1775年4月18日，相当の武器弾薬がボストン郊外コンコードに集められているとの情報を得たゲージ将軍は，その押収を決意し英軍の出動を命じた。これを知ったポール・リビアは，早馬でコンコードに連絡。約8百人の英正規軍が翌朝レキシントンに到着した時，町の広場で待ち構えていた約50人の植民地民兵（ミニットマン）がこれを迎撃，次いでコンコードでも戦闘が起こり，ここにアメリカ独立戦争の幕がきって落とされた。5月にはフィラデルフィアで第2回の大陸会議が開催され，全植民地が結束して戦うことを決める（「武器をとる理由と必要の宣言」）とともに，大陸軍を組織してジョージ・ワシントンを総司令官に任命した。これに対し英国王ジョージ3世はドイツ人の傭兵を派遣，英議会も植民地との通商禁止と船舶捕獲を決定した。6月，ボストン郊外バンカーヒルで植民地民兵と英軍が激突，戦いは植民地側の退却に終わったが，英軍にも多数の犠牲者を出す等大陸軍は善戦した。大陸会議は11月，同盟国確保の必要から外国政府との接触を図るため，フランクリンやジョン・ジェイら5人からなる秘密通信委員会を設置したほか，革命戦争への参加を拒否したカナダへの侵攻と併合を決議した。カナダに進撃した大陸軍はモントリオールを占拠したが，ケベックの襲撃に失敗，以後後退を強いられ遠征は惨敗に終わった。

この敗北で植民地の士気が沈滞していた76年1月，フィラデルフィアでトマス・ペインが『コモンセンス』を発表し，英国王を弾劾すると共に，アメリカの即時無条件独立を要求した。『コモンセンス』は出版後3か月で11万部が発行される等凄まじい反響を引き起こした（当時の人口は約2百万人）。それまで大部分のアメリカ人にとって自分たちの敵は国王ではなく議会であり，戦いは独立のためではなく単に植民地自治の確保がその目的であった。「武器をとる理由」の中でも，英国から独立するために武器をとるものではないことをわざわざ断っていたのである。だが君主制そのものを否定し，独立を主張するペインのパンフレットは植民地世論を自治から独立へと一変させ，革命への情熱を

呼び起こすことになった。「アメリカの主張は全人類の主張である」と訴えるペインは，英国の圧政に立ち上がり共和政樹立をめざす自分たちの行動は，単に本国との関係において正当であるだけでなく，世界にとっても好ましいものだということ（普遍性）をアメリカ人に確信させたのである。

　76年6月，大陸会議は独立のための宣言文書作成の準備に入り，起草委員に選ばれたジョン・アダムズやベンジャミン・フランクリン，そしてジェファーソンの尽力により，1776年7月4日，独立宣言が発布された。宣言はその前文で自由，平等，幸福の追究といった基本的人権と革命権を主張，次いで国王の圧政を列挙し，アメリカが革命権を行使せねばならなかった理由を述べると共に，アメリカが自由にして独立な国家たることを最後に宣言する内容となっていた。独立宣言の発布によってアメリカは，内にあっては戦争の理想と正当性を主張し国内の結束を高めつつ，外に対しては独立国の正当な戦いであることを公言し，諸外国からの支援を期待したのである。また戦争の過程でバージニアを皮切りに各植民地は憲法を制定，それぞれが独立した邦（state）となった。

● 米仏条約とヨークタウンの勝利

　大陸会議は同盟国を得るためヨーロッパ外交を展開する準備を進めていたが，英国のライバルであるフランスやスペイン，特に前者がアメリカの独立を支援するだろうとの期待感を持っていた。1776年12月，大陸会議はフランクリンらをパリへ派遣し仏外相ベルジェンヌとの交渉にあたらせたが，ハウの率いる英軍がロングアイランドの戦いでワシントンに大勝し戦局の行方が微妙となったため，フランスはアメリカとの条約締結には慎重な姿勢を崩そうとしなかった。しかしサラトガの戦い（77年10月）で大陸軍がバーゴインの英軍を打ち破ったため，それまで強硬な態度をとっていた英国もアメリカとの講和を考えるようになった。英米和解を恐れたベルジェンヌは直ちに独立承認と条約締結の意志を伝え，78年2月に友好通商条約と同盟条約が締結された。この条約は英仏間で戦争が起きた際に効力が生じることとされ，フランスのアメリカに対する独立支持と単独不講和の相互承認，さらに北米における米仏それぞれの領土を相互に恒久保証すること等が定められた。両国の動向は逐一英本国にも届いていた。ノース首相は米仏接近を防ぐためアメリカに事実上の自治を認める和

解案を提示したが，完全独立を求めるアメリカとの開きは大きく，大陸会議は5月に満場一致で2条約を批准，6月には英仏が戦争状態に入った。

この間，戦局は英国軍最高司令官ハウ将軍がロングアイランドを制圧後，弟をニューヨークに派遣し，大陸会議の代表と和平会談を行わせたが，アメリカの抗戦意志は変わらなかった。英軍に比べ戦力劣勢の大陸軍を率いるワシトンは，奇襲やゲリラ戦により長期持久の構えで対抗した。1777年10月，ゲーツ将軍指揮の大陸軍はカナダから南下するバーゴイン将軍の英軍とインディアンの連合軍をサラトガで撃破し，戦局はアメリカ有利に傾いた。その後，北部戦線は膠着状態に陥り，英国は国王派の多い南部で勢力奪回を図るべく，チャールストンやサバンナ等ジョージア，カロライナ地方を制圧した。しかし81年10月，ヨークタウンの戦いでワシントンとフランスのロシャンボー将軍率いる米仏連合軍が英軍を降し，独立戦争はアメリカ勝利のうちに終結した。

1783年9月3日，パリ条約が締結され，アメリカはその独立が承認されると共に，カナダ，ノバスコシアは得られなかったが，南はフロリダ北部から北は五大湖まで，西はミシシッピー川に至る広大な領土とニューファウンドランド周辺の漁業権を獲得。アパラチア山脈以東40万平方マイルだった領域が，89万平方マイルと一挙に倍増した。アメリカが英国に勝利した理由は，フランスの支援を引き出したことや，本国から遠隔なため英軍が補給に苦しんだこと，さらに英本国が対米戦争に対する世論の支持を十分に得られなかったこと等に加え，白人男子の殆ど全員が銃を保有していたアメリカの驚くべき武器普及率の高さを指摘できる。労働力が不足し，かつインディアンとの戦闘に備えなければならなかったアメリカでは，農民自身が武器を持ち，一朝有事の際には直ちに全員が参集（それゆえ彼らはミニットマンと呼ばれた）し，兵士として戦う社会システムになっていた。この民兵（ミリシア）制度の存在が，革命戦争の勝利に貢献したのである。

こうしてアメリカは自由と平等の実現という民主主義革命を達成し，世界最初の民主共和国となった。アメリカの独立はその後のフランス革命やロシア革命に比べ，階級闘争や社会構造の大変革が伴わなかった点で大きく相違した。「この社会は，ヨーロッパにおけるように，一切のものを所有する大領主達と，何ものをも所有しない一群の人民から成り立った社会ではない。ここには貴族

も王侯も僧正も教会権力もないし，……富者と貧者の隔たりはヨーロッパ程大きくはない。少数の町を例外とすれば，我々はノバスコシアからウエストフロリダに至るまで，全て土地の耕作者である」とクレーブクールが「アメリカ農夫の手紙」(1782年) で述べているように，封建性がなく，財産 (土地) 所有が広くゆきわたっていたアメリカでは，身分や貧富の差が大陸に比べて遥かに小さかったのである (中産階級層の厚さが，アメリカで共産主義が根づかなかった理由でもある)。また動乱の犠牲者も少なかったことから，アメリカ革命は社会革命として位置づけるよりも，最初の反植民地運動，あるいは共和国創設をめざした理念の革命として把握されることが多い。但し，独立宣言や合衆国憲法にあっても黒人奴隷の制度は存続が認められ，北部では自由労働に根ざした社会が形成されたが，南部では奴隷制を基礎とした社会構造が強まっていく。それゆえに，独立革命は南北戦争という第二の革命を生み出す温床ともなり，アメリカ市民革命の完結は南北戦争まで待たねばならなかった。1790年アメリカで初の国勢調査が行われたが，この時の人口は約317万人で，全体の8割が英国出身であった。

■注 釈

(1) Stephen J. Lee, *Peter the Great* (London, Routledge, 1993), 土肥恒之『ピョートル大帝とその時代』(中央公論，1992年) 及びアンリ・トロワイヤ『大帝ピョートル』工藤庸子訳 (中央公論，1987年) 等参照。

(2) 「なかんずく，バランスの維持を外交の要諦とする国家の出現によって，ヨーロッパ大陸の均衡は管理，強化されることとなった。英国の政策は，均衡を是正する必要が生じれば，より弱く，脅威を受けている側に組みすることに基礎を置いていた。この政策を最初に用いたのは，生まれつき厳格で世俗的なオランダ人である英国王ウイリアム3世であった。生国のオランダにおいて，フランス太陽王 (ルイ14世) の野心に苦しめられていた彼は，英国王になるや，ことあるごとに反ルイ14世の同盟作りに動いた。英国は，その国家理性がヨーロッパの中で領土拡大を必要としない唯一の国家だった。ヨーロッパの均衡維持が自身の国益になるとの認識をもち，単一の力によってヨーロッパが支配されるのを防ぐということ以外には，大陸に何も欲しなかった唯一の国であった。かかる目的追求のため，英国は大陸支配の野心を抱く国に対する如何なる同盟にも協力した。ヨーロッパを支配しようとするフランスの企てに対抗し，英国指導の下にさまざまな政治的連携が生まれることにより，バランスオブパワーが次第に形成されてきた。この原動力は，18世紀に戦われたほとんどすべての戦争と，フランスの覇権に対するヨーロッパの自由と呼ばれたが，かかるヨーロッパの自由とは，リシュリューが

ハプスブルクに対抗して最初に言い出したものと全く同じものだった。バランスオブパワーはうまく機能した。けだし、フランスの支配に対抗する国々の力はフランスが打破しえない程強力で、1世紀半にわたるフランスの拡張政策がこの国の富を次第に枯渇させていったからである。」Henry Kissinnger, *Diplomacy* (New York, Simon & Schuster, 1994), p.70.

(3) 英国の大西洋貿易の量は、フランスのそれを大きく引き離した。それは17世紀後半、英国が西半球に定住植民地を建設したのに対し、フランスが移民にあまり関心を示さなかったためである。17世紀に西半球で新たに設けられた植民地は28件に達したが、3件はオランダ、8件がフランスであったのに対して、英国は17件に上った。1700年当時、英国人の植民地人口は奴隷を含めて35万人から40万人であったが、フランス人は7万人に過ぎなかった。アメリカ植民地は砂糖、綿花、煙草の供給源だけでなく製品と再輸出品の市場としての役割も担ったが、この機能を果たすには、全体として十分大きな実質所得を生み出し、比較的高い生活水準を維持しているヨーロッパ人の定住者が必要だったのである。英国はこの種の植民地の開発に成功し、1700年まで「大西洋で一番儲けている国」になったが、フランスはそれに失敗したのだ。英国は市場としてのヨーロッパを――長い間ネーデルランドを通じてのことではあったが――必要としており、北米植民地も創設する必要があった。時あたかも海上交通の方が陸上のそれより安上がりになってきた時代であったため、国内市場が十分大きくはないという英国のディレンマが、かえって利点と化したのである。さらに、1689年から1714年までの諸戦争で、英国がフランスを抑えることができたのは、オランダとの同盟関係、といっても軍事的支援のためではなく――それも重要でなかったわけではないが――オランダ人が投資をすることで、英国を金融面から支えたためである。オランダ人投資家は、英国政府が安上がりに借金をし続けることを可能にし、そのおかげで英国は自国経済の混乱を最小限に抑えながら戦争を継続できたのである。ヘゲモニー国家と新たに勃興しつつあった国との共生関係が、一方には優雅な引退後の所得を保障し、他方にはそのライバルに対する決定的な一撃を可能にした。同じパターンは、その後にも繰り返され、1873年から1945年までの間、英国がオランダの役割を演じ、アメリカが英国の役割を演じることになる。J・ウォーラスティン『近代世界システム』川北稔訳（名大出版会、1993年）113～6、329～36ページ。

(4) 綿工業が毛織物工業を凌ぎ、台頭した理由としては、①羊毛に比べ綿糸は硬く切れにくいため、機械操作に耐え易いこと、②第2次英仏戦争の勝利による制海権の掌握で、綿花輸入のルートが確保できたこと、③ホイットニーによる綿繰機の発明以後の労働生産性の向上等が指摘できる。神武庸四郎他『西洋経済史』（有斐閣、1989年）34ページ。

第4章　19世紀の国際関係：ウィーン体制とパクスブリタニカ

1 序

　19世紀ヨーロッパの国際関係を特色づけるのは，英仏普墺露の5大国列強によるヨーロッパ協調の体制である。この世紀はフランス革命のうねりが続く中，ナポレオンによる対外攻勢で幕が開き，全ヨーロッパが混乱に陥った。ナポレオンの失脚後，5大国はウィーンに会し，正統主義，復古主義の原則を掲げ革命前の政治秩序回復をめざすとともに，ナポレオンのフランスのように，飛び抜けて強大化した一国によってヨーロッパの覇権が握られぬようにすることを共通最大の外交目標に据え，そのような国が現れた場合には，大国が互いに協議，連携してその企てを阻むことが行動準則とされた（ウィーン体制）[1]。各国が別個に発動していた勢力均衡（バランスオブパワー）の術策を，国際秩序維持の共通原理として受け容れたのである。キッシンジャーは次のように述べている。

　「幾つかの国家が相互に関係しあう場合，事実上，勢力均衡は常に生じるものである。問題は，国際システムの維持が意識された計画となることが出来るか，あるいは，それが一連の力の衝突の中から生まれて来るかどうかである。ナポレオン戦争が終わりに近づいた頃，ヨーロッパはその歴史上初めて，勢力均衡原理に基づいた国際秩序の計画を準備しはじめたのである。……国力というものは，国際秩序の信頼し得る指標とするには，その評価があまりにも難しく，また力を実証しようとしても，あまりにも多くの形態を取り得る。もし共通の価値観についての合意によって均衡が支持されているならば，均衡はうまく機能する。それは国際秩序を覆す能力を禁止する。共有された価値観に基づいた合意は，国際秩序を覆そうとする欲望を抑制する。正統性に基づかない力は，力を試そうという誘惑にかられる。力の裏付けのない正統性は，空虚なジェスチュアーとなる恐れがある。両方の要素を併せ持つことがウィーン会議

の課題であり，またそれが成功した所以であった。それは，大戦争によって妨げられることなき1世紀にわたる国際秩序を確立させたのである。」[2]

　勢力均衡原理に基づくヨーロッパの協調体制は，1815年のウィーン会議から1848年にかけて，四国同盟や神聖同盟という制度的枠組の下で最も有効に機能し，欧州世界は16世紀以来の長期にわたる平和を享受した。この体制を支えたのが，パクスブリタニカにほかならなかった。海外植民地に対して貪欲であった一方，英国はヨーロッパ域内ではバランサーとして"列強間の均衡"に腐心したのである。列国協調による勢力均衡維持のメカニズムが機能した背景には，各国とも外交の舵取りが上流階層の一部に限定されており，しかも彼らの教養や意識が国を越えて諸国間共通の基盤を成していたことも影響していた（名望家政治）[3]。言い換えれば，未だナショナリズムや大衆世論を考慮する必要がさほど無かったということである。しかし19世紀も半ばを過ぎると，ウィーン体制にも動揺が出始める。メッテルニヒの失脚後すぐにクリミア戦争が勃発，その後もイタリア統一戦争，普墺戦争，普仏戦争等再び列強間の戦争が火を噴いた。これらの戦争においては，ウィーン体制を支えてきた5大国（英仏墺露独）が敵対関係に立って交戦し，大国協調による平和の維持という原則は解体した。この転換を最初に示したのが，クリミア戦争（1853～56年）だった。これは，衰退著しいオスマントルコにつけ込んで勢力拡大を狙うロシアとそれを阻止しようとする英国が衝突した戦争であった。

　ロシアは17世紀後半以降，南下政策を続けてトルコと対立，それと同時に東方でも膨脹を続け，18世紀にはカムチャツカ半島を占領しその版図は太平洋に達する等ナポレオン帝国崩壊後，英国に挑戦し得る最大の存在となりつつあった[4]。英国の戦略目標は海上での優越的支配の維持にあり，そのためにはヨーロッパ列強を相互に抑制させ（勢力均衡），英国の地位を脅かす強国の出現を防ぐことであった。当然それは，ロシアの野望とは両立し難いものであった。こうして18世紀後半以降，大陸国家ロシア（熊）と海洋国家英国（鯨）というヨーロッパの東西両翼に位置し，ともに世界国家化しつつあった2大帝国の抗争と勢力バランスの上に，ヨーロッパの平和が保たれることになった。英国は19世紀の殆どをロシアのペルシャやコンスタンティノープル，あるいはインド進出の阻止に費やした。英国の安全保障上の脅威としてドイツが登場するの

は，ビスマルクが退いた後，皇帝ウィルヘルム2世の好戦性とその挑発的な外交ぶりが顕著となる世紀末〜20世紀に入ってのことである。

さてクリミア戦争でウィーン体制は崩壊したが，パリ会議（1856年）での列強間協議を経てロシアの膨張を抑える形で処理がなされ，勢力均衡の原理は基本的に機能し続けた。続くドイツ帝国の出現やイタリアの統一はパワーバランスを変化させ，70年以後ヨーロッパの国際関係は新たな段階に入ったが，ここでも勢力均衡のメカニズムが直ちに崩壊したわけではなかった。プロシャの躍進を導いたビスマルクは1870〜80年代にかけてフランスの孤立化を図り，他の列強による反独連合結成を阻止するとともに，英露，露墺の対立が激化することを回避し，欧州の現状維持と勢力の均衡に取り組んだ。露土戦争後，彼はベルリン会議を主催し，サンステファノ条約でロシアがオスマントルコから得た利得を抑制させたが，これはウィーン体制と同様，一国の膨張を許してヨーロッパのパワーバランスを不安定化させないための措置に他ならなかった。その結果，普仏戦争以後40年以上にわたり，ヨーロッパでは列強相互が直接対峙する戦争は回避された（ビスマルクの平和）。かように，パクスブリタニカを基盤として，1848年まではメッテルニヒ，その後はビスマルクが勢力均衡ゲームを巧みに差配し，政策上の要請に感情的な要素を交えず，絶妙なバランス維持によって大戦争の勃発を回避したのである。だがこの古典的な勢力均衡の原理も，宰相ビスマルクの失脚後は急速にその有用性を失っていく。

2 フランス革命とヨーロッパの国際関係
●革命と国民軍の登場

1789年7月14日，パリ民衆のバスティーユ牢獄襲撃を機に，仏革命が勃発，議会は封建的特権の廃止を決議し，さらに人権宣言を出して革命の指導原理を明らかにした。しかし国王ルイ16世はこれを認めず，議会を圧迫しようとしたため，逆にベルサイユ宮殿に押しかけた市民らに拘禁されてしまう。国王逮捕の報に接した各国君主は，一様に革命勢力への恐怖心を抱いた。王妃マリー・アントワネットの実家にあたるオーストリア皇帝はプロシャ国王とピルニッツに会し，フランス革命非難の宣言を発した（91年8月）。こうした周辺国の態度は仏国内の共和主義勢力を勢い付かせ，翌年春好戦的なジロンド党が内

閣を組織するや，国王を強制してオーストリアに宣戦を布告させた。だが，戦局はフランスの有利には展開せず，普墺連合軍が国境を突破してパリに接近。この時立法議会の呼びかけに応じて各地からパリに結集した義勇兵が，侵入軍をバルミーで打ち破った。素人集団の国民軍が職業軍人を打ち破ったわけで，ザクセン・ワイマール国の宰相としてプロシャ軍に加わり，この戦いを観戦したゲーテは「この場所から，そしてこの日から，世界史の新たなる時代が始まった」とその感動を書き記した。以後フランスが攻勢に転じドイツに進出，マインツ，フランクフルトの諸都市や墺領ネーデルランド（ベルギー）を占領した。その後国王ルイ16世が処刑され，列強に強い衝撃を与えた。かねてフランスの勢力がネーデルランドに及ぶことを恐れていた英国のピット首相は，国王処刑の機を捉えフランス包囲同盟の形成に動き，露，蘭，西，葡，瑞と第1回対仏大同盟を結成（1793年3月）し，フランスとの戦端が開かれた。

　北からはオーストリア軍が侵入，南部ツーロン軍港は英国軍に占領され，危機に陥ったフランスでは，ロベスピエールらに率いられたジャコバン派が強力な中央集権政策で事態を乗り切るため，ジロンド派を国民公会から追放して独裁を開始（1793年6月）する。ジャコバンは公安委員会を最高の中央行政機関とし，反革命分子を処刑し革命政治の徹底を図ったが，この時公安委員会の軍事委員カルノーの採用したのが徴兵制だった。国民総徴兵法によって得た多くの兵士と彼の大胆な戦術で，10月頃から戦局は再びフランスの有利に展開し，オランダ，イタリア地方に加えライン左岸のドイツも占領し，プロシャがフランスと単独講和を締結し対仏包囲から離脱（95年4月），オランダ，スペインも戦線を離れ，英墺および北イタリアのサルジニアのみがフランスに敵対を続けた。この間，ジャコバン内部の権力闘争でロベスピエールが失脚（テルミドールの反動），国民公会ではジロンド派が復活し反動化が進んだ。1795年秋には総裁政府が誕生。総裁政府はブルジョワ共和政で自由主義経済政策をとったが，インフレによる物価高騰，食料難等の社会不安を解決できず，またバブーフらの共産主義的陰謀もあり政情は安定しなかった。

●ナポレオン帝国：フランス第1帝政
　この流動的な情勢を巧みに利用し，権力を握ったのがナポレオンであった。ツーロンの英国軍を撃退（1793年）し総裁政府の将軍に任命されたナポレオン

は，95年に王党派の暴動を鎮圧してさらに名をあげ，イタリア方面軍司令官に任じられた。翌年，総裁政府はオーストリア攻撃を開始。第1，第2の両軍は破れたが，ナポレオン率いる第3軍は北イタリアでオーストリア，サルジニア両軍を各個撃破し，オーストリア領内深く攻め込み，北イタリアのロンバルディアと墺領ネーデルランド（ベルギー）を獲得（カンポフェルミの和約）。ここに第1回対仏同盟は打ち破られた。本国に戻ったナポレオンは宿敵英国を打倒すべく，エジプト遠征を実施。アイルランド上陸作戦の噂を流し英国を欺瞞しつつ，アレキサンドリアに上陸したが，アブキール湾の戦いで仏海軍がネルソン指揮下の英国海軍に全滅，また不純な天候のため，ナポレオンはエジプトで孤立状態に陥った。

　この機会をついて英国は墺露と第2回対仏同盟を結成（1799年3月）。仏軍は各地で敗北し，イタリアはオーストリアに奪還された。急遽パリに戻ったナポレオンは総裁政府を打倒し統領政府を樹立，自ら第一統領に就任した（99年11月）。政治権力を掌握したナポレオンは翌年アルプスを越えてイタリアに入り，マレンゴで墺軍を破り，リュネビールの和約で先のカンポフェルミの和約を再確認させるとともに，ライン左岸のドイツに対する優越権を獲得する。英国では主戦派のピット内閣が倒れ，和平論を主張したアディントン内閣はフランスとアミアンの和約を結んで第2回対仏大同盟を解体，占領地の大部分を返還し，大陸におけるフランスの獲得地およびその保護下に成立した諸共和国を承認した。

　しかし，翌年英国はアミアンの和約を破棄し，首相に返り咲いたピットが独墺と第3回の対仏大同盟を形成（1805年8月）。国民投票で皇帝位（ナポレオン1世）に就いたナポレオンは対仏同盟を各個撃破すべく，まずウルムの戦いでオーストリア軍を倒しウィーンを占領。さらにアウステルリッツで墺露連合軍を撃破した（三帝会戦）。ロシアは戦線を離脱，オーストリアは単独ナポレオンとプレスブルクの和約を結び，フランスは北イタリアからのオーストリア勢力一掃とベニスの割譲に成功する。対仏同盟の一角を崩したナポレオンは兄ジョセフをナポリ王，弟ルイをオランダ王に即位させたほか，オーストリア及びプロシャに対抗するため，バイエルン，バーデン等西南ドイツとライン川右岸の16邦をもってライン同盟を結成させ，自らその保護者となった。この結果，神聖

ローマ帝国は正式に解体し、ナポレオンの脅威を感じたプロシャはそれまでの中立を捨て、ロシアと組んでフランスに開戦する（1806年）。ここに第4回対仏大同盟が結成されたが、イエナ、アウエルシュタットの戦いに破れたプロシャは、チルジットの和約（1807年）によってエルベ川以西の地と旧ポーランド領等国土と人口の大半を失った他、仏軍の駐留を許し、さらに多額の賠償金を課せられた。

一敗地に塗れたプロシャでは、ナポレオン支配の排除には思い切った国内改革が必要との声が官僚・軍人の間から高まり、宰相シュタインやハルデンベルクは農奴解放や行財政改革に取り組んだが、ナポレオン打倒の目標と直結したのが軍制改革だった。それまでプロシャには傭兵が多く、他方、将校は貴族の独占物であった。そこで革新派軍人のシャルンホルスト、グナイゼナウらは軍隊の近代化とフランスのような国民軍の建設をめざし、傭兵制度や軍隊内における貴族特権を廃止（試験による将校の採用）したほか、一般兵役義務制を導入し国民皆兵による近代的国民軍を誕生させた。また文部長官のフンボルトは教育改革を進め、初等教育制度の整備やベルリン大学を創建した。ナポレオン占領下にも拘らず「ドイツ国民に告ぐ」という講演を行い国民の奮起を促した哲学者フィヒテ等多くの人材がベルリン大学に結集した。

● トラファルガー海戦とロシア遠征

エジプト遠征に失敗したナポレオンは直接英本土への上陸を企図したが、3度試みるも英国艦隊の存在でいずれも挫折。特にビルヌーブの仏艦隊がトラファルガー沖でネルソン提督の英艦隊に大敗（1805年10月）したため、英国との軍事対決を断念したナポレオンは、対英戦を経済戦に移行させ、ベルリン勅令を発し大陸諸国と英国の貿易を禁止した。さらにミラノ勅令では英国の港に出入りする船舶の拿捕・没収に乗り出し、英国製品を大陸より排除して商工業に打撃を与えようとした。だが、密貿易は後を絶たなかった。封鎖体制をより厳重にすべく、ナポレオンはポルトガルやスペインに介入したが、被った犠牲も大きかった。

そのうえロシアにも兵を進めたことが、彼の没落を招く契機となった。1812年6月末、普墺と同盟したナポレオンは67万の大軍でロシア遠征を開始した。ロシアを叩いた後、仏露連合軍を率いてインド遠征を行う壮大な夢が彼には

あった。ナポレオン軍はビルナ，スモレンスクを占領したが，露軍が終始戦闘を避け退却を続けたため，決定的な勝利を得ることはできなかった。露軍総司令官クツーゾフ将軍は，ボロジノの激戦で仏軍に打撃を与えた後に戦略的退却を実施したため，ナポレオンはモスクワに無血入城を果たした（9月14日）。だが翌日，ロシア側は自らモスクワに火を放ちこれを灰燼に帰せしめた。ナポレオンはロシアとの休戦をめざしたが，ロシアにその意志はなく，兵糧攻めで抵抗した。冬の到来を前に，ナポレオン軍はやむなく10月に退却を開始したが，クツーゾフ率いる露軍やコサック，農民パルチザンに苦しめられ，さらに寒気と飢餓が仏軍を襲った。翌年1月ナポレオン自身は辛うじてパリに戻ったが，30万人が厳寒の焼野原に置き去りとされ，うち10万人がロシアの捕虜となった。

　ナポレオン敗北の理由は，冬将軍のためばかりではなかった。厳寒は彼の退却後に始まったのである。マントバやアウステルリッツの戦いの如く，ナポレオンが勝利を重ねてきた戦場は，山々に囲まれたさほど広くない，肥沃で現地での物資調達が可能な地であった。また砲兵と騎兵の速攻による短期戦が彼の得意技であった。それゆえ，ロシアの広大な平原を利用したクツーゾフの長期消耗戦やパルチザン活動，焼土戦術は彼を困惑させた。相次ぐ侵略戦争による兵の疲弊や略奪の横行等士気の弛緩も敗因の一つであった。ナポレオンのモスクワ遠征失敗を受け，プロシャのフリードリヒ・ウィルヘルム3世はロシア皇帝と連携，英墺等も加わって第6回対仏大同盟が結成され，同盟軍はライプチヒの戦い（諸国民戦争：1813年10月）でナポレオン軍を打ち破ることに成功する。その後パリも同盟軍に占領され，ナポレオンはエルバ島に流された。フランスではブルボン王家が復活，ルイ16世の弟がルイ18世として即位し，対仏同盟参加諸国との間で講和条約（第1次パリ条約）が締結された。ウィーン会議開催中の1815年3月，突如ナポレオンはエルバを脱出し再起を企したが，ワーテルローで敗北（6月18日）し，セントヘレナに流罪となった。

３　ウィーン体制

●会議は踊る

　革命と戦争で攪乱されたヨーロッパを再建するため，1814年9月から翌年6

月にかけて全欧州諸国 (90の王国, 53の公国) の代表がウィーンに集った。ウィーン会議では仏革命とナポレオン戦争以前の政治秩序と領土関係にヨーロッパを戻すとともに、当時の主権者を以て正統な国家代表とすることが基本とされた (復古 (反動) 主義と正統主義)(5)。だが原則では一致しても、具体的な領土の確定となると各国の思惑が交錯し、意見は容易には纏まらなかった。オーストリアの将軍リーニェ公が「会議は踊る、されど進まず」と語った如くであった。

英国のキャッスルリーは、戦争中に獲得した海外の要衝を併合して海洋植民地帝国の拡大を進めるとともに、欧州大陸では勢力均衡の回復をめざした。具体的には、フランスの再起を阻止する一方で、フランスに代わり新たな覇者たらんと欲するロシアへの警戒も怠らず、この国が近東に勢力を拡大してインドへの脅威とならぬようその膨張を抑えることを目標に据えた(6)。会議の主催者であるオーストリアのメッテルニヒも、フランスの国力を劣勢に留め、かつロシアの膨張を阻止する点では英国と利害が一致したが、対プロシャ政策で英墺の考えは対立した。プロシャは、ドイツでの影響力拡大をめざし対墺戦略の要衝であるザクセンの領有を望んでいたが、英国はザクセン全体をプロシャに与え、その勢力を増すことでフランスの台頭を抑え、併せて露墺両国をも牽制させようと考えた。これに対しオーストリアは、ドイツ共同体の中でのプロシャの地位向上を警戒し、特にウィーンへの通路にあたるザクセンのプロシャ併合には強く反対した。一方、自らがナポレオンを倒したとの自負心に溢れるロシアのアレキサンダー1世は、プロシャにザクセンを与えてオーストリアを牽制させるとともに、ナポレオン打倒の報酬として、ナポレオンが建国したワルシャワ大公国と旧ポーランド王国を纏めて一王国とし、自らがその国王を兼ねることで中欧に一大勢力を成そうと欲した。そのため、ロシアのポーランド支配に反対するキャスルリー、メッテルニヒと激しく対立した。

このようにザクセンやポーランド問題で列強の足並が乱れ、その過程でロシアとプロシャが連携を深めるや、これに対抗して英墺も結束し双方の緊張は高まった。この分裂に巧く付け入り、敗戦国のフランスを会議のキャスティングボードを握る立場に据え変え、ナポレオン戦争の責任追及やフランスの地位低下を防ごうと奔走したのが、ルイ18世の外務大臣タレーランであった。当初、メッテルニヒは戦勝国の普墺露英4か国で構成される重要国委員会に全てを決

定させる方針であったが,タレーランはこれにフランス,スペイン,ポルトガル,スウェーデンを加えた8か国委員会によって戦後処理を運営させることで,戦勝4か国の発言権を抑えるとともに,フランスを列強の仲間入りさせることに成功した[7]。さらに彼は英墺に加担し,巧みに両国に誘いかけ露普に対抗する秘密同盟を結成させた。これを知ったアレキサンダー1世が,やむなくポーランドに対する要求を縮小させたことで妥協が成立。プロシャもザクセンの半分だけの領有で納得し,その代償としてラインラントが与えられた。

　もっとも,ロシアの譲歩で合意が生まれたのも束の間,ナポレンがエルバ島を脱出し,千名の軍勢を従えて3月にはパリに入城した。この報に驚いた関係8か国は最終合意を急ぎ,1815年6月9日,ウィーン会議の最終議定書に調印した。ワーテルローの戦いの9日前のことであった。ウィーン条約で英国はマルタ島を獲得したほか,ケープ植民地やセイロン等オランダの海外領土を手に入れた。そのオランダは,英国への海外領譲渡の代償として墺領ネーデルランド（ベルギー）を併合した。オーストリアはロンバルディアを取り戻したほか,ネーデルランドを失った代わりにベネチア等を獲得。ロシアは当初の希望よりは縮小されたが,旧ワルシャワ大公国の大部分をポーランド王国とし,ロシア国王がポーランド国王を兼ねることで事実上の支配下に置くことに成功する。ロシアはナポレオンとの同盟中,スウェーデン領のフィンランドとトルコ領ベッサラビアを獲得したが,その領有も各国に認めさせた。スウェーデンはその代償に,ナポレオンに組みしたデンマークの領土であるノルウェー領有が認められた[8]。プロシャはライン左岸等多くの領土を獲得（ザクセンの北半分,ワルシャワ大公国の一部およびライン中流地方＝ウエストファリアとラインラント）,35国4自由市でドイツ連邦が作られることになった[9]。このほか,スイスの永世中立が承認された。さらにフランスやスペインが再びブルボン家の支配に置かれ,ナポリにブルボン家,オランダにオラニエ家が,サルディニアにサボイ家が再び君臨し,中部イタリアには教皇領が復活,ナポレオン時代にライン同盟に属していた地域に再びドイツ諸侯が統治権を行使することになった。

　11月にはルイ18世と対仏同盟諸国との間で再度の平和条約（第2次パリ条約）が結ばれ,対仏関係も正常化された。仏国境を1790年当時に復すことや7億フランの賠償金支払い義務を課すこと,さらに15万人の連合国軍隊が5年間

主な要塞を占領すること等第 1 次条約よりも厳しい内容となったが、敗戦国に対する処遇としては寛大なものであった(10)。英仏露墺普 5 か国の勢力均衡を回復維持させることで、反革命、反ナポレオンの共通理念実現をめざしたこのウィーン体制は、1848 年ヨーロッパ全域に革命の嵐が吹き荒れるまで、ヨーロッパ大陸における保守反動の支配を可能とさせた。

● 神聖同盟と四国同盟

　ウィーン体制下での列強の協力関係は「ヨーロッパ協調 (Concert of Europe)」と呼ばれたが、それを支えたのが神聖同盟と四国同盟であった。ワーテルローでナポレオンの復活を阻んだ後、ロシア皇帝アレキサンドル 1 世は、仏革命やナポレオンの出現はキリスト教精神をもって君主が統治しないことへの神罰だとし、キリスト教的平和愛好の精神でヨーロッパの平和を確保するための同盟を提唱した。オーストリア皇帝フランツ 1 世、プロシア国王フリードリヒ・ウィルヘルム 3 世もこれに賛成し、1815 年 9 月に神聖同盟が締結された。これがロシアの影響力拡大の具になることを警戒した英国とローマ教皇を除く全ヨーロッパの君主が、この同盟に参加した。英首相キャスルレーが「神秘と無意味」と揶揄したように、神聖同盟には締結国の義務も違反行為に対する罰則も無く、各国君主の博愛主義の宣言に留まるものであったが、反自由主義政策のシンボル、スローガンとして利用された。

　ところで、神聖同盟には参加はしなかったが、英国もフランスの動向監視の必要は認識していた。そこで神聖同盟成立後まもなく、キャスルレーは反ナポレオン闘争に参加した墺普露三国を誘い、フランスの勢力拡大阻止という具体的な目的を掲げた同盟の結成に動いた。それが 1815 年 11 月、対仏同盟のショーモン条約を再確認する形で成立した四国同盟で、今後 20 年間ウィーン体制を維持し、パリ条約違反の事態が起きた場合には各国が 6 万人の兵力を拠出しフランスの侵略からヨーロッパを防衛することが定められた。また加盟各国は適宜会合を開くこととされ、欧州の秩序を大国間の協議で維持・運営していく"欧州協調"のスタイルがここに形作られた。

　1818 年 10 月、最初の会議がエクス・ラ・シャペル (アーヘン) で開かれ、対仏賠償問題を処理したほか、連合国軍隊のフランスからの撤退等が決められた。仏問題が一段落したことから、ロシアは四国同盟の対象をフランスに限らず全

欧州の体制維持に広げるよう主張したが，他国への内政干渉を招くとして英国が反対．結局ロシアの主張は退けられたが，フランスの加盟が許され四国同盟は五国同盟となった．しかし，ロシアと同様の立場から，メッテルニヒはこの同盟を民族主義，自由主義抑圧の装置として利用し，21年のライバッハ会議では両シチリア王国の革命運動にオーストリアの出兵を，22年のベローナ会議ではスペインの革命にフランスの出兵を決めた．翌年仏軍がスペインに侵入し革命を粉砕，フェルディナンド7世の絶対主義統治が復活した．この間，同盟内では革命運動弾圧のための共同干渉を主張するロシアと内政不干渉の立場をとる英国の対立が続き，ベローナ会議以後，英国は事実上脱退し，欧州協調体制から離脱する．

● 中南米の独立とモンロー主義

　ウィーン体制を推し進め，保守反動政策の中心に立ったのはオーストリア宰相メッテルニヒであった．彼はドイツで盛り上がりつつあった立憲政治を求める自由主義や国家統一をめざす民族主義運動を抑圧したほか，イタリア，スペインの自由主義，民族主義も弾圧した．その彼も，アメリカの独立や仏革命に刺激されラテンアメリカ植民地で起きた独立運動は阻止できず，アルゼンチン（1816年），チリ（18年），コロンビア（19年），メキシコ（21年）がスペインから，ブラジル（22年）がポルトガルからの独立に成功した．

　一方英国は，ヨーロッパの専制君主によるラテンアメリカへの干渉を排除するための共同決議発出をアメリカに提案する．ラテンアメリカの独立革命がこの地域におけるスペインの独占支配体制に終止符を打ち，新たな通商関係の機会が生まれることを期待したのである．それまでラテンアメリカ独立の動きに中立を保っていたアメリカだが，心情的には独立支持の側にあり，スペインとフロリダ割譲問題が解決するや，各国の独立を承認し国交を開くようになった．そのため，モンロー大統領は英提案に同意しかけたが，国務長官のアダムズが強く反対した．ラテンアメリカ諸国へのヨーロッパの干渉を許せば，早晩アメリカの政治にも危険が及びかねないことは想起されたが，英国との共同宣言の形をとれば他の欧州諸国を刺激する．しかも，大国英国が弱小なアメリカに敢えて共同提案を持ちかけてきたことに不審を抱いたアダムズは，アメリカのキューバ獲得を阻止するのが英国の真の狙いと考えた．共同宣言を出してアメ

リカのラテンアメリカでの行動が束縛されることも嫌ったアダムズは，あくまで米国単独での宣言発布を主張した。当時ロシアがアメリカに領土的野心を見せ始めていたことも，彼の不安材料だった。既に1728年と41年にベーリングが探検航海を実施していたが，さらにロシアは露米会社を設立（1799年），その後，アラスカから南下を始め，1812年にはサンフランシスコに近いフォートロスに砦を建設する等太平洋北西部岸に進出し，漁業や毛皮の獲得に従事するようになっていた。そのうえ21年には勅令を発し，北緯51度以北の太平洋地域で商業，漁業，捕鯨その他の産業を行うことはロシア人の独占的権利だと主張し，外国船舶の百マイル以内への接近禁止を一方的に宣言したのである。

　結局，米政府はアダムズの意見を容れ英国提案を拒否し，アメリカが独自に新大陸に対する欧州列強の干渉に反対する意志を表明することとした。1823年12月，モンロー大統領は議会に宛てた教書の中で，ヨーロッパの紛争や内政への不干渉という建国以来の米外交の原則を述べるとともに，新大陸で独立した旧植民地に対する欧州諸国の干渉はアメリカへの非友好的処置とみなすという相互不干渉主義を表明し，併せて，新大陸はもはやヨーロッパの植民地とはならないという非植民地主義を宣言した（モンロー宣言）。相互不干渉主義は，新大陸への欧州勢力の介入排除を唱うと同時に，アメリカもヨーロッパに干渉しないことを誓約するものである。他方，非植民地主義はロシアの進出阻止を念頭に置いたものであった。爾後，これはモンロードクトリンと呼ばれ，アメリカ外交の基本原則となる。英国の提案を退け独自の方針を掲げたことは，アメリカにおけるナショナリズムの発展と外交の成熟ぶりを示すものであった。

　●ウィーン体制の動揺（1830～54年）

　ラテンアメリカ諸国の独立に続き，ヨーロッパでもトルコの支配下にあったバルカン半島で，ギリシャが独立戦争を起こした（1821年）。メッテルニヒはこれにも干渉を試み，ギリシャは一時トルコやその協力者エジプトに敗れた。しかしバルカン半島に関心を持つ英仏露の援助を受け，ギリシャがトルコを破りその独立を承認させた（1830年：ロンドン会議）[11]。これはウィーン会議後初の領土変更となったが，その直後にフランスで7月革命が起こりウィーン体制は動揺した。フランスではルイ18世の死後，王位についたシャルル10世がビレールやポリニャック内閣を通じて反動政治を行い，ブルジョワ層の反発を

かった。シャルル10世は国民の目を外に転じるためアルジェリア遠征（1830年）を行ったが，総選挙で自由主義者が台頭したため，ポリニャック内閣に緊急勅令を発布せしめて選挙の無効を企てた。そのため，ラファイエット指揮の下にブルジョワジーが立ち上がり，シャルル10世を追放，新たにルイ・フィリップによる新王政を成立させたのである（7月革命）。

　7月王政はウィーン会議で正当性が認められた王朝が倒れた初のケースであり，革命の影響は欧州各地に波及した。ウィーン会議でオランダに併合された墺領ネーデルランド（ベルギー）ではブラッセルで暴動が起き臨時政府が成立，レオポルド1世が王位に就き，翌31年のロンドン会議で独立を果たした。ベルギーは1839年には永世中立国と認められた。露皇帝が王位を兼ねるポーランド王国でも独立革命が起きたが，外国の援助を得られず露軍に鎮圧され，ポーランド王国は廃止されロシアの一州となり，ロシア支配が一層強まった[12]。ドイツでは学生組合による自由主義運動が活発化し，ブランシュバイクでは君主が追放され自由主義憲法が作られ，サクソン，ハノーバーでも憲法が制定されたが，普墺露3国が連携して自由主義運動を弾圧した。イタリアでもカルボナリ党が北部で反乱を起こし，オーストリアからの解放を企てたが，メッテルニヒに武力弾圧される。

　一方，フランスでは1830年代における産業革命の進展を背景にブルジョワジーが台頭，彼らの関心は海外に向けられたが，ルイ・フィリップが列国との戦争を回避する平和主義外交を展開したために不評を買う結果となった。即ち，仏支援の下に近代化を進めるエジプト太守メヘメット・アリが宗主国オスマントルコに叛旗を翻した際，フランスの進出を恐れたパーマストンが普墺露と四国同盟を締結し，ロンドンの秘密会議でトルコ，エジプトの仲裁を試みた（1840年）。これに対し首相のチエールは四国と戦ってもエジプト支援を貫こうとし，国民も彼を支持したが，フィリップはチエールを罷免して4国に屈伏。しかも首相に就任したギゾーに反動政策を推進させたため，48年2月にパリで民衆が蜂起し，王政が廃され共和制が樹立される（2月革命：第2共和制）。臨時政府の首班には共和党のラマルティーヌが就いたが，労働者を代表する社会党ルイ・ブランの発言力は大きかった。だが4月の制憲議会選挙ではブルジョワ共和派が圧勝し，労働者を中心とする社会主義共和派に不満が高まった。そ

のうえ政府が労働者勢力のパリへの結集を防ぐため国立工場の解散を決定するや，労働者が暴動を起こした（6月暴動）。この騒ぎは国民軍に鎮圧され，普通選挙による1院制議会と人民投票による大統領制を定めた新憲法が成立し，12月の大統領選挙ではナポレオンの甥ルイ・ナポレオンが当選する。彼は政治的対立を巧みに利用して政権の強化を図り，クーデターによって独裁権を掌握（1851年），翌年には大統領任期を4年から10年に延長，さらに人民投票で帝位に就きナポレオン3世と称した（第2帝政）。

　結局フランスの2月革命は挫折したが，ヨーロッパ諸国に与えた影響は大きく，オーストリアではウィーンで暴動が起こり，メッテルニヒは英国への亡命を余儀なくされた。メッテルニヒの亡命はウィーン体制の末期を象徴する出来事であった。民衆は皇帝フェルディナント1世に迫り，憲法の発布と二院制議会，それに民衆の武装組織である国民防衛軍の創設や言論の自由等を承認させた（ウィーン3月革命）。7月には憲法制定会議が開かれ，農奴制が廃止された。オーストリアは多民族国家で，マジャール人（ハンガリー），チェコ人（ボヘミア），イタリア人等の少数民族も専制支配に反発して解放運動の狼煙をあげた。ハンガリーではコシュートが完全な自治を要求し，マジャール人自身の独立政府を組織することをフェルディナント1世に認めさせた（ハンガリー独立革命）。ボヘミアのチェコ人の間ではパラッキーが指導者となり，ハプスブルク領内のスラブ諸民族の糾合をめざしプラハでスラブ民族会議を挙行した。さらにイタリアでは北部のベニス，ロンバルディア等ウィーン会議で墺領となった地方で反墺暴動が起きたほか，サルディニア王チャールズ・アルバートがオーストリアに宣戦してイタリア統一運動に乗り出した。革命の炎はドイツにも飛び火し，プロシャの首都ベルリンでは暴動が発生（ベルリン3月革命），国王フリードリヒ・ウィルヘルム4世は言論の自由を認め，憲法の制定を約させられた。3月末，カンプハウゼンを首相とする自由主義内閣が成立し，普通選挙による国民議会がベルリンに招集され，プロシャ憲法の作定に着手した。5月にフランクフルトで開かれたドイツ国民議会では，ドイツ統一問題が協議された。かように，1848年は"革命の年"と呼ばれる程ヨーロッパ各地で活発な民主化運動が展開され，ウィーン体制に動揺を与えたが，いずれも未完に終わり，最終的には反革命派が勝利し市民勢力の未熟さを露呈した。オーストリアでは政府軍

がウィーンの国民防衛軍を制圧，議会は解散させられ専制政治が復活。少数民族の独立運動も同様で，最後まで抵抗を続けたハンガリーも露軍の援助を得た墺軍に平定され，コシュートは亡命，サルディニアによるイタリア統一戦争も失敗に終わった。プロシャでも国民議会が弾圧を受け，カンプハウゼン内閣は辞任，ベルリンはプロシャ軍に占領され，議会は解散を命じられた。またフランクフルト国民議会は自由主義的憲法を採択（1849年3月）し，プロシャ王を統一ドイツの皇帝に選出したが，ウィルヘルム4世がこれを拒否。議会は憲法の実現を訴えて民衆蜂起に出たが（ドイツ帝国憲法闘争），プロシャ軍に鎮圧され議会は解散させられた。

4 パクスブリタニカと英露対立

●英国の平和

　米独立戦争はフランスはじめ大陸諸国に対英反撃の機会を与えた。その結果，英国は新大陸を喪失（英第1帝国の崩壊）。さらに第2次英仏百年戦争の最終局面では，ナポレオンが打倒ジョンブルをめざし直接英本土への上陸を企て，あるいは経済封鎖によって英国の海洋支配に挑戦した。こうして英国は18世紀後半，二度にわたりフランスと相まみえ，一時その威風にも危機が訪れた。だが，対仏大同盟に辣腕を揮ったピットの戦争指導もさることながら，18世紀後半からの綿織物業の伸展，機械化を発端とした産業革命の成功やコークス製鉄法の開発に始まる一連の製鉄技術の革新に支えられ，その圧倒的な生産力の優位で19世紀に再び覇を唱えることができた。

　産業革命とそれに続く交通革命の結果，1851年のロンドンでの第1回万国博覧会の開催から73年の大不況までの間，英国は年平均3％の成長率を維持し，世界の工場として君臨した。鉄鋼生産高は年間250万トンで世界全体の生産高の半分を占め，第2位のアメリカの5倍，繊維製品も世界の6割を生産した。更に鉄道線路の総延長は9600キロとこれも世界の半分を占める等世界人口の僅か2％程度に過ぎない国が，圧倒的な経済的・技術的優位を誇ったのである。そして，カニング（1820年代）及び彼を継承したパーマストン（30〜60年代）は伝来の勢力均衡政策を採用し，フリーハンドの保持と史上最強の海軍力，それに世界全体の外洋船総トン数の半分にも達する海運力を背景に，英国

はエンパイアルートを確立し，インドを中心に六つの大陸に跨る一大植民地帝国を築いた（英第2帝国）。

海洋の支配権を握ることによって，ヨーロッパの辺境に位置し，かつて世界ヘゲモニーの中心地帯であったユーラシア内陸地域から，さらにはアジアからも最も縁遠い国であり続けた英国が，欧州列強による覇権争いの最終的な勝利者となったのである。ビクトリア女王の長い治世（1837〜1901年）は，経済力と強力な海軍力を背景に"英国の平和（パクスブリタニカ）"が現出した，英国の黄金時代であった。

● 自由貿易帝国主義と小英国主義

ビクトリア女王の下，英国では自由・保守の2大政党が交互に政権を担当し，政党内閣制度が確立，経済では自由主義の風潮が強まり，植民地統治に関しては小英国主義の考えが勢いを持った。産業革命が本格化する以前の1776年，アダム・スミスは『国富論』を著し自由貿易の必要性を訴えたが，スミスの弟子を任じていたトーリー党の小ピットは英仏商条約を締結し，綿製品等の関税を引き下げた（1786年）。今日，ここに近代自由貿易体制の端緒を求めるのが一般だが，折からの仏革命でこうした動きも一旦は頓挫する。その後，産業革命の進展につれ英国の綿産業は飛躍的に発展，1840年代には全製品の半分以上が海外に輸出され，英国はその販路を大きく海外の市場に依存するようになった。綿産業に従事する商工業者や資本家は積極的に自由貿易を提唱，安くて良い品が購入できるとして英国内には自由貿易標榜の声が強まり，やがて農産物への保護関税賦課を定めた穀物法の存続をめぐり国論は二分される。

もともと英国は穀物の輸出国だったが，18世紀中葉以後の急激な人口増加のため輸入国に変身した。そしてナポレオン戦争後，ヨーロッパ，特にロシアから安価な穀物を大量に輸入したことで国内の地主や農業資本家は大打撃を蒙り，その保護措置として政府が制定したのが穀物法（1815年）だった。地主らは自国の農業保護と食料確保の必要性を主張したが，綿産業関係者をはじめ，産業革命の進展により伝統的勢力に代わり急速に発言力を増しつつあった産業資本家層やブルジョワ市民階級は，徹底した自由貿易と工業立国論で対抗，選挙権の拡大と穀物法の廃止を主張した。中でもコブデン，ブライトらが設立した反穀物法同盟は，労働者階級とも連携して政府に同法の撤廃を強く迫っ

た。その結果，それまで反対していた首相のピールもコブデンらの要求を容れ，1846 年に同法を廃止，3 年後にはやはり自由貿易の妨げとなっていた航海条例も撤廃され，自由貿易体制の整備は大きく前進した。この出来事は，軍事力から「国益達成のための戦略遂行手段を平和的な貿易に求めた国家政策の初の転換例」(ローゼクランス)であり，以後，政権に就いた自由党のパーマストンやグラッドストーンらは，"光輝ある孤立"と共に自由貿易を国是とするようになった。なかでもホイッグ党グレー内閣の外相就任(1830 年)を皮切りに，ホイッグ，トーリー歴代内閣で 20 年近く外相を務めたパーマストンこそ自由貿易主義の代表者であった。1860 年，英国はフランスとコブデン・シュバリエ条約を結び，保護貿易政策を採るフランスを自由貿易に改めさせたが，これを起点に英国は他の大陸諸国とも同様の条約を締結，ヨーロッパ中に自由貿易が広まり，1860 年代は自由貿易の最盛期となった。

英国ではバックルの「古い商業精神が諸国民を互いに戦わせたのに対し，新しい商業精神は諸国民を互いに依存しあうようにさせつつある」との言葉に代表されるマンチェスター派の自由貿易平和論が力を得，それと歩調を併せて小英国主義が主流をなし，いたずらに植民地や海外領土を増やそうとはしなくなった。「諸外国は，統治する責任を我々に負わすことなく，我々にとって価値ある植民地になるだろう」と当時の自由貿易論者が語ったように，新しい領土など獲得せずとも，生産性と技術的優位でその製品が圧倒的な競争力を有している限り，英国は開放貿易により市場，原材料，食料に自由に接近，常に経済的利益を享受できたためである。自由貿易の原則は，まさに英国の利益と合致したものであった。「植民地は果実に似ている。熟する間だけ木についているに過ぎない」。かってチュルゴーは，重商主義的植民地支配の限界をこのような比喩に譬えたが，小英国主義とは，北米喪失の経験から植民地が実は本国の「首を絞める引き臼」となる貴重な教訓をこの国が学び採ったことの表れでもあった。1847 年のカナダを皮切りに，1860 年までに豪州，ニュージーランド等の白人移住植民地に次々と自治権が付与され，植民地自治領化政策が推し進められていった。

但し，こうした開放的な体制がグローバルな規模で推進されたのかと言えば，決してそうではなかった。1860 年当時既に英国ではヨーロッパ以外への輸出

が全体の6割に達していたが，大英帝国存立の基盤と見なされたインドでは，逆にその直接支配は強化されており，アヘン戦争やアロー戦争からも窺えるようにアジア貿易も決して平和的なものではなかった。そこでは，軍事力（いわゆるパーマストンの砲艦外交）を背景とした強要色の強い不平等な通商がなお幅を利かせていた。経済的優位と海軍力を背景に，西南太平洋の島々やアフリカ沿岸地域の多くも植民地に編入されていった。ジョン・ギャラファーらはこれを自由貿易的帝国主義と呼んだが，自由貿易体制とはいえ，通商の拡大や市場確保のためにはいつでも軍事力が行使される等19世紀のそれは部分的，限定的なレベルに留まっていたのである。

● 英露対立1：ギリシャ独立と東方問題

西欧諸国の後塵を拝していたロシアだったが，ナポレオン打倒に力のあったアレクサンドル1世の時代，ウィーン会議や神聖同盟の結成等欧州外交にも影響力を発揮するようになった。また国内産業の近代化につれ商品市場獲得が必要となったこともあり，オスマントルコの衰退に乗じてロシアはピョートル以来の南下政策を活発化させ，バルカンや中央アジアへの進出を企てるようになる。これに対しヨーロッパの勢力均衡を維持すべく英国がロシアの膨張阻止に動いたため，ナポレオン没落後のヨーロッパでは，大国協調メカニズムの水面下で，鯨（海洋国家英国）と熊（大陸国家ロシア）の抗争が演じられた。

1503年以来オスマントルコの支配下にあったギリシャでは，18世紀後半から自由主義，民族主義の機運が次第に高まり，1821年には独立運動が勃発した。神聖同盟がギリシャ独立に反対し，またトルコ軍がアテナイを占領する等当初独立軍は苦戦したが，これをコンスタンチノープル獲得の機会とみたロシアのニコライ1世は，ギリシャ支援によってこれに干渉し南下政策の推進を企てた。この動きを警戒した英国は，ロシアの単独行動を阻むため，フランスを誘い英仏露の三国協調を結成する（1827年）。そして3国の休戦提案をトルコが拒否すると，ギリシャ独立を支持する3国は連合艦隊を派遣しトルコ・エジプト海軍を撃破した。翌年，露軍が単独トルコに侵入しコンスタンチノープルに兵を進め，アドリアノープルの和約（1829年）でドナウ河口とギリシャ保護権を獲得すると，ロシアの優越を防ぐべく英国はフランスとともにロンドン会議でギリシャの完全独立を承認，独立国家の体裁を整えるとともに，三国協調

の枠組みによってロシアの行動を制約し，ロシア最大の目的であったコンスタンチノープルの獲得を妨げた。

そこでニコライ1世は手法を変え，トルコへの接近によって影響力の拡大を図ろうとした。折しもトルコ領エジプトの太守メヘメット・アリは，ギリシャ独立戦争の際にトルコを支援した代償としてクレタ島，キプロス島を得たが，さらにシリアの領有とエジプトの独立を要求し反乱を起こした（エジプト・トルコ紛争：1831～33年）。英国は再びフランスとともにトルコに干渉し，エジプトの要求を認めさせたが，ロシアはこれを不満とするトルコに接近，ウンキャルスケレッシュの密約（1833年）で，トルコへの援助と引換に，ロシア以外の外国軍艦のダーダネルス・ボスフォラス海峡の通過を禁じ，両海峡に対するロシアの優先権を獲得した（第1次東方問題）。だがそれも束の間，フランスを頼みとするエジプトとロシアを背後に持つトルコの間で再び戦火が持ち上がった際，英国は仏勢力のエジプト定着とロシアのトルコ独占を恐れ，今回はトルコに組した。その結果，英仏露墺普の4国同盟がフランスに対抗する形となり，英国はフランスをエジプトから後退させるとともに，あらゆる外国軍艦に対するダーダネルス・ボスフォラス両海峡閉鎖の原則を承認（1840年のロンドン条約），さらに翌41年7月の国際海峡協定では先のウンキャルスケレッシュ密約を廃棄させ，平時における外国軍艦の両海峡航行を禁じ，ロシアの地中海進出を再び阻止した（第2次東方問題）。

● **英露対立2：クリミア戦争**

その後，オスマントルコ領内にある聖地エルサレムの管理問題を巡って再び英露の対立が顕在化し，ナポレオン戦争後初めて列強どうしが直接戦うこととなる。エルサレムの管理権は16世紀以降フランスにあったが，仏革命の混乱期にギリシャ正教徒がロシアの支持の下にその権利を手にした。そこでナポレオン3世はトルコに管理権回復を要求，これにトルコが応じたため，今度はニコライ1世がトルコに抗議し，クチュク・カイナルジ条約（1774年）以来ロシアがモルダビア，ワラキア2州で持っていたギリシャ正教徒の保護権をトルコ全土に拡大するよう迫った。ロシアの勢力拡大を恐れる英仏の支持を背景にトルコがこの要求を拒絶するや，ニコライ1世はトルコ領内のキリスト教徒保護を名目にトルコに宣戦，モルダビア，ワラキアを占領した（クリミア戦争：1853

〜56年)。

　ロシアの南下を阻みたい英仏，それにイタリア統一にあたりフランスの好意をつなぎ止めようとしたサルディニアもトルコと同盟し，ロシアに宣戦した。蒸気を動力とする英仏連合艦隊は黒海に進み，帆走艦しか持たない露海軍を撃破，クリミア半島に上陸した連合軍はセバストポールに向けて進撃した。1854年10月以降，戦いはロシアのセバストポール要塞の攻囲に終始した（これは近代戦初の陣地戦となった）が，349日におよぶ激戦の末に英仏連合軍がこれを陥落させた。ニコライ1世を継いだアレキサンドル2世は英仏にオーストリアが加わるのを恐れ，講和に応じた。その結果，パリ条約（1856年）が締結され，ロシアによるベッサラビアのモルダビアへの譲渡，黒海の中立化と艦隊配備の禁止，それに両海峡の外国軍艦に対する封鎖等が定められ，三度ロシアの南下政策は頓挫させられた。アレクサンドル2世治下の露外交は，クリミア戦争で失った威信の復活と国際的孤立からの脱出に目標が置かれた。1872年の三帝協約に至る外交過程は，プロシャとの接近を図り孤立状態から抜け出さんがための所為であった。またクリミア戦争での惨めな結果は国内改革の必要性を痛感させ，アレクサンドル2世は鉄道会社や商業銀行の設立に加え農奴解放等一連の自由主義改革を断行する。

●英国覇権の陰り

　一方，1870年代を迎える頃，ビクトリア朝英国の繁栄はピークを過ぎ，従前の勢いは失われていた。まず経済不況がこの時期英国を襲った。また穀物法廃止と輸送革命の影響で海外から安価な農作物が外国から流入し，英国農業は大きな打撃を蒙った。さらに米独両国が英国を上回る勢いで第2次産業革命を為し遂げ，英国の世界市場を奪い始めるようになった。後発両国の激しい追い上げに直面した英国は，それまでの経済的優越に安住できなくなり，自由貿易・小英国主義の立場にも動揺を来した。世界の地表の1/5以上を支配し，世界人口の1/4を統治し続けたパクスブリタニカにも陰りが出始めたのである。

　当時の経済状況を見ると，第1次産業革命の先鞭を切り，繊維や鉄鋼，船舶の輸出では依然世界をリードしていた英国であるが，1860年代3.6％だった経済成長率が70年代には2.1％，そして80年代に入ると1.6％に低下，また19世紀後半から盛んになった化学，電気，重工業分野の開発（第2次産業革命）に

出遅れ，技術革新でも次第に新興国米独の後塵を拝するようになっていた。これら両国は自国産業を保護する一方，英国の技術を模倣・吸収するとともに，新技術の導入も抵抗なく行える等"追いかける者の強み"をフルに発揮し，激しく英国を追い上げたわけである。その結果，例えばドイツは，製鉄ではトーマス法やベッセマー法という新技法の採用で英国を凌いだ。ドイツの銑鉄生産は4百万トン（1887年）から1550万トン（1912年）に上昇し（387％増），アメリカも同様の伸び（368.5％）を示した。これに対して英国はといえば，同期間に鉄生産を760万トンから1千万トンへと30.6％しか増やすことができなかった。またバイエルやヘキストの出現に代表されるように，当時の最先端技術だった染料，化学工業の分野でもドイツは英国をリードした。アメリカも自動車や電力，工業品で対英優位を占め，英国内には安価で優秀な外国製品が数多く出回るようになった。

　ウェブレンが『帝国ドイツと産業革命』（1915年）の中で議論しているように，挑戦国は産業化のサイクルに遅れて入るが，他国が開発した新技術や経験を巧く活用できるのに対し，先に産業化した国はまだ完全に償却が済んでいない古くて非効率な生産設備を抱えており，不断の技術革新を遂行するに際してハンデを負い易い。また国際経済における"プロダクトサイクル"の概念を明らかにしたレイモンド・バーノンによれば，先進国は新技術を独占する間は比較優位を維持できるが，それは最も模倣の巧みな国にまず伝播し，やがては世界中に広まり，その過程で先進国のリードが次第に失われていく。このような結果として，1870年から1913年にかけての英国の平均経済成長率が1.6％に留まったのに対し，ドイツは4.7％，アメリカは5％と大きな開きが出るようになった。

　そこで英国は，工業製品での劣勢を海外への資本投資や保険料収入等の貿易外収支で補うようになる（工業→金融・商業への転換）。そのため，世界貿易に占める英国のシェアは30％（1870年）から14％（1914年）に低下した反面，1850年当時2億ポンドだった海外投資は70年には7億ポンド，97年には17億ポンドと飛躍的に増加，1900年におけるロンドン市場での資本調達の3割は海外投資に充てられ，第1次大戦が勃発した1914年当時，英国は世界の海外投資株式の43％を保有するまでになった。そもそも自由貿易体制を標榜している以上，比較優位の原理が働くから，恒久的に英国のみがあらゆる部門で世界

的優位を独占し続けるのは不可能である。だが英国産業が衰退していったのは，こうした不可避的な理由だけに拠るものではなく，後発国に比較して産業，技術の保護育成に対する国家的取り組みの遅れが大きく影響していた。社会政策や教育制度改革の出遅れも深く関わっていた。『メイド・イン・ジャーマニー』(1896年)を著したアーネスト・ウィリアムズが述べているように，英国労働者の賃金は低く，その待遇は劣悪であった。経済の伸張に比例して人口の伸び(1871年：4千万→1914年：6千8百万)も目覚ましい中，科学技術教育の重要性を十分に認識したプロシャでは既に1840年に義務教育制度を導入し，さらに工科大学の設置・充実にも熱心であった。これに対し英国では従来通りのシステムが維持され，貴族や裕福な家庭の子弟のみしか教育を受けられない状態が続いた。この国が普通教育法を定め8歳から13歳までの義務教育を実施したのは1870年のことで，パブリックスクールの改革に乗り出したのは20世紀も半ばを過ぎてからという有様，しかもオックスフォードやケンブリッジ大学での研究・教育も，古典主体の教養重視，実学軽視の反産業的な内容のままであった。かっての技術優位に胡座をかき，技術革新に対応できる数多くの優秀な労働力の養成を英国は怠ったのである。

　労働者階級の処遇放置や科学技術教育の軽視に加え，海外投資の活発化による資本の外国流出は国内産業への投資意欲を阻害し，技術革新の遅れや生産性の低下を一層助長した(国内投資の減退→生産性，成長率の低下→労働組合による既得権擁護運動の高まり→資本の海外流出という悪循環の成立)。さらに外国に流れた英国資本が競争相手国の産業新興を促進したため，その差は益々広がった。この危機的状況を打開すべしとの声も次第に国内で高まったが，利害の相異なる金融資本家と産業資本家の分離が顕著であったうえ，実力をつけつつあった金融資本家が国家権力の経済への介入や保護主義政策の実施に強い抵抗を示したことが，国家の路線転換を困難にした。このほか，植民地が世界中に散在していたため，その統轄維持のコストもばかにならなかった。そうした中，重化学工業への移行という産業変化に伴い，原料を求めて列強各国がその産地であるアジア・アフリカの領地確保に乗り出すや，英国でも植民地の拡大・併合を唱える大英国主義，帝国主義が頭をもたげるようになった。

第 4 章　19 世紀の国際関係：ウィーン体制とパクスブリタニカ

● 大英国主義への回帰とディズレーリ外交

　そしてニュージーランドからの英軍引き上げに対する世論の反発を機に，1872 年，かつて小英国主義を唱えていた保守党のディズレーリが帝国の統合を保守党の公約に掲げ，大英国主義への路線転換に踏み切った。クリスタルパレスでの演説で彼は，社会問題に対する積極的な対応と併せ，帝国の維持を最優先とする政策を打ち出したのである。74 年の総選挙でグラッドストーン内閣が倒れた後を受け，第 2 次ディズレーリ内閣を組閣した彼は攻勢的な外交姿勢を見せた。それはバルカンやエジプト，インドに対する政策となって現われ，翌年にはスエズ運河の買収に着手する。もともとスエズ運河はフランス人レセップスによって完成され（1869 年），フランスとエジプトによって所有されていた。ところが，運河会社株の半分近くを保有するエジプト太守イスマイルが財政困難からそれを放出せざるを得なくなった。これを聞きつけたディズレーリはロスチャイルド商会から秘密裡に融資を受け，4 百万ポンドで買い取ることに成功，一躍運河会社最大の株主となった。かくて英国はインドへの最短ルート（エンパイアルート）を扼する戦略拠点を支配下に収めるとともに，エジプト干渉の糸口を掴み，フランスとともに破産状態に追い込まれていたエジプト財政の共同管理に乗り出す。このスエズ運河買収を契機に，英国のアフリカ政策は積極化していった。

　エジプトに次いでディズレーリはインド支配を強化するため，ムガール帝国に代わって新たにインド帝国の設立を宣言し，ビクトリア女王を「インド女皇」に据えた（1877 年）。大英帝国の統合とエンパイアルートの確保というディズレーリの外交目標にとって最大の脅威は，依然執拗に南下政策を企てるロシアであった。露土戦争が勃発するや，ディズレーリはビスマルクと連携してベルリン会議を開きロシアの南下を阻止した。中央アジアでもインド防衛の見地からアフガニスタンを保護国化するが，財政の悪化も原因となって彼の帝国主義政策には議会の反発が強まっていった。以下，引き続く鯨と熊の対立過程を眺めよう。

● 英露対立 3：露土戦争

　クリミア戦争の後，独伊の統一が刺激となり，オスマントルコの支配下にあったバルカン半島でもスラブ系諸民族の民族自決意識（汎スラブ主義）が高

まった。勢力拡張をめざすアレキサンドル2世が汎スラブ運動を後押ししたため，ロシアの南下膨脹政策はバルカンや海峡という地政的要衝の争奪に加え，民族やイデオロギー問題が絡むことになった。

　1875年ボスニア，ヘルツェゴビナでキリスト教徒のトルコに対する反乱が発生し，翌年にはセルビア，モンテネグロ，ブルガリアもこれに加わった。トルコ軍がこれを鎮圧しキリスト教徒を虐殺するや，ロシアはそれを口実に英墺を誘ってトルコに共同通告を発し内政改革を要求，トルコが拒否すると単独トルコに宣戦した（露土戦争：1877〜78年）。ロシアの一軍は小アジア，他の一軍がルーマニアに侵入すると，ルーマニアもトルコに宣戦し独立を宣言した。トルコの崩壊を恐れた英国はロシアに覚書を送り，ロシアがスエズ運河封鎖やエジプト占領に出ることに懸念を表明したが，ロシアは英国に確答することなく軍を進め，ブルガリアのプレブナ要塞を包囲した。英国は，ロシアがコンスタンチノープルを占領し，即時撤兵しない場合には対露戦を決意する。5か月におよぶ包囲の後，露軍はプレブナ要塞を陥落し，1878年1月にはアドリアノープルを占領，欧領トルコはすべてロシアの扼すところとなり，さらに露軍はコンスタンチノープルに迫りつつあった。トルコが休戦を求め，露軍のコンスタンチノープル城外駐留が認められたことから，英国は地中海に艦隊を派遣，ダーダネルス海峡を無断通過した英国艦隊はコンスタンチノープル沖合に碇泊し，ロシアを牽制した。英国の強硬姿勢に驚いたロシアはトルコとの講和を急ぎ，サンステファノ条約を締結（1878年3月），セルビア，モンテネグロ，ルーマニアといったスラブ民族の独立を承認させたほか，ブルガリアがドナウ川からエーゲ海までの広大な領土を持つ自治公国となりロシアの事実上の保護国となった。また巨額の賠償金に加え，ロシアはトルコからカルス，アルダハン，バツームといったコーカサス山脈南方の諸都市を獲得した。

　しかし，ロシアのバルカン支配と地中海進出を嫌ったディズレーリは同条約に反対し，汎スラブ主義に反発するオーストリアともども，国際会議を開いてサンステファノ条約の扱いを列強の協議に委ねるべきだと主張した。反露戦線を恐れたロシアが妥協に動いた結果，英露，土英，英墺間に合意が成立し，大ブルガリアの領土縮小，トルコ東方領土に対するロシアの侵略阻止を約する代償として英国がキプロスを獲得すること等が合意された。こうした個別の秘密

協定が成立した後，その内容を確定するための国際会議がベルリンで開催された（1878年6〜7月）。招請国ドイツのほか，英露墺土仏伊の6か国が参加したこの会議で，ビスマルクは自らを"ヨーロッパの忠実な仲介人"と称し中立を強調した。しかし，実際には英首相ディズレーリや墺代表アンドラシーの要望を容れてロシア首相ゴルチャコフの主張を抑え，サンステファノ条約を廃しベルリン条約の締結へと導いた。ベルリン条約は先の諸国間合意に沿ったもので，自治公国の地位に留まっていたセルビア，モンテネグロ，ルーマニアの完全独立が認められた反面，ブルガリア領は北部の1/3だけと大幅に縮小され，ブルガリア領となるはずであったマケドニアもトルコに返還された。さらにボスニア・ヘルツェゴビナ2州の行政権はオーストリアに，キプロスは英国に付与された。トルコ領の再分割で英露の直接軍事対決（第2のクリミア戦争）は避けられたが，ギリシャ独立問題，東方問題，クリミア戦争に続き，またも英国に南下を妨げられたロシアは，以後，進出の矛先を中央アジアや東アジアに転じた。

●英露対立4：グレートゲーム

中央アジアにおける英露の戦いは"グレートゲーム"と呼ばれる。それは主にイラン（ペルシャ）および英領インドとロシアのバッファーゾーンとなったアフガニスタンをめぐって繰り広げられた。18世紀前半，イランではナディル・シャーがオスマントルコ軍を撃退してアフシャル朝を建設したが，彼の死後国内は分裂状態となりアフガニスタンほか各地に独立勢力が生まれ，イランでは南部に拠ってゼンド朝を立てたカリムハンが有力となった。だが彼の死後に起きた同族間の争いに乗じてアーガ・ムハムッドがテヘランを都にカジャール朝を樹立。もっとも，各部族の分権的統治を許し，強力な中央集権体制をとれなかったため政権基盤は弱体で，オスマントルコの衰退がバルカンへのロシアの進出を惹起せしめたのと同様，ペルシャへのロシアの進出を誘発することになった。

ロシアが最初に食指を動かしたのは，カフカス山脈南のザカフカス（コーカサス）地方であった。1801年グルジアで反乱が起きた際，ロシアはこれに介入して同地を併合，12年にはカスピ海西岸で攻勢をかけ，翌年のグリスタン条約でグルジア，バクー等をイランから奪った。1825年にはアゼルバイジャンに攻めこみ，ペルシャの軍事拠点タブリズを制圧，トルコマンチャイ条約（1828

年）によってイランからアラス川以北の領土を割譲させ，グルジア，アゼルバイジャンを含むカフカスの大部分を帝政支配下に収めた。またこの条約でイランが国内露人に治外法権を認めたことから，カジャール朝の弱体ぶりが欧州列強の知るところとなり，諸外国も同様に治外法権を獲得，欧州勢力のアジア植民地化のきっかけともなった。さらにカジャール朝の権威失墜により，ペルシャ東部のヘラートがアフガニスタンの新興勢力バーラクザイ朝によって併合されたため，ロシア支援の下にイランはヘラートの領有権を主張してアフガニスタンへの遠征を行った（1837年）。ロシアはイランの西方ではその領土を奪いながら，東方では逆にイランの対外進出を後押し，アフガスタニン進出の機会を窺ったのである。

ロシアのイラン進出をエンパイアルートへの重大脅威と考えた英国は，イランとの条約（1814年）で，侵略の際の相互援助やイランへの財政援助，それにイラン・ロシア国境の画定は英露イランの3国で決すべきことを認めさせた。またアフガニスタンからイラン軍を撤退させるとともに，イランとの講和・通商条約締結（1841年）によってその東南方を勢力下に収めた。さらにロシアの南下，アフガニスタン接近を警戒した東インド会社総督オークランドはカブールに兵を進駐させ，権力者ドースト・ムハメッドを斥けて親英的なシャー・シュジャーをアフガニスタンの王位につけた（1838年）。もっとも，アフガン民族による反英蜂起で英国外交代表バーンズが殺害されたため（41年），翌年英軍はカブールを引き上げインドへの撤退を余儀なくされたが，ジャララバードに向かう途中アフガン軍に包囲され英軍は全滅を喫し，シャー・シュジャーも暗殺された（第1次アフガン戦争：1838〜42年）。

英国に阻まれアフガニスタン進出を果たせなかったロシアだが，その後，チムール帝国が中央アジアに残したブハラ（1868年），ヒバ（73年）の2か国を保護国とし，さらにコーカンド汗国を併合（76年）して中央アジア全土をトルキスタン省（ロシア領トルキスタンの形成）とし，カスピ海東岸からパミールに至る西トルキスタン全域に勢力を拡げた。また清朝とイリ条約（1881年）を結び，新疆省の一部も併合した。さらにベルリン会議で英国からトルコ問題の譲歩を引き出すため，再びロシアはアフガニスタンに接近する。第1次アフガン戦争の後，ドースト・ムハメドは王位に戻り，その子シェール・アリーが後を継い

だが、ロシアは彼に近づき同盟関係を築き国境に2万の軍隊を派遣したのである。そのため英国（ディズレーリ内閣）も、アリーが英国大使の入国を拒否したのを口実に再度アフガニスタンに軍隊を送り込んだ（第2次アフガン戦争：1878～81年）。カブールに進駐した英軍は、今回もアフガン軍の激しい抵抗に苦しめられるが、シェール・アリーの弟の子アブドル・ラフマーンを国王につけ、辛くもアフガニスタンの保護国化に成功（1880年）、翌年にはベルチスタンを割譲させた。

　こうして英国はロシアのアフガニスタン接近とその影響力拡大を防ぎ、1887年にはアフガニスタン・ロシア両国の国境が画定された。しかし、この地域の英露紛争がこれで絶えたわけではなく、南ア戦争中ロシアはアフガニスタン政府に迫って英国から受けていた年金を返還させ、同国に対する英国の影響力をそごうとした。英国も日露戦争中アフガニスタンに再び年金を受けさせ、その保護権を回復している。英露の対立はイランやチベットでも起こり、グレートゲームが終結するのは英露協商締結（1907年）による両者の勢力圏確定を待たねばならなかった。もっとも、それからわずか10年後、ロシア革命でこの協商は一片の反故と化し、ロシアは列強の地位を失う[13]。大陸国家ロシアの海洋国家に対する新たな挑戦が再び展開されるのは、第2次世界大戦末期のことである。

5　統一ドイツの誕生とビスマルク外交

●イタリアの統一

　イタリアではウィーン会議後も分裂状態が続き、しかもオーストリアの支配が加わって混迷はさらに深まった。即ち、イタリア半島にはサルディニア王国、パルマ、モディナ、トスカナの3公国、教皇領、両シチリア（ナポリ）王国が併存、さらにベニス、ロンバルディア等北イタリア地方は墺領に属していたため、国土の統一には分裂状態の解消と外国勢力からの独立が必要であった。19世紀初頭、自由と独立をめざすカルボナリ党が結成され、1830年代には7月革命に刺激されて同党の国民主義運動が活発化し、北伊で反乱が相次いだが、墺軍に鎮圧された。1848年には再び全土に統一運動が高まり、サルディニア王カルロ・アルベルトが3月革命に苦しむオーストリアに宣戦し、マッチーニら

共和派はローマ共和国を樹立した (1849年)。しかし, アルベルトの軍はクストッツアおよびノバラの戦いでラデツキー率いる墺軍に敗北, ローマ共和国も仏軍に倒され, いずれの統一運動も失敗に終わった。退位したアルベルトに代わりサルディニア王に即位したヴィトリオ・エマヌエレ2世は自由主義制度を採用するとともに, 統一政策に現実的な立場をとるカブールを首相に起用した。カブールは英国に範をとり, 産業奨励と中産階級の育成, 軍制改革に取り組んだほか, 統一には外国の援助が必要との判断からクリミア戦争に参加して英仏の歓心をかい, サルディニアの国際的地位向上をめざした。またナポレオン3世とプロンビエールの密約を結び, サボイ, ニースのフランスへの割譲と引換に, イタリア統一のためサルディニアがオーストリアと戦端を開いた場合, フランスの参戦と軍事援助を約させた。

1859年, サルディニアはオーストリアに宣戦し統一戦争を開始, 密約に従いフランスも出兵し, 連合軍はアジェンタ, ソルフェリノの戦いに墺軍を破った[14]。ところが, サルディニア強大化への警戒心や仏国内カソリック教徒から上がったローマ保護の世論, プロシャがオーストリアに加担したこと等から, ナポレオン3世はサルディニアに無断でオーストリアと単独講和し戦争から離脱した。このため統一戦争は失敗し, ナポレオン3世の行為に憤激してカブールは辞任, サルディニアはロンバルディアとパルマを得たに留まった。しかし, ナポレン3世の背信行為はイタリア人の統一機運を大いに盛り上げた。カブールは半年後に復職, サルディニアは独力で統一を進め, 国民投票でトスカナ, モデナ等中部イタリアがサルディニアに併合された。南伊では共和主義者ガリバルディの指揮する義勇軍赤シャツ隊がシシリー, ナポリを討ち, その征服地をサルディニアに献上した。こうしてサルディニア王国がローマとベニスを除くイタリア全土の統一に成功, エマヌエル2世はイタリア国王の称号を名乗り, トリノに首都をおくイタリア王国が誕生した (1861年)。その後イタリアは普墺戦争の際にはプロシャについてオーストリアからベニスを獲得, 普仏戦争ではプロシャの支持の下, 軍隊をローマに進め教皇領を占領し, ローマをイタリアの首都とした (1871年)。トリエステ, フィウメ, チュニス等"回復されざるイタリア"がなお残っていたが, ここにイタリアの統一は一応の完成を見た。

第4章　19世紀の国際関係：ウィーン体制とパクスブリタニカ　139

● ビスマルクの登場と普墺戦争

　仏革命の後，ドイツでも自由主義の風潮が高まったが，3月革命の失敗で反動支配が復活した。しかし，1850年代以降ライン地方を中心とする工業や資本主義の発達に伴い国内市場の開発が不可欠となったこと等から再び統一の機運が高揚し，経済学者リストの主張を基にプロシャを中心にドイツ関税同盟が結成され，域内での商品移動の自由化や通貨・度量衡の統一等が図られた。ただ，ドイツには神聖ローマ皇帝位を長く独占してきたハプスブルク家の影響力が残っており，プロテスタントの優勢な北ドイツを拠点に，オーストリアを排除して統一を為し遂げようとする小ドイツ主義と，カソリックの地盤である西南ドイツ諸邦を中心に，プロシャの軍国主義的風潮に反発し，文化的・伝統的な気風を重んじるオーストリア寄りの大ドイツ主義の対立が容易に解けなかった。諸邦分立に加えて，プロシャとハプスブルクという二つの中心の併存が，ドイツの国家統一を阻害したのである。

　こうした情勢の下，プロシャでは狂王ウィルヘルム4世が死去し，ウィルヘルム1世が国王に就く（1861年）。彼はナポレオン3世の脅威に備えるため，兵力増強を骨子とする軍役制度の改革に取り組んだが，王権に対する議会の優位をめざす自由主義者が進歩党を結成，62年の総選挙で同党が勝利したため軍制改革案は否決された。そこで議会との対立に勝つためウィルヘルム1世が首相に起用したのが，ユンカー出身で当時パリ公使のビスマルクであった（1862年）。ビスマルクはいわゆる"鉄血演説"を行い，下院の反対を無視してその機能を4年間停止させ，軍備の増強を断行した。また独立国のシュレスイヒ，ホルシュタイン両公国にデンマークが政治介入を試みた際には，オーストリアとともに出兵し（1864年：デンマーク戦争），翌年シュレスイヒをプロシャ，ホルシュタインをオーストリアに割譲させた（ガシュタイン協定）。その後，両公国の支配権を巡りプロシャとオーストリアが対立，ドイツ統一を果たすには対墺戦不可避と判断したビスマルクはその孤立化を画策，ライン左岸併合を黙認することでナポレオン3世から好意的中立を勝ち取ると共に，墺領ベニスの占領を認めることでイタリアとの同盟工作を進めた。そして1866年4月，ドイツ連邦の改革案を連邦議会に発表しオーストリアの除外をめざすとともに，6月にはオーストリアのガシュタイン協定違反を根拠にホルシュタインに兵を

進めた。連邦議会はプロシャの行為を侵略とみなし懲罰戦争を決議, 多くの南部諸邦がオーストリアに味方したため, プロシャは連邦の終結を宣言し普墺戦争が開始された。

普墺双方を戦争で疲弊させるのがナポレオン3世の狙いで, 両国の仲介役をかって外交上の得点を稼ぐつもりであったが, 7月にモルトケがサドワの戦いで墺軍に壊滅的打撃を与える等戦争はわずか7週間でプロシャの勝利に終わり, オーストリアはドイツ連邦の解体, シュレスイヒ・ホルスタインに関する権利のプロシャへの移譲, 賠償金の支払いに同意させられた。オーストリアはイタリア統一戦争でフランス・サルディニア連合軍に破れロンバルディアを失ったばかりであったが, 相次ぐ敗戦でハプスブルクの威勢はさらに弱まり, ドイツ問題での発言権も失った。民族国家が王朝国家にとって代わる時代潮流のなか, オーストリアも自由と独立を求めるマジャールの圧力に屈しハンガリー王国に大幅な自治を許すことを決意, 1867年にはオーストリア・ハンガリー二重帝国が成立, アウグスライヒ (妥協) 体制が発足する。二重帝国の発足によってハンガリーはハプスブルク帝国内部の独立王国となり, 両国は共通の君主 (ハプスブルク家) を抱き, 首都はウィーンとブタペスト, 議会や閣僚は共通となった。新憲法では二重帝国内に住む諸民族の平等を保証し, 行政, 教育, 裁判の場で各民族がそれぞれの言語を使用できることが定められた[15]。

● 普仏戦争とドイツの統一

宿敵オーストリアを降したプロシャの次の抗争相手は, ドイツの統一阻止とライン左岸に領土的野心を持つナポレオン3世であった[16]。共和主義者として大統領に就任したルイ・ナポレオンであったが, 次第に王政派の秩序党と組んで共和派を圧迫し, 大統領任期が満了する1851年12月夜, 議会の解散と普通選挙の復活を訴えてクーデターに踏みきった。軍隊は議会を占拠するとともにティエールら共和派議員を逮捕し, 蜂起したパリ民衆も鎮圧された。かかる措置と新憲法承認の是非を問う人民投票が実施され, 急進派の台頭を恐れた国民は立憲主義よりもナポレオン独裁を選んだ。翌52年1月に新憲法が制定され, 大統領任期は4年から10年に延長, さらに11月の人民投票で帝位に就きナポレオン3世と称した (第2帝政：1852～70年)。ナポレオン3世は共和主義者や社会主義者に対する弾圧, 取締りを強化する一方, 保護政策によって産業

の振興に尽くした。第2帝政期はフランスの産業革命が完成した時期に該り，国外市場獲得の必要性や自らの人気を維持するため，彼は積極的な外交を展開した。英国とともにクリミア戦争に参加しロシアを撃破，またアルジェ，セネガル，サハラ等アフリカに足場を築いたほか，1858年にはキリスト教宣教師の迫害を口実に清国の宗主権下にあったベトナムに軍隊を派遣，サイゴン条約でコーチ・シナ東部を獲得（1862年），翌年にはカンボディアを保護領とし，67年には全コーチ・シナを領有し，英国に対抗して東南アジアに勢力を伸ばした。1856年，パリで万国博覧会が開催された頃が第2帝政の絶頂期であった。

しかし，勢いに乗って加わったイタリア統一戦争では，途中から方針を変更してオーストリアと和解。その対伊姿勢をめぐり英国との関係が悪化したため，英国と通商条約を結ぶ等親英政策を進めたが，その結果安価な英国製品が流入し，仏産業資本に打撃を与え国民の不審感を高めた。また経済不況によって財政が窮乏し，社会主義運動の台頭を招いた。さらに1861年，メキシコの内乱に乗じて英，西とともに出兵，両国が撤兵した後も駐留を続け，共和政を廃止しハプスブルク皇帝フランツ・ヨーゼフ1世の弟マクシミリアン大公を皇帝に擁立した。だが，南北戦争の終結により余裕の出たアメリカが強く仏軍の撤兵を要求したため，やむなく兵を引き上げざるを得なくなった。その後も，予想に反して普墺戦争が短期間で終了しフランスが仲介で利する場面は生まれず，北ドイツ連邦への干渉も失敗する等失策が続いた。

折しも1868年の革命で女王イザベラを追放したスペインでは，ウィルヘルム1世の遠縁にあたるレオポルトを新国王に擁立する動きが生まれていた。だが隣国にホーエンツォレルンの国王が誕生することを嫌ったナポレオン3世が反対したため，レオポルトは辞意を表明した。さらにナポレオン3世は仏大使ベネデッティを保養先のエムスにいるウィルヘルム1世の下に派遣し，レオポルトのスペイン国王不即位の確約を求めた（エムス事件）。しかし，執拗な求めに激怒したウィルヘルム1世は会見を拒否し，ベルリンのビスマルクにその旨打電した。かねて対仏戦を意識していたビスマルクは，この電報を両国関係が決裂したかのような文面に改竄のうえ公表し，独仏互いの敵愾心昂揚に用いた。そのためドイツの世論は俄かに沸騰，追い詰められたフランスはプロシャに宣戦を布告し，普仏戦争が始まった（1870年7月）。ビスマルクは背後の脅威を防

ぐため，親プロシャのロシア皇帝アレキサンドル2世に働きかけ，オーストリアを牽制させその中立を保たせた。実戦経験豊富な普軍は仏軍を圧倒し，9月のセダンの戦いではナポレオン3世自身が捕虜となってしまった（第2帝政の廃止）。10月にはメッツ要塞も落とし，1871年1月，パリへの砲撃を本格化させる中，ベルサイユ宮殿鏡の間でウィルヘルム1世はドイツ帝国の誕生を宣言(1871年1月18日)，プロシャ国王がドイツ皇帝を兼ね，ドイツは念願の国家統一を実現した。帝国は皇帝権力が強いものの，プロシャ，バイエルン，ザクセン，ヴェルテンベルクの4王国のほか，六つの大公国，五つの公国等からなる連邦国家であった。ホーエンツォレルン家によるドイツ第2帝国の発足である。

1月28日，パリが陥落しフランスの臨時共和政府はドイツに降伏，ベルサイユ休戦協定が締結され，3月1日，独軍がパリに入城した。同年5月のフランクフルト条約でフランスと講和したドイツは，50億フランの賠償金に加えアルザス・ロレーヌの2州を獲得した。賠償金や地下資源に富むこの地域を手に入れたことは，ドイツの産業発展に益するところ大であった。国家統一を為し遂げたドイツは，フランスに代わりヨーロッパ最強の陸軍国家となっていく。"中欧の無力""西欧の優越"という近世以来の勢力原理が覆り，中世における中欧の優越が復活したのである。ドイツの盛衰は，ヨーロッパにとって常に変わらぬジレンマであった。ドイツが弱く分裂している場合は，その周辺諸国，特にフランスの拡張主義を誘った。反面，強力なドイツの出現も周辺諸国を恐怖に陥れた。「統一ドイツはヨーロッパ人を支配し，フランスを圧倒するであろう」というリシュリューの恐れは，歴史の遺物などではなかったのである。

「(ドイツの)地理的条件は，解決不能なジレンマを生み出した。リアルポリティークの伝統によれば，成長を続け，いずれはヨーロッパの支配勢力となろうドイツを封じ込めるため，欧州諸国は連合してこれにあたることになろう。大陸の中央部に位置するがため，ドイツはビスマルクが"連合の悪夢"と呼んだ敵対的連合によって包囲される危険性に曝されたのである。だが，ドイツが同時に全ての隣国連合に対抗してその身を守ろうとすれば，それが今度は各国家に個別に脅威を与え，かえって反独連合の結成を促進させてしまう。自身の恐れていた状況を自身の手で現実の国際システムに作りあげる結果となるのである。当時なおヨーロッパの協調と呼ばれていたものは，実際には2組の

あい憎しみ合う国家群に引き裂かれた。それは独仏の敵対関係と，オーストリア・ハンガリー帝国とロシアの間で深まりつつあった対立関係である。仏独関係については，1870年の普仏戦争でのプロシャの勝利があまりにも圧倒的であったため，報復への絶えざる願望をフランスに生み，またドイツによるアルザス・ロレーヌ州の併合がこの怨念の焦点となってしまった。……欧州第二の対立である墺露関係も，ドイツの統一が引き起こしたものである。……ドイツから追放されて以後のオーストリア・ハンガリー帝国にとって，今後勢力拡張を図る地域はバルカンをおいてほかにはな（く）……この政策はロシアとの対決を必然化させる。」[17]

この難しい状況を，徒に武力に頼ることなく外交的な手法をもって安定化させ，ドイツの国力涵養と欧州平和の実現を可能ならしめたのが，ビスマルクであった。

● ビスマルク外交の展開（1870～90年）

統一を為し遂げたとはいえ，依然周囲を強国に囲まれたドイツがヨーロッパ大陸の中で生き抜いていく厳しさをビスマルクは認識していた。彼の最大の関心は，新生ドイツの内政充実と，ヨーロッパの勢力均衡を維持し国際関係を安定させ，新帝国が戦争に巻き込まれないよう努めることであった。アルザス・ロレーヌを併合したドイツに対するフランスの反感は強く，ドイツとしてはフランスの対独復讐戦を封じ込める必要性があった。そのため，ビスマルク外交の基本戦略はフランスの孤立化に主眼が置かれた[18]。彼はまず三帝同盟や独墺同盟によって露墺双方との連携を深めた。当時バルカン問題が緊迫化しつつあり墺露は対立を深めていたが，絶妙のバランスでビスマルクはライバル関係にある露墺両国との関係を維持し，この2国の対立を調停するとともに，バルカン問題にドイツが巻き込まれることを回避した。さらに三国同盟によってイタリアを取り込み，"名誉ある孤立"政策をとる英国とも良好な関係を保ち，フランスに組して国際秩序の変動を企てる国の出現を阻止した。徹底的なフランスの孤立化とヨーロッパの勢力均衡維持をめざすビスマルク的国際体制は，ドイツを欧州外交の中心に据えることになった。以下，ビスマルク外交をいま少し詳しく眺めてみよう。

ビスマルクまずロシア，オーストリアと三帝同盟（1873年）を締結する。こ

れは皇帝間の約束で，有効期間も定められない漠然とした性格のものであったが，その内容は，それぞれの国の共和主義や社会主義の革命運動に対して各国君主が君権主義擁護の観点から連携を図ることを約すとともに，独仏間に紛争が生起した際には露墺はドイツを支援するものとされた。その後，バルカンをめぐって露墺の対立が激化し，また1878年のベルリン会議でロシアにサンステファノ条約を放棄させたことから独露関係も疎遠となったため，三帝同盟は事実上崩壊した。野望を妨げられたロシアの不満は，反露連合を結成して戦争の構えで脅したディズレーリではなく，ヨーロッパの全面戦争回避に努めたビスマルクに向けられた。ロシアとの接近によるフランスの報復，欧州秩序の混乱を懸念したビスマルクは，同盟の復活に奔走した。まずバルカン問題でロシアの競争相手オーストリアとの関係強化に乗り出したビスマルクは，1879年10月，独墺同盟を密かに締結した。独墺同盟はその後のビスマルク体制の根幹となる。

　こうして足場を固めた後，ビスマルクはロシアとの関係修復に動く。等しく対独不満を抱くフランスとの提携可能性を考慮すれば，ドイツにとってロシアは決して敵に回してはならぬ相手であった。当時，皇帝アレクサンドル2世がテロリストに暗殺される（1881年3月）等伊土戦争後，ロシアでは過激主義者によるテロ・革命の恐怖が高まり，他方フランスでは共和主義者の政権が力を持つようになり，露仏提携の可能性は薄れつつあった。しかも近東，バルカンをめぐり英国との対立が続く限り，対英牽制の意味でドイツとの接近が必要との判断がロシアに働いた。孤立を続ければ，競争相手のオーストリアがドイツや英国の支持を得てバルカンに進出する恐れもロシアは懸念した。さらに露政府内部において，反独的なゴルチャコフ首相に対し親独的立場のギエルス外相の発言力が強まったこともあり，こうした諸要因を追い風に，独墺同盟を足場にビスマルクは交渉を進め，1881年6月，露墺との間で新たに新三帝同盟（三帝協商）を成立させた（～87年）[19]。当初，ロシアはオーストリアに対抗するための同盟を望んだが，ビスマルクはあくまでオーストリアを含めた内容とすることに固執した。ビスマルクの努力で3国の同盟体制は復活，これでドイツは二正面作戦の脅威から解放され，ロシアはクリミア戦争当時の反露連合（英仏墺）の復活から免れた。一方，オーストリアを他国の攻撃から守るというド

イツの約束は堅持されたが、この3国の関係はバルカンを巡る露墺の対立線上に立つ極めて脆いものだった。

　翌82年5月、ビスマルクは統一されたばかりのイタリアがフランス寄りになるのを防ぐことを目的に、墺独の2国間同盟にイタリアを誘い、独墺伊の三国同盟を成立させた。オーストリアはバルカンでロシアと衝突していただけでなく、イタリアとも鋭く対立していた。国家統一の過程にあるイタリアでは、ティロル地方や地中海方面のトリエステ等オーストリアがイタリアに持つ支配権の排除をめざす運動が盛り上がっており——"未回収のイタリア（イタリア・イレデンタ）"問題と呼ばれた——、不満を抱くイタリアがフランスに走ることをビスマルクは懸念したのである。領土問題の対立を孕んでおり、墺伊両国を纏める同盟の結成は困難かに思われたが、81年にフランスがチュニジアを占領、保護国化し、同地に関心を抱いていたイタリアに衝撃を与えた。イタリアはフランスの行動を非難し、各国に支持を求めたがいずれの国も動かなかった。けだし先のベルリン会議でフランスのチュニジア占領は既に列国が黙認を与えていたからである。問題解決には孤立状態から抜け出す必要があると判断したイタリアは、急速にドイツに接近。一方のオーストリアも、新三帝同盟をもってしてもロシアを抑え切れない場合を怖れて、さらに確実な保証を模索するようになっていた。ロシアとオーストリアが戦争する場合、イタリアが中立を守れば、二正面作戦に対するオーストリアの恐れを和らげられる。この機を捉えたビスマルクは、独伊の同盟にオーストリアも加えねばならないとの要求をイタリアに認めさせ、82年5月、3国間の同盟締結に漕ぎ着ける。

　三国同盟の内容は、3国は互いに他の締約国を目標とする同盟等に加入せず、イタリアあるいはドイツがフランスから攻撃を受けた際は、他の2締約国は援助義務を有し、また別の第4国が同盟国のなかの一国を攻撃する場合には、他の2締約国は好意的中立を保つが、2国以上からの攻撃を受けた場合には同盟3国は一致して戦うこと等を約すものであった。それは勢力均衡の維持を目的とする防御同盟であった。規定上、フランス以外の別の"第4国"からの攻撃が想起されているが、ロシアは新三帝同盟で繋ぎとめられているし、英国が大陸問題に介入する可能性も乏しく、フランスは現実には単独でドイツに挑戦するしか方途がないのである。先の新三帝同盟とこの三国同盟によってビスマル

クによるフランス包囲網は完成する。三国同盟は第1次大戦中の1915年にイタリアが裏切ってオーストリアに宣戦するまで存続し，ビスマルク体制の中心的枠組みとして機能した。さらにビスマルクは1887年に種々の条約を締結し，体制の補強に動いた。まず三国同盟を更新するとともに，東地中海をめぐる利害調整を図るべく自ら斡旋に乗り出し，墺伊に英国を加えた三国協定を締結させた。これによりドイツは間接的ながら英国とも関係を持つことになった。続いて5月には西地中海におけるイタリアのフランスに対する利益を補う目的で，伊西墺，それにドイツも加わって地中海協定を成立させている。

しかるに，墺露間のバランスをとり続けることは容易ではなかった。新三帝同盟は更新され，更に3年間の延長が図られたが，1885年にロシアがブルガリアに進出，これを新三帝同盟でのバルカンにおける勢力調整合意に違反する行為だとしてオーストリアが反発，両国の対立が再燃したため，独露墺3国間の同盟体制は再び事実上無力化し，1887年露墺両国は互いの関係悪化を理由に更新を拒否した。しかし，ビスマルクとしては対仏包囲網を維持するためには何としてもロシアの中立が必要であった。アジアで英国と角逐を続けているロシアもドイツとの関係維持だけは希望したので，失効する新三帝同盟に代わって，独露再保障条約が締結された（87年6月）。これはバルカン，ボスポラス，ダーダネルス両海峡に関するロシアの利益に承認を与えるとともに，両締結国の一方が第三国と交戦する時には他の一国が好意的中立を守るべきことを約束したものであるが，ドイツによる対仏挑発，あるいはロシアによる対墺挑発戦争の際には適用しないこととされた。その結果，理論的には，ロシアとドイツは防勢的姿勢に留まっている限りは二正面作戦の危険から守られることになった。ビスマルクはオーストリアを裏切ってもロシアを繋ぎとめることで，対仏接近の阻止に成功したのである。

そうした一方で，ビスマルクはドイツの植民地獲得を慎み，領土的無欲に徹した。「いまやドイツは飽和した国である。今後は，たとえ戦争して勝ったとしても何等本質的に利益を得ることはないであろう」というのが彼の口癖であった。膨張することによって古くからの植民地保有国との摩擦を避けたのである。特に，無用な海軍の増強をせず，また自由貿易を遵守するなどして英国とは良好な関係を保つよう配意した。当時の英国も"名誉ある孤立"政策を採

り，大陸内部に深く関与する姿勢を示さなかった。さらにビスマルクは自国の海外膨脹を抑える一方で，フランスの海外植民地獲得の動きを促し不満解消の捌け口を与える配慮も忘れなかった。かように，多くの同盟，協定を網の目のように複雑に張り巡らすことで，ビスマルクはヨーロッパ列強間の勢力均衡と現状（平和）維持をめざした。1870〜90年代初頭におけるヨーロッパ外交は，ビスマルクを軸として展開したのである。

■注　釈
(1) 「近代前期300年間は，列強の世界争奪戦が激烈に行われた時代でしたので，国際政治は一つに"勢力均衡"の自然法則によって支配され，国際間には何らのこれという秩序も組織もありませんでした。ところが，世界争奪戦がひとまずおさまり，ナポレオンが倒れますと，ヨーロッパにはじめて，新しい国際制度が生まれるようになりました。それを"ヨーロッパ協調"の制度と呼ぶのです。……"ヨーロッパ協調"というのは，ヨーロッパの全部もしくは多数の強国がヨーロッパまたはその他の国際事件をなるべく妥協的に処理するため，時々会議を開催し，なるべく共同一致の政策ないし行動をとろうとする制度であって，一言でいえば，ヨーロッパ国際団体の寡頭政治にほかならないのです。この会議は，五大国即ち英露墺仏普の全部または多数の会議であって発言権を持つのは強国だけです。……この制度は，国際会議の方法によって運営されますから，"会議外交"が重要性を持つのです。ところが，"ヨーロッパ協調"の活動は外面的な外交的形式では，列強の了解，協調として現れますが，しかし内面的・実際的には，実は列強間の抗争・軋轢・葛藤にほかならないのです。列強はその中の一国が他を出し抜いて，利益を独占することを防ぐために互いに会合し，互いに監視し，互いに牽制するのです。……列強は自己の"重大な利害"に触れない限りは，できるだけ互譲妥協して平和的に事件を解決し，戦争に訴えるのを避けるのです。この限りにおいてヨーロッパ協調体制は，国際平和の維持，国際紛争の解決に役立つのです。しかし，ひとたび列強の一もしくは数国の重大利害に，直接または間接に触れるや否や，互譲妥協は至難となり，会議は暗礁に乗り上げて動かなくなるのです。ここにヨーロッパ協調制の限界があるわけです。」神川彦松『近代国際政治史』（原書房，1989年）81〜3ページ。
(2) Henry Kissinnger, *Diplomacy* (New York, Simon & Schuster, 1994), p.77.
(3) 「ウィーン会議の後，ヨーロッパは未だかってない長い平和を経験した。40年間，大国間の戦争はなく，1854年のクリミア戦争後は，もうあと50年大戦はなかった。……逆説的だが，この国際秩序は，他の如何なるものよりも公然とバランスオブパワーの名の下に形成されたにも拘らず，力に依存せずに維持されていた。このユニークな状況は，均衡というものがあまりにもうまく出来上がったために，これを転覆させるには通常では結集できないほどに大きな力が必要だったからである。だがもっとも重要な理由は，大陸の諸国が同じ価値観を抱いているという点で互いに結びつけられていたためである。バランスオブパワーは武力行使の機会を減少させ，価値観の共有は武力を使お

うという意思を減少させた。正統性の無い国際秩序は早晩変更されようが，ある国際秩序が正しいものか否かが判断されるにあたっては，個々の外交案件のみならず，それぞれの国内政治体制がその基準となる。それゆえに，各国の国内政治体制の共存可能性は，平和を促進する。」Henry Kissinnger, *op. cit.*, p.79.

(4) 「ウィーン会議後の60年間は，ヨーロッパ大陸の諸国が次々に三大革命（産業革命，立憲革命，民族主義革命）の渦中に陥りましたので，いわば"ヨーロッパ世界の内乱の時代"でした。諸国は，これらの革命と内乱とに追われて，また外部に対して膨脹発展を企てる余裕がなかったのです。ひとりこの間にあって，内乱に煩わされず，フリーハンドを保持して，外部に対して活躍する力を持っていたものは，英国とロシアの二大国でした。英国はつとに17世紀後半において政治革命を経過し，18世紀の間に議会政治の制度を確立したので，フランス革命後の立憲革命の動乱に陥ることを免れました。また，この国は18世紀半ばから世界に率先して産業革命を成就しましたから産業革命の混乱にも陥らず，さらにまた既に民族的統一を遂げていましたから民族革命の煩をも免れ，19世紀に内部の動乱なくして，自由に世界に雄飛することができたのです。これに反して帝制ロシアはまだ封建的専制・農業国であって，未だ近代的な産業革命にも，立憲革命にも，民族革命の機運にも見舞われていなかったので，19世紀を通じて，内部の煩累を免れて，外部に対して膨脹発展を続けることができたのです。それでこの時代は世界政治的には，だいたい英国とロシアの二人の舞台であって，この両国の対立・闘争が基調となるのです。」神川彦松，前掲書，84～5ページ。

(5) 「ウィルソンは，民主主義国はその本来の性質上，平和愛好的で公正妥当であると考えたのに対して，メッテルニヒは，民主主義国は危険で予測不可能な行動をとると考えた。共和制のフランスがヨーロッパにいかなる苦痛を与えたかを見て知っているメッテルニヒは，平和とは正統支配のことであると考えた。メッテルニヒによれば，古来の王朝の君主は平和を維持する者とは言えないにせよ，少なくとも国際関係の基本構造を維持する者であった。こうして正統性は国際秩序を固めるセメントとなった。」Henry Kissinnger, *op. cit.*, p.84.

(6) 「1813年秋のライプチヒの戦いのあと，英普墺露の四大国がナポレオンを破滅へと追い立てていた。この中で英国だけが，大陸制覇に興味を持っていなかった。英国の狙いは，ヨーロッパに力のバランスを作り出し，それを背景として貿易を拡大していくことにあった。ヨーロッパさえ安定すれば，世界の残りの地域は英国海軍に任せておけばいい。英国の思い描いていたバランスとは，ドイツ語圏の二強国，プロイセンとオーストリアによって，フランスのさらなる領土拡大戦争を阻止させると同時に，いまや中央ヨーロッパに進出してきているロシアと対抗させること，そしてフランスにはナポレオン戦争前の国境まで領土を縮小させる，特にベルギーから手を引かせる，というものだった（英国はオランダを拡大して，その中にベルギーを取り込ませたいと思っていた）。」ポール・ジョンソン『近代の誕生1』別宮貞徳訳（共同通信社，1995年）142～3ページ。

(7) 「この（＝フランスを加えた五大国化）結果，実効ある平和の実現が可能になった。それには二つの理由がある。第一に，ウィーン会議は勝者と敗者の会議であるという考

え方（1918年のベルサイユ条約が失敗に終わったのは勝者敗者を区別することにこだわったのが致命的）や，正統国と簒奪国の対決する会議であるという考え方を根底から覆したことが挙げられる。……フランスに大国の待遇を与えたことが得策だった二つ目の理由は，キャスルリーとメッテルニヒに代表される穏健派勢力に，タレーランという第三の強力な当事者が加わったことである。」ポール・ジョンソン，前掲書，164～5ページ。

(8) スウェーデンのグスタフ4世は，革命思想に対する畏怖や英国が最大の貿易相手国であったことなどを考慮し，英国の側に組したが，ナポレオンがロシアのアレクサンドル1世と和解したため，1808年に露軍の攻撃を受けることになった。結果，スウェーデン・フィンランド連合軍はロシアに大敗北し，フレデリクスハムンの和約（1809年）で，スウェーデンはフィンランド全土とオークランド諸島をロシアに割譲させられた。露軍に全土を占領されたフィンランド国会は，露皇帝アレクサンドル1世を大公に戴くことを誓う（1809年）。しかし，結果的にフィンランドはアレクサンドル1世の下で自治を享受した。アレクサンドルは外交を除く完全な自治権をフィンランドに認めたからである。これは，ポーランドを弾圧していたロシアの政略的必要から出た政策であった。スネルマンらフィンランドの知識人はこの条件を活用し，フィン語教育の普及，フィンランド人の民族的覚醒に努めた。一方スウェーデンでは軍人勢力が敗戦の責任を追及して国王グスタフ4世を廃位に追い込み，国会は専制政治に代わり立憲君主制の上に立った新憲法を制定した。その後，スウェーデンはナポレオン麾下の元帥ベルナドットを皇太子に迎えたが，カール14世となった彼はナポレオンに反抗し，ナポレオンと結ぶデンマークに攻め入り，西ポメラニアと交換にデンマークからノルウェーを獲得した。デンマークは普墺とともにナポレオン戦争の際武装中立を採ったが，これに反発した英国はネルソンの率いる大艦隊を派遣し，コペンハーゲン沖の海戦でデンマーク艦隊を撃破した（1801年）。やむなくデンマークは英国と和したが，その後，大陸封鎖体制が敷かれるやデンマークと英国の関係は再び悪化し，1807年，英軍はデンマークの全艦を拉致・破壊したほか，コペンハーゲンに上陸した英軍はデンマークの首都を破壊した。そのためデンマークはフランスとの同盟関係に入り，英国に宣戦した。この対英戦争でノルウェーは海上封鎖を受け，貿易は中断し商船は没収される等大被害を被った。戦後，デンマークは4百年以上同盟関係にあったノルウェーを失い，ヘリゴランドは英国に奪われた。

(9) 「ウィーン会議の参加者は，中欧に平和と安定をもたらすには，1600年代にリシュリューが作ったものを崩すことが必要だと認識していた。彼が作ったのは，弱く細分化された中欧であり，フランスはいつでもこれを侵し，仏軍の活動の場にしようとの誘惑にかられていた。そこで，ウィーン会議はドイツを統一はさせなかったが，ドイツをもっとしっかりしたものにさせた。オーストリアとプロシャが指導的国家であり，それに続いてババリア，ビュルテンブルク，ザクセンのような中規模の国が来て，それらは拡大，強化された。ナポレオン以前の300余の諸侯は30程度に統合され，ドイツ連邦という新組織に組み入れられた。ドイツ連邦は，外部からの侵略に対しては共同で防衛することになっていたが，これは巧妙な仕組みであった。それは，フランスが攻撃

するのには強すぎたが、周辺諸国を脅かすには弱すぎ、分裂し過ぎていた。連邦の中では、プロシャの卓越した軍事力と、オーストリアの卓越した権威と正統性とがバランスしていた。連邦の目的は、ドイツの民族的統一を回避し、種々のドイツ諸侯の地位を温存し、かつフランスの侵略を回避することであり、その全てに成功していた。」Henry Kissinnger, *op,cit.,* p.81.

(10)「敗戦国をどう処理するかにあたって、勝者は勝利に必要だった一歩も引かない態度から、永続する平和に必要な和解の態度へと上手に転換しなければならない。敗戦国に対する懲罰も含む和平は国際秩序を危うくしてしまう。どうしてかといえば、戦争で疲弊している戦勝国が、その和平をいつか覆してやろうと思っている相手を押さえ込み続けるという重荷を負ってしまうからである。現状に何らかの不満を持つ国は、恨みに思っている敗戦国からはほとんど自動的に支持を得られるに決まっている。これがベルサイユ条約の失敗の原因である。ウィーン会議における戦勝国は、第2次大戦の戦勝国と同様に、こうした失敗は犯さなかった。フランスに対して寛大になるのは容易なことではなかった。フランスは1世紀半にわたって欧州を支配し、その軍隊は四半世紀にわたって近隣諸国に駐兵した。にも拘らず、ウィーン会議の参加者は、フランスが怒りと恨みを抱いているよりも比較的満足している方が欧州には安全だとの結論に達した。」*Ibid.,* p.81.

(11) ギリシャに続き、バルカンではセルビア人がオスマントルコに対して決起した。1804年にカラジョルジョが初の反乱を起こした時には、期待したロシアの援助が得られず失敗に終わったが、1815年、ミロシュ・オブレノビッチによる二度目の反乱は成功した。折からギリシャとルーマニアでも反トルコ蜂起があり、またロシアもトルコに宣戦する(1828年)という情勢がセルビアに有利に働いたのである。1829年のアドリアノープル条約でギリシャが独立を果たしたのと同時に、セルビアは自治を獲得。また1821年に反乱を起こしたルーマニアも、クリミア戦争後のパリ条約(1856年)でワラキア、モルダビアの2公国が自治を獲得、1860年に両公国は統合され、ルーマニアの名称の下に自治公国となった。ブルガリアでも大規模な反トルコ蜂起(1876年)があり、トルコの報復虐殺を契機に露土戦争が発生、この戦いにトルコが敗北し、サンステファノ条約(1878年)でブルガリアは自治公国の地位を得た。こうしてギリシャ、セルビアに続き、ルーマニア、ブルガリアも相次いでオスマントルコの支配から解放された。またこの条約でセルビア、モンテネグロ、ルーマニアの独立も認められた。

(12) ウィーンからパリに向かう途次、シュツッツガルトでワルシャワ陥落を知らされたショパンは、革命の挫折と友人の死にショックを受けたが、この時の衝撃が彼のピアノ練習曲「革命」に表されているという。

(13)「皮肉なことに、勢力の拡張はある点を過ぎるとロシアの国力を高めず、むしろその衰退を引き起こした。1849年の時点では、ロシアはヨーロッパ最強の国と広く認められていた。70年後、その王朝は瓦解し、ロシアは大国の座から滑り落ちたのだ。1848年から1914年の間、ロシアは(植民地獲得戦争以外に)6つの戦争を戦ったが、これは他の列強よりも遥かに多かった。これら紛争では、1849年のハンガリー介入を除いて、ロシアの財政・政治上の負担は紛争によって得られると考える利益を大きく越

えていた。かように，これら戦争のそれぞれがかなりの負担を強いたにも拘らず，ロシアは領土拡張を止めないことによって自らを大国だと意識し続けていたのだ。……ゴルチャコフ等一部の指導者は，ロシアにとって"領土を拡張することは，弱点を拡大することだ"との認識を十分に抱いてはいたが，彼らの見解がロシアの新領土征服熱をさますには至らなかった。」Henry Kissinnger, *op.cit.*, p.176.

(14) ソルフェリーノの戦い（1859年6月）では，仏伊軍が墺軍を破ったが，両軍の死傷者は2万5千人に達した。この時負傷者救済にあたったスイス人デュナンが『ソルフェリーノの追憶』（62年）を著し戦争の悲惨さを訴えた。そして63年，列強によってジュネーブ会議が開かれ，64年に国際赤十字が創設された。

(15) この結果，帝国の半分をハンガリー（マジャール人）が支配することとなったが，帝国領内にはもともとマジャール以外にも多くの民族が存在しており，ハンガリーがこれら従属民族に対してマジャール化政策を強制したため，強い反発が生まれた。例えば，トランシルバニアに住む350万のルーマニア人はマジャール化に抵抗，その過程でルーマニア人としての民族意識を強めたし，互いに勢力争いを続けていたバルカン半島西北部に住むクロアチア人とその南隣のセルビア人は，反マジャール化を進める中で南スラブ族として共同行動をとるようになった。尾鍋輝彦『20世紀②古き良きヨーロッパ』（中央公論社，1977年）153ページ。

(16) 「ビスマルクとナポレオン3世ほど，性格のかけ離れた者はいないが，鉄血宰相と"チュイレリーのスフィンクス"は，ともにウィーン体制への反発という点では一致していた。……ナポレオン3世は，ウィーン体制が明らかにフランスの膨脹阻止をめざしていたがゆえに，この体制を嫌った。……ビスマルクは，メッテルニヒが築いたシステムは，プロシャをドイツ連邦の中におけるオーストリアの格下に固定するものだとしてこれに反発，連邦があまりに多くの小国を残したため，プロシャは身動きが取れなくなると確信しており，プロシャがその使命に従いドイツを統一するためには，ウィーン体制は打破されねばならなかった。……（しかし）ナポレオンは，自己のめざしたのとは逆の結果を招いた。自らをウィーン体制の破壊者で，ヨーロッパナショナリズムの鼓舞者だとの幻想を抱いた彼は，欧州外交を混乱に陥れはしたが，フランスは長期的にはそこから何も得ることはなく，他国を利するだけであった。ナポレオンはイタリアの統一を可能にし，結果的にドイツの統一を促したが，この二つの事実は，フランスを地政学的に弱めるとともに，中欧に対してフランスが持っていた圧倒的影響力の歴史的基盤を揺るがすものであった。」Henry Kissinnger, *op.cit.*, pp.104-5.

(17) *Ibid.*, pp.137-8.

(18) 「ビスマルクは……ロシアとオーストリアの両方を，ドイツの敵であるフランスの側につかせないようにせねばならなかった。そのためには，ロシアの正当な目標に対して，オーストリアが挑戦を試みないようにオーストリアを宥めなければならず，また，ロシアがオーストリア・ハンガリー帝国の基礎を揺るがさないようにしなければならなかった。しかも，彼はロシアとの関係を良好に保つ必要があったものの，英国を敵にまわすことも避けねばならなかった。けだし英国は，ロシアのコンスタンティノープル及びインドに対する意図に油断なく眼を注いでいたからである。このような壊れやすい均

衡は，ビスマルクのような天才をもってしても，いつまでも保てるものではなかった。国際関係の強まる一方の緊張は，時の経過とともに制御が難しくなった。それでもビスマルクがドイツを率いたほぼ20年間，彼は自分が提唱したリアルポリティークを実に節度をもって，かつ巧妙に実践したため，勢力均衡は崩れることがなかった。」*Ibid.*, pp.145-6.

(19)「ロシアとの関係については，ビスマルクはフランスに対する安全保障の上で，"両正面戦争"の危険を避けることをドイツ生存の第一要件であると考えており，その観点から，ロシアとの提携を，英国との提携より以上に重視しました。しかしロシアはバルカンでオーストリアとの間に死活的利害の衝突をもち，従って独露関係も，危殆に陥ることが稀ではないのです。ドイツの第一の同盟国であるオーストリアと，その第一の盟約国であるロシアがバルカンで絶えず衝突する危険のあることが，ビスマルクの最大の頭痛の種でした。もし露墺が衝突するような場合に備えることがドイツにとり肝要です。それでそのような場合にはビスマルクは，その都度，英国との協調を求め，ロシアとの提携抛棄に対する代償としようと企てたのです。ベルリン会議以後ひとたび露独関係が緊張した時，彼は英国との同盟を結ぼうと努めたのです。これまで数世紀にわたりドイツと英国とは，伝統的親善関係にあったことはいうまでもありません。しかし，英国はその伝統的な大陸政策から，いつも大陸の強国との同盟協商を回避する，いわゆる"光栄ある孤立"の方針を堅持するのみで，度々の英国との同盟の企ての失敗からビスマルクは，ついには英国を"同盟無能力者"であると呼び，英国との同盟を断念するに至るのです。そこでビスマルクは三帝同盟を復活させ，三国間に中立条約を結んだのです。」神川彦松，前掲書，98～9ページ。

第5章　帝国主義と第1次世界大戦

1　序

　勢力均衡原理による平和の維持をめざしたビスマルク体制も，彼の失脚後急速に崩壊する。ドイツは植民地の拡大や大規模海軍の整備等帝国主義路線を驀進し，英国への挑戦姿勢を強めていく。これに対抗するため，英国は伝統の"名誉ある孤立"政策を放棄し，ライバルのロシアやフランスと協商関係を樹立する。この結果，ヨーロッパには三国同盟（独・墺・伊）と三国協商（英・仏・露）の2大陣営が出現し，以後両者の関係は海洋の覇権をめぐる英独の対立と，バルカン支配をめざす独墺（汎スラブ主義）対露（汎ゲルマン主義）の抗争を軸に徐々に緊張の度合いを高め，遂には第1次世界大戦へと繋がっていく。

　ところで，ドイツやイタリアの統一運動からも窺えるように，1870年代には各国のナショナリズムが高揚し，かかる気運は折からの選挙権拡大を通して国政に反映されるところとなった。1871年に成立したドイツ帝国や第3共和制下のフランス，次いでスイス（74年），スペイン（90年），ベルギー（93年），オランダ（96年），ノルウェー（98年）等各国は相次いで男子普通選挙を導入し，それに伴い政党の大衆組織化も進展した。その代表はドイツ社会民主党である。ゴータ大会（1875年）でラッサール派とマルクス派の合同によって誕生したドイツ社会主義労働党は，社会主義者鎮圧法（78年）によって弾圧を受けるが，ビスマルク辞職とともに同法が廃止され，社会民主党と改名した1890年の選挙では150万票近くを獲得。その後も支持者を増やし，1914年には帝国議会に110名の議員を擁する第一党に成長した。時代は名望家政治から大衆民主主義政治へと確実に変化しつつあり，大衆が生み出すナショナリズムの情念が国家を動かす原動力となっていく[1]。

　当初，保守的王朝支配の転覆を目的とする危険思想とみなされていたナショナリズムであったが，独伊の統一を経た世紀末ともなると，多民族国家に代わ

り国際政治の主流となりつつあった民族（国民）国家内の諸階級を効果的に結び付ける接着剤として機能するようになった。それに伴いナショナリズムは初期の革命性を失い，社会主義思想と対立，逆に保守勢力と結びついていった。ナショナリズムや革命的共和主義がもはやヨーロッパの秩序を脅かす危険思想と見做されなくなった以上，正統性の原理を擁護するために各国が結束する必要性も薄れていく。国家間闘争を抑制する共通の思想的基盤はもはや存在しなくなったのである。また，かってのメッテルニヒ方式が機能するためには，外交政策の運営にあたる為政者には完全な交渉権と行動の自由が必要であった。政府が未だ少数特権階級の所有物であった19世紀の初頭には，そうした環境が残されていた。しかし19世紀も末となると，外交も内政と同様，拡大するブルジョワ層や市民，労働者の動きに影響されるようになる。

さらにこの時期，新興勢力のドイツやアメリカが英国を激しく追い上げ，列強間の経済競争が激化した。1870年代末以降，ドイツがそれまでの自由貿易から自国産業保護のために保護関税政策に転換したのはその例である[2]。そのうえ，19世紀前半のように工業先進国の英国が工業製品を送り出し，他国が原料や農産物を英国に提供するという相互補完的な経済関係も欧州から消滅した。それまでロシアの膨脹を抑制し続けてきた英国であったが，その国力には陰りが出始め，いまや英国の覇権に挑むのはロシアだけではなくなってしまった（バランサーの衰退）。統一ドイツの出現がヨーロッパのパワーバランスに大きな緊張をもたらし，工業化の進展がバランスの維持を一層困難にさせたのである。1760年代に英国で始まった産業革命は，19世紀初頭英国を世界の工場たらしめたが，これが欧州各国に伝播し，1830年代以降大陸でも産業革命は急ピッチで進行し，さらに"ビスマルクの平和"を謳歌する頃には第2次産業革命の波が起きていた。その結果としての工業化はヨーロッパの勢力均衡を揺るがせただけでなく，ヨーロッパ政治の世界化をも招くことになった。

工業化で生まれた余剰資本の投下先獲得のため，アジア，アフリカでの植民地争奪戦は熾烈化した。植民地獲得競争は過去にも存在したが，それは移住，移民や天然資源獲得が主目的であった。これに対し19世紀末期のそれは，ゴム園や工場の建設等資本の投下先を求めての動き，即ち金融資本主義による資本輸出であった。1876年から1910年までの35年間に，英国はその領土の1/3

を新たに獲得，5千7百万の人口をその支配下に付け加えた。またドイツは19世紀最後の17年間だけで250万平方キロの植民地と千2百万の人口を新たにその統治下に置いた。こうした急激な植民地獲得を可能にしたのは，産業革命がもたらした武器技術の飛躍的進歩を背景とする欧州列強の圧倒的軍事優位の存在と後方・兵站を支える輸送・通信技術の革新であった[3]。かくて，内には大衆の政治参加拡大とそれに伴う階層間利害の複雑化，外においては列強間の経済競争の激化が動因となり，ヨーロッパは（後期）帝国主義の時代へと突入する。

この欧州列強の植民地獲得政策を理論的に正当化したのが，白人優越の思想であった。西洋人は，キリスト教信仰と啓蒙理性を有するという理由で，西洋以外の世界に対して揺るぎなき地位にあると彼らは確信した。さらにダーウィンが自然淘汰に関して唱えた適者生存の理論を政治の世界にも応用し，世紀末〜20世紀にかけて，ヨーロッパ人の多くは，白人の優越は自然界の秩序であり，他の人種は白人の支配に従うべきだと信じるようになった（社会ダーウィン主義）。彼らにとって帝国主義がもたらした武力の優位や広大な植民地の存在は，正にその証であった。それゆえ軍備の強大さや海外領土の大小が国家優劣の物差しとなり，独伊等遅れて帝国主義のレースに参入した国家は軍拡競争に血道をあげ，植民地を広げようと躍起になった。民族国家の権益範囲は著しく増大し，国際間の緊張は地球上の辺境にまで拡大したのである。そのうえ，この軍拡・植民地化競争が各国の大衆ナショナリズムに煽られて，さらなる競争の激化を惹起する悪循環が現出した。こうした状況の行き着く先こそが第1次世界大戦に他ならず，これがヨーロッパ文明の自死を招いたのである。

英国の経済学者でジャーナリストのノーマン・エンジェルは1910年『大いなる幻影』という書物を著し，将来における戦争はあまりにも破壊的となり，戦勝国さえも戦費に見合うだけの利益を得ることができなくなること，また領土拡張をせずとも貿易を発展させることが可能であることから，20世紀における国家政策遂行手段としての戦争の無効さ，非経済性を主張した。この本はベストセラーとなり，折からヨーロッパを支配していた進歩史観ともあいまって，もはや大戦争は起こりえないとのムードが大衆に広まった。だが数年を経ずして，ヨーロッパではこれまで経験したことのない大規模な戦争，即ち人類

史初の世界戦争が勃発するのである。

2 ビスマルク外交の破綻と露仏同盟
●ウィルヘルム2世とドイツ外交の転換

墺伊英露の諸列強を直接・間接にドイツに結びつけ、フランスの国際的孤立を図るとともにヨーロッパの平和を維持しようとするビスマルク的国際体制も、新ドイツ皇帝ウィルヘルム2世の親政が始まるや瓦解する。1888年ウィルヘルム1世が死去、その子フリードリヒ3世も僅か98日間王位に就いただけで病没したため、1890年、弱冠29歳のウィルヘルム2世が皇帝に即位した。ウィルヘルム1世がビスマルクに全幅の信頼を寄せ、彼に国政全般を任せたのとは異なり、ウィルヘルム2世は老宰相の存在を疎ましく感じた。両者の対立は、まず社会主義取締り法の延長等内政問題で表面化したが、国際認識でも二人の考え方は異なっていた。ビスマルクが国際関係の現状維持を最優先とし、フランスの対独復讐や英国との対立を回避し、国力の充実に努力を傾注したのに対し、野心に満ちた若き皇帝はドイツの経済的躍進を背景に、積極的な帝国主義政策を推進すべきだと信じていた。ヨーロッパにおけるドイツの地位確保と現状維持をめざすビスマルクの戦略は、各国が植民地獲得競争を激化させた世紀末の状況下にあっては既に時代遅れと思えたのである。

1890年3月、ビスマルクは宰相を辞任するが[4]、彼の失脚はたちまちドイツ外交に変化をもたらした。それはまず露独の離反と露仏の接近となって現れた。ウィルヘルム2世はロシアの希望にも拘らず、再保証条約の更新を拒否する（1890年）。ドイツが不更新を決意した理由には、バルカンでの露墺対立が激しくなるなか、対墺同盟を優先させオーストリアを安心させる必要があると判断したこと、再保障条約の存在が将来における英国との同盟設定の障害になると考えたこと等が挙げられる。1879年にドイツが保護関税政策を採用して以来、ドイツのユンカー（土地貴族）とロシアの地主との穀物をめぐる利害が両立し得なくなっていたこと[5]、80年代におけるドイツのトルコへの軍事経済的進出が、ボスポラス海峡を地中海への門戸として重視するロシアの利益と衝突しつつあったこと等も指摘できる。しかしより大きな理由は、ロシアとの関係を絶っても、貴族政のロシアが共和政のフランスに接近するはずがないと

判断したことにあった。

　さらに、ビスマルクの築き上げた国際体制があまりに巧緻・複雑に過ぎたという面もある。「五つの球を一度に空中に放り上げて、これを巧みに操って、決して落とすことのない日本人奇術師の如し」（ウィルヘルム1世）と称されたビスマルクの外交だったが、かように複雑な外交関係を維持し続けることは、余人を以ては到底不可能であったともいえる。外交における世論やマスメディアの重みが増したことに伴い、微妙かつ柔軟な舵取りを可能にした旧来の官僚的秘密外交が困難となりつつあった当時の時代潮流も考え併せねばなるまい。

　「ビスマルクが外交の舵を握っている間は、彼の入り組んだ巧みな外交政策によって、このジレンマはあまり目だたなかった。しかし、長期的に見れば、ビスマルクがとったさまざまな措置があまりに複雑であったことが命取りになった。……ビスマルクは確かにヨーロッパの地図を塗り替え、国際関係のあり方を変えたが、彼の後継者の指標となる構想を打ち立てるまでには至らなかった。そのため、ビスマルクの術策の新鮮味が次第に薄れると、彼の後継者やライバルは、厄介かつつかみ所のない外交への依存を弱めるために軍備を拡張し、自己の安全を図ることとした。鉄血宰相が自己の政策運用を制度化しえなかったことによって、ドイツは外交上の足踏み車を踏み続けなければならず、そこから抜け出すには、まずは軍備拡張、次には戦争しかなかったのである。……ビスマルクの悲劇は、彼の能力が当時の社会が需要し得る水準を越えていたことである。」（キッシンジャー）[6]

●露仏の接近

　1890年6月、独露再保障条約は更新されず期限切れで失効した。さらにウィルヘルム2世は翌年、墺伊にスイス、ベルギーを加えた通商協定を結び関税引き下げを実施したが、ロシアをこれに含めず、ロシア産穀物の輸入には従前どおりの高関税を課す差別的扱いをなした。他方、英国とヘリゴランド・ザンジバル協定を締結し、ドイツが北海のヘリゴランド島を獲得する代わりに東アフリカのザンジバル島等を英国に譲渡したほか、祖母のビクトリア女王を毎年訪問する等親英寄りの姿勢を示し、三国同盟を強化しようとした[7]。しかし、こうしたウィルヘルムの対外姿勢が露仏の接近を促し、長く孤立させられていたフランスと新たに孤立化しつつあったロシアが提携する外交革命を引き起こす

ことになる。それまでフランスの革命的伝統を忌避していたロシアであったが，再保証条約の崩壊とそれに続く三国同盟の更新（1891年5月），さらに英独の蜜月化（四国同盟化）は，ロシアのバルカンでの影響力を危うくしかねず[8]，一方のフランスもアルザス・ロレーヌ奪還が困難になる。ともにドイツから遠ざけられ，国際的孤立の立場から抜け出したいという思いが共通項となり，露仏の両国は相互関係の改善に動き始めるのである[9]。

1891年には仏艦隊がクロンシュタット軍港を，93年には露艦隊がツーロン軍港をそれぞれ訪問し，両国の緊密化が進んだ。またその間，平和維持のため，両国は今後一切の問題に対して協議するという露仏政治協定（91年）が締結され，その後，両国参謀本部の間での軍事協定調印（92年）を経て，1894年には露仏同盟へと発展した。これは三国同盟を対抗目標とし，露仏のいずれかがドイツまたはドイツの援助を受ける墺伊から攻撃を受けた際，両国はともにドイツ等との戦いに全力をあげること，ドイツに対する動員数を協定してドイツに両面戦争を強いること等が定められた。当時ドイツと英国は良好な関係にあったことから，露仏同盟には，アフリカでのフランスのライバル，そしてアジアにおいては仏露双方のライバルだった英国への対抗も狙いも込められていた。

他にも露仏接近の理由には，ドイツが仏資本を締め出したのと対称的に，フランスのロシアへの資本援助が本格化し，両国の金融上の結合が強まっていたこと，アジアへの進出をめざすロシアがヨーロッパでの安全保障を必要としていたこと等が指摘できる。露仏同盟は秘密同盟で，三国同盟が存在する限り継続するものとされた。ここに，ビスマルクが推し進めたフランス包囲孤立化政策は挫折し，ヨーロッパには独墺伊の三国同盟と露仏同盟という対抗関係が現れた。この間，英国はなお"栄光ある孤立"を維持し，両グループのいずれにも直接結びつくことを回避していた。

3 2つの同盟システム：三国同盟対三国協商

●ロシアの東進

その英国によってバルカン，中央アジアへの膨脹をいずれも阻止されたロシアが次にめざしたのは東アジア，極東であった。15世紀後半キプチャクハン国から独立し，モンゴルの脅威から抜け出したのを転機に，以後ロシアは膨脹

と拡大の歴史を歩み始める。アメリカが西へ進んだのとは対照的に、ロシアはシベリアを東へ進んだ。16世紀、カザンハン国を倒したイワン4世（雷帝）は攻勢的な対外政策を推進、バルト海への勢力拡大を目ざしたほかシベリア遠征に着手し、1581年にはコサックのエルマークがウラル山脈を越え、翌年シビル汗国を平定してイワン4世に献上している。コサックはその後も東進を続け、1639年オホーツク海に到達。ピョートル大帝もシベリア開発を積極的に推進し、さらに満洲への南下を企てたため、黒竜江を境に清と衝突。1689年のネルチンスク条約で、外興安嶺をもって両国の国境とし、ロシアはそれより南へ進出しないことを約させられた。この条約によって上流の一部を除き黒龍江（アムール川）が清朝の領土であることが認められた。続くキャフタ条約（1727年）ではシベリアと外蒙古の国境も定められ、国境での貿易場開設やロシア商人の北京での貿易が可能となった。

ネルチンスク条約で満洲への南下を阻まれたロシアは進路を東北方に変更、ピョートルの命を受けたベーリングらが探検を進め、カムチャッカ半島からベーリング海、アラスカに進出した。毛皮業者等も増加し、同地域での植民活動を維持するには中国との貿易が必要となった。だが、当時対中交易拠点はネルチンスクとキャフタの2か所に限られ、毛皮等の特産物を貿易場のキャフタ等へ運搬するにはシベリアの内陸部を通過せねばならず非常な困難が伴った。そこでロシアは広東貿易の許可を清に求めるとともに、日本に基地を獲得しようと、ラクスマン（1792年）やレザノフ（1804年）を我が国に派遣したのである。この目論見は成功しなかったが、その後ムラビヨフが東シベリア総督になるや水運の利便に着目したロシアは再び黒龍江下流へ進出、太平天国の乱や英仏との抗争で清が疲弊した隙にこの地を占領、アイグン条約（1858年）によって黒龍江以北をロシア領と認めさせたほか、黒龍江、ウスリー江、松花江の航行権を手にする。また英仏連合軍の北京入城の際には調停の労を取り、見返りに沿海州を獲得（北京条約）、翌61年にはウラジオストクに軍港を設けアジア経営の拠点とした。この他にも、フェルガナ渓谷を治めるコーカンド汗国を征服した頃（1881年）から中央アジアでも清朝と衝突するようになり、イリ条約（81年）でイリ地方の国境を有利に画定、日本との千島樺太交換条約（75年）では樺太を領有する等19世紀後半、ロシアの東方進出は俄然活発化した。

この動きは世紀末になるとさらに強まり、ロシアはフランスの財政支援を受け、1891年からシベリア鉄道の建設に着手した。フランスは対独同盟にロシアを引き入れようと考えており、この支援はその一環であった。シベリア鉄道完成の暁には、他の欧州諸国が容易には進出できない内陸地への軍隊輸送が可能になる。また不凍港獲得の野望がこの国にさらなる南下を促した。ウラジオストクを東方進出の拠点としたロシアだが、ウラジオは冬凍るためである。ロシアのめざす先は、二つの半島。一つは不凍港大連を擁する遼東半島、もう一つは黄海〜東アジアの掌握が可能となる朝鮮半島だった。1896年、日本に対抗する清と同盟（露清密約）し、その代償としてロシアは満洲北部からウラジオに至る東清鉄道の建設とその使用権を認めさせ、2年後には中国の内政分裂に乗じ、旅順口と大連港の25年間租借、東清鉄道の大連までの延長権を獲得した。さらに義和団の乱（1900年）に乗じて満州を占拠し、以後満洲の支配をめぐり日本と対立するようになった。それまでバルカン及び中央アジアでのロシア進出を悉く阻止してきた英国も、世紀末を迎える頃には覇権に揺らぎが出始めていた。しかもドイツの挑戦を受けていたこともあり、自らが直接東アジアにおけるロシアの膨脹を抑制するだけの力は持ち合わせていなかった。

● 英独関係の悪化

　19世紀末、ヨーロッパでは三国同盟と露仏同盟の対立関係が生まれたが、植民地獲得をめざす英国の帝国主義政策は世界の各地で列強の利益と鋭く衝突し、三国同盟と露仏同盟の双方から英国が包囲され"惨めに孤立"する恐れも出てきた。現にボーア戦争の際には独露仏の三国が連合して干渉を仕掛けたこともあった。いまや英国は光栄ある孤立という伝統的な外交政策を見直し、三国同盟か露仏同盟のいずれかを選択する等他国との同盟締結を検討する必要に迫られた。当時の英独関係を見ると、ビスマルク在任当時、両国の関係は良好に推移し、ウィルヘルム2世が即位した当座も、先述のヘリゴランド・ザンジバル協定が示すように深刻な対立はなかった。しかるにその後、ウィルヘルム2世が挑戦的な外交姿勢を強め、次第に英国との関係は悪化に向かった。ドイツがそうした政策を取ったのは、第2次産業革命の進展による国力の充実にも拘らず、周囲を列強に囲まれているという地政的環境が、この国に漠とした不安、圧迫の感を与えていたことが影響していた。欧州最強の国家にならんとす

第5章 帝国主義と第1次世界大戦

るには，どうしても既存秩序に挑戦し，それを変革，打破する必要があるように思われたのだ。挑戦者が抱く"焦りと虚勢"である。またウィルヘルム2世のパーソナリティも無関係ではなかった。彼の落ち着きのない挙動や粗野な振る舞いは，大国の支配者にしては余りに未熟かつ稚拙との悪印象と警戒心を周辺国に抱かせた。ウィルヘルム2世が横柄，傲慢な態度を示すのは，生まれつき手が不自由であったことと無関係ではないと心理学者は分析している。

ビスマルクが列強との摩擦を恐れ植民地獲得に消極的だったのに対し，新航路政策という積極的な対外拡張路線を打ち出したウィルヘルム2世は，青島を将来におけるドイツ極東艦隊の燃料補給基地として占拠させたほか，独人宣教師が山東省で中国人に殺害されるや直ちに海軍に膠州湾占領を命じ，膠州湾に関する99か年の租借条約を清国と結び山東省の権益を獲得する。さらに「日没すること無き帝国」と豪語する英国に対抗し，ドイツ帝国を「陽のあたる場所（place in the sun）」と主張し始めた。1896年，爾来英国と不和の関係にあった南アフリカトランスバール共和国が金鉱を狙っての英南アフリカ会社の侵入を撃退した際，ウィルヘルム2世はクリューガー大統領に祝電を打ち，これが英国を怒らせた（クリューガー電報事件）。ドイツとの友好を保つ価値を理解させるための一種の嫌がらせであったが，彼の行為は脅しに屈した例が無いことを誇りとする英国国民を徒に刺激しただけに終わった。続くボーア戦争でも，ドイツは反英の立場に回った。

そして何よりも新航路政策の核をなす大艦隊建設の野望が，英国に強い警戒感を与えた[10]。1898年9月，ダンチヒでの演説でウィルヘルム2世は「ドイツの将来は海上にあり」と叫んだが，植民地獲得競争を有利に展開するとともに，ドイツの政治的影響力を拡大するうえでも強力な海軍が必要だと彼は確信していた。熱烈な海軍拡張論者のテルピッツ提督が海軍大臣に就任するや，英国の二国標準主義（英国の海軍力を他の二国＝仏露の海軍力を合わせたものよりも常に優位に置くとの考え）に対して危険理論（英独戦の場合，たとえドイツ海軍が全滅しても英国海軍に大打撃を蒙らせしめるだけの戦力を擁しておけば，ドイツは英国を牽制できるという考え）を提唱し，98年には英国を仮想敵とした第1次艦隊法を成立させた。しかも2年後には第2次艦隊法を成立させ，戦艦整備数隻を一挙に倍増する計画を打ち出した。こうしたドイツの艦隊建設を自らの海洋支配に

対する重大な脅威と認識した英国は，フィッシャー提督らが対独予防戦争論を説く等反発が高まった。独外洋艦隊が増強される前にコペンハーゲン化，即ち1807 年に英艦隊がコペンハーゲンを攻撃しデンマーク艦隊を曳航し去ったように，独艦隊を撃沈すべしと唱えたのである。英国政府はこうした過激な意見は一蹴したものの，外相グレーが「ドイツは我々にとって最も恐るべき敵であり，脅威をもたらすもの」(1903 年)[11]と述べる等対独警戒感を強め，1904 年には北海に艦隊を集中させたほか，翌年には新型弩級戦艦ドレッドノートの建造に着手する等英露の海軍競争はエスカレートした。

● 英独提携の模索と挫折

かように英独の関係は決して良好ではなかったが，それでも 1890 年代後半の英国は，ドイツ以上に植民地争奪で仏露と激しく対立する状況にあり，第 3 次ソールズベリー内閣は対独提携に最も熱心なジョセフ・チェンバレン植民地相の提言を容れ，98 年春からドイツとの同盟工作に動き始めるのである。しかし，ドイツの中近東進出が英国を決定的に刺激した。1898 年，ウィルヘルム 2 世はオスマントルコを訪問し，「3 億人のイスラム教徒の保護者になる」と宣言，これは北アフリカ，中東における英仏の地位への挑戦状と受け止められた。さらにドイツはベルリンからオスマントルコの首都コンスタンティノープル（ビザンティン）を経てバグダッドにいたる大陸横断鉄道の建設に乗り出した。1899 年 11 月，ドイツ銀行団はオスマントルコのスルタンからペルシャ湾〜ヨーロッパトルコに至る鉄道建設権を獲得し，バグダッド鉄道会社を設立したのである (1903 年)。この鉄道が完成すれば，独軍は陸路でペルシャ湾に到達できる。これは南アフリカ〜インドに至る英国の 3 C 政策に楔を打ち込む形となり，その海軍力をもってしても英国はエンパイアルートの安全を確保する術を失ってしまう。バグダッド鉄道の建設は英国への重大な脅威となったのである（3B 政策と 3C 政策の対立）。

ドイツの野心が英国内の反独強硬派を勢い付けた一方，ドイツでは対英提携によって英国と仏露の対立に巻き込まれる危険性を冒すよりも，むしろドイツは英露対立にフリーハンドを確保して漁夫の利を得るべしとの判断が働いた。また極東や中央アジアの局地問題で英国に利用されるのを防ぐため，対英提携は欧州域内に限定すべしとの考えから，ドイツは三国同盟への英国の参加を求

めたが，英国はこれに応じなかった[12]。対英連携論がドイツで盛り上がらなかった背景には，独英同盟が実現せずとも，英国が露仏と同盟することはあり得ないとの認識が指導層に強かったこともある。1901年に南ア（ボーア）戦争が事実上終結し外交上の苦境を脱するや，英国では対独提携を急ぐ声が薄れ，交渉は自然消滅の格好となり，英独同盟は幻に終わった。

● ファショダ事件

ドイツが推察した通り，英仏は植民地の獲得を巡ってアフリカで激しく対立を続けていた。エジプトを手に入れた後，英国はナイル川を遡ってスーダンに進出，それと同時に南アフリカでも勢力の拡大に努め，ケープ植民地を拠点に金，ダイヤモンドを産する奥地に向かった。北進した英国はベチュアナランド（1885年），ローデシア（89年），さらにニヤサランドを奪取（93年），またインド洋からアフリカ東岸を経て内陸部にも向かい，東アフリカ（85年），ウガンダ（94年）を植民地化した。このように，英国は1880年代から90年代にかけてエジプトと南アフリカという大陸の両端からアフリカ支配をめざす縦断政策，さらにアフリカとインドを繋ぐ所謂3C政策を進めたが，これはフランスの追求するアフリカ横断政策と衝突する運命にあった。

1830年代からアルジェリア経営を行っていたフランスは，同地を根拠にチュニジアを保護国とし（81年），さらに南方のサハラ砂漠にも勢力を伸ばし象牙海岸を手に入れた（95年）。西アフリカに広大な植民地を得たフランスは，ジブチ，マダガスカルとの連接をめざしアフリカを横断的に領有する戦略を立て象牙海岸から東進，1898年7月にマルシャン大尉率いる仏軍はナイル川上流スーダンのファショダに進出した。一方，カイロとケープタウンを結ぶ鉄道を計画していた英国もスーダン進出を企図，キッチナー将軍にエジプト国境からスーダンへの進撃を命じた。ナイル川を遡った英軍は98年9月，首都ハルツームに到達し同地を占領したが，2か月前にマルシャン大尉がファショダに到達していることを知り，その撤退を求めた。しかしマルシャンはこれに応じず，事態は一大外交問題へと発展，アフリカ植民地獲得をめぐる両国の対立はピークに達した（ファショダ事件：1898年）。

この時英国は撤退か戦争かの二者択一をフランスに迫り，海軍に戦時動員態勢を敷かせた。海軍力劣勢のフランスは戦争に訴える自信がなかった。またド

レフュス事件で国内政局が混乱状態にあること、国際的孤立からの脱却をめざしていたこと等から、結局英国に譲歩し撤兵に応じた。1899年3月両国に協定が成立し、英国のスーダン進出が認められ、フランスはナイル川の通商権を得たにとどまった。スーダンへの道を断たれたフランスは西に舞い戻り、やがてドイツとモロッコで問題を引き起こすことになる。

● 英国外交の転換：日英同盟と日露戦争の世界史的意義

中近東、中央アジア、東アジアの各地域でロシアとの抗争が続くなか、フランスとはアフリカで衝突、アメリカはモンロー主義の立場から欧州問題不介入の姿勢を堅持、さらに対独連携も日の目を見なかったことから、英国のソールズベリー内閣は清国を破り帝国主義の一員となりつつあった東アジアの新興国日本との提携を選択し、1902年に日英同盟を締結した[13]。これはリシュリューがオスマントルコと提携して以来、西欧諸国が非西欧国家と結んだ初の同盟条約であった。日英同盟の成立は"光栄ある孤立"政策の放棄という英国外交の一大転換点となったが、日英同盟の締結とその直後のソールズベリー首相の辞職、それに前年のビクトリア女王の死去は、何れもパクスブリタニカ時代の終わりの始まりを象徴する出来事であった。

日英同盟締結後ほどなくして、ロシアの進出を阻止しようとする英国及び中国での門戸開放を主張するアメリカに支持された日本と、露仏同盟でフランスの支持取り付けに成功したロシアが戦端を開いた（日露戦争：1904～05年）。戦局は列国の予想に反して日本が善戦し、1905年3月の奉天の戦いも、また5月の日本海海戦も日本軍の勝利に終わり、ロシアは満洲進出を果たせぬまま、アメリカの仲介でポーツマス講和条約を受諾する。世紀初頭、東アジアというヨーロッパから最も遠隔の地で繰り広げられたこの戦争は、16世紀来の欧州列強による覇権抗争がユーラシアの東端に至り、そのグローバル化がピークに達したことを示すと同時に、列強勢力の東進・膨脹をアジアの勢力が初めて押し止めた点で、それまでの史的潮流を転換させるエポックメーキングな戦いであった。また国家の工業力、動員力が戦争の帰趨を左右することや、米露日といった非西欧国家のグローバルパワーゲームへの本格参入等その後の覇権争いの行方を暗示する戦争でもあった。もっとも、ロシアは日本に勝つことはできなかったが、講和会議全権ウィッテが豪語したように、「モスクワを攻め落と

された」わけでは決してなかった。なおも燃え続けるこの国の膨脹エネルギーは，戦後再びバルカンに向けられ，そこで独墺と対峙することになる。

● 英仏協商

英独同盟を断念した英国は，その後，ヨーロッパでは対仏接近を模索する。英軍のエジプト占領以来アフリカ植民地を巡り 20 年間対立関係にあった両国も，ファショダ事件を境として，その後関係は改善に向かう。フランスではデルカッセ外相が英国との摩擦回避に努め，英国のバルフォア内閣も親仏派外相ランズダウンの主導でエドワード 7 世のパリ訪問を実現，仏大統領も答礼訪問でこれに応じた。この変化の背景には，ドイツのアフリカ進出が攻勢的となり，英仏が提携してこれに当たるのが得策という共通利益の芽生えがあった。さらに日露戦争が始まると，日露をそれぞれ同盟国とする英仏は戦争への巻き込まれを避けるため接近し，1904 年 4 月英仏協商を締結する。

この協商では，エジプトに対する英国の，モロッコに対するフランスの優越権が相互承認されたほか，シャム（タイ）における両国の勢力範囲も画定された。反面，この協商の成立で英独の対立は決定的となり，それは続くモロッコ問題で明確化する。かって再保障条約によってドイツと結ばれていたロシアがフランスの同盟国となり，またドイツに接近しようとした英国が一転フランスに合流する。ドイツは，自国を孤立させるとともに，旧来敵同士だった三大国を全て反独連合へと追いやってしまったのである。しかも追い詰められたドイツが採った対応は，こうした危機を招いた攻勢挑発外交のさらなる推進であった。ドイツはフランスを威圧し，出来たばかりの英仏協商に亀裂を入れようと図ったのだ。

● モロッコ危機

ウィルヘルム 2 世とその宰相ビューローは，フランスのモロッコに対する野心が英仏露の対独包囲網突破の機会を提供するであろうと信じていた。1905 年 3 月，ロシアが日露戦争に忙殺されて露仏同盟が機能し難い時期を狙い，ウィルヘルム 2 世は突如モロッコの首都タンジールを訪れスルタンと会見，モロッコの領土保全と門戸開放を要求し，モロッコ独立へのドイツの援助にも言及した。当時モロッコはフランスが自らの勢力範囲とみなしていたから，当然独仏関係は悪化する。ロシアの支援が得られず，英国もせいぜい形ばかりの援

助をする程度，アメリカも中国と同様にモロッコの門戸開放を支持するだろうと判断したウィルヘルム2世は，モロッコに対するフランスの優先権は否定され，英仏露に楔を打ち込めると考えたのである。しかし翌年南スペインのアルヘシラスでモロッコの地位に関する国際会議が開催された際，英国は強くフランスを支持し，米露に加えドイツの同盟国イタリアまでがフランス支援に回った。そのため，ドイツの孤立は一層顕著となったばかりか，その好戦的態度は世界に悪印象を与えた。ウィルヘルムの狙いとは反対に，英仏同盟を弱めるどころか逆に強化させる結果となり，独外交の完敗に終わった。

同じ時期，ドイツは露仏の提携解消も企てていた。1905年7月，フィンランド湾ビヨルケ島においてニコライ2世と会談したウィルヘルム2世は，日露戦争に際して日本に好意的な英国に対するロシアの不満に乗じ，露独同盟密約を交わしたのである。それは，ヨーロッパの一国から独露のいずれかが攻撃を受けた場合，他の一国は陸海軍の全力をあげてヨーロッパで援助を行うという内容であった（ビヨルケ密約）。しかしビューローやホルシュタインは，欧州域内だけの同盟ではロシアを一方的に利するだけだとして難色を示し，ロシアでも外相ラムスドルフがこの密約は露仏同盟に抵触すると反対し，ポーツマス会議から帰ったウィッテとともにニコライに迫り，同年12月にこれを破棄させた。日露講和の後，ロシアはフランスを介して英国へ急接近する。

● 英露協商

日露戦争が日本優位のうちに終わり，フランスの同盟国で，かつ英国のライバルロシアは弱体化したが，それと裏腹に，3B政策を追求するドイツの脅威は高まる一方だった。バグダッド鉄道の完成は英国の3C政策だけでなく，南下を狙うロシアにとっても大きな妨げとなるわけで，ここに英露接近の構図が生まれる。その結果，1907年8月ペテルスブルクで英露協商が成立，アフガニスタン，ペルシャ，チベットを巡る両国の抗争が解決した。その内容は①ペルシャは三つに分割され，北方はロシア，南部は英国が確保，中央部分は中立緩衝地帯として両国に開放される，②ロシアはアフガニスタンにおける英の優越を承認し，アフガン人との接触は英国を通してのみ処理することに同意する，③両国は清国の宗主権を承認し，チベットの領土保全尊重（＝英国の優越を否定）を約するというものであった。

英露協商は，直接には中央アジアにおける両国の利益範囲を確定したものに過ぎなかった。しかし，これを機にコンスタンティノープルから朝鮮半島に至る地球の実に1/3の地域で絶えざる勢力争いを演じていた英露の関係は安定し，以後共同してヨーロッパの問題に対処し得ることになった。露仏同盟と英仏協商にこの英露協商を加え，ここに英露仏の三国協商体制が成立(14)。この結果，ヨーロッパでは三国同盟（独・墺・伊）と三国協商（英・仏・露）の二大陣営が対峙，以後両陣営の関係は3B政策と3C政策をめぐる英独対立と，バルカンでの覇権をめざす独墺（汎スラブ主義）対露（汎ゲルマン主義）の抗争が軸となって展開し，"武装した平和"と呼ばれた緊張状態を経て，第1次世界大戦の勃発へと繋がっていく。

4 バルカンの危機

●ボスニア問題

バルカン半島は，ゲルマン系，スラブ系，アジア系などさまざまな民族が入り交じる複雑な民族構成の地である。しかも19世紀後半以降，オスマントルコの弱体化に伴いこれら諸民族が独立運動を活発化させ，それに列強の利害・野心も絡んで国際対立の一大焦点となっていた。特に墺独が掲げる汎ゲルマン主義とロシアの汎スラブ主義の対立が先鋭化しつつあった。20世紀に入り，バルカンの緊張が高まった最初の事件はボスニア・ヘルツェゴビナの併合問題（1908年）だった。ボスニア・ヘルツェゴビナ2州はベルリン会議でオーストリアの管理に委ねられたが，三国協商が成立しドイツ包囲網が構築された翌1908年，オーストリアがこの2州を自国領として完全併合することを一方的に宣言し，トルコ政府にこれを承認させたことから国際関係は俄かに緊迫した。

ともに汎ゲルマン主義を戴くドイツはオーストリアを支持したが，ボスニア，ヘルツェゴビナにはスラブ系住民が多いことから，汎スラブ主義の盟主を自認するロシアはこれに反発，同じスラブ系で，大セルビア主義を掲げ同地の併合を狙っていた隣接のセルビアもこの措置に憤激した。ここに，ドイツに支持されたオーストリアとロシアの支持するセルビアの間に，激しい緊張関係が生じることになった。だがロシアは日露戦争の痛手から立ち直っておらず，セルビ

アを援助しバルカン問題に深入りする余裕はなく，セルビアにも一国だけで独墺に対抗する力はなかった。ロシアに慎重な行動をとるよう英国が求めたことも加わり，結局両国はオーストリアの行動を承認せざるを得ず，汎ゲルマン主義が汎スラブ主義に勝利する形となった。だがこの出来事は汎スラブ主義の汎ゲルマン主義に対する憎悪を高め，第1次世界大戦の発火点となったサラエボ事件を引き起こす誘因となる。

ところで，モロッコをめぐる独仏の抗争はアルヘシラス会議で一先ず決着をみたが，モロッコをフランスの植民地とドイツが承認したわけではなかった。1908年9月には，モロッコのカサブランカで仏外人部隊からの逃亡者をドイツの領事が手助けする事件が発生（カサブランカ事件）。またベルベル人の反乱を機にフランスがモロッコに出兵し首都フェズを占領する（1911年5月）と，出兵はアルヘシラス協定違反だとドイツが抗議した。対独和解をめざすフランスがモロッコ以外の土地提供をドイツに約したが，ドイツが軍艦パンサー号をアガディール港に派遣したため，再び国際関係は緊張した。

両国で話合いの場が持たれたが，ドイツが全コンゴの割譲を要求したため交渉は行き詰まった。やむなくフランスは妥協に傾いたが，ドイツの威嚇外交に屈することを危ぶんだ英国アスキス内閣の蔵相ロイド・ジョージは，声明を発してドイツ排除の決意を示した。英国が素早く断固仏支持の姿勢を打ち出したことから，ドイツも譲歩せざるを得なくなり，結果，パリ会議でモロッコにおけるフランスの保護権をドイツが承認し，その見返りに仏領コンゴの一部を得ることで解決が図られた。二度のモロッコ危機を通じ，英仏が連携してドイツに対抗する構図が明確化した。またこの事件を契機に英国は有事の作戦計画を見直すべくフランスと軍事協議を行い，ドイツがベルギーを通過してフランスに侵入した場合，英国が12日間に6個師団をフランス・ベルギー国境に派遣する計画が両国参謀本部の間で立てられた。

● 伊土戦争からバルカン戦争へ

ボスニア・ヘルツェゴビナ併合問題に次いでバルカン情勢を複雑にしたのは，1911〜12年の伊土戦争であった。オーストリアがトルコ国内の混乱に乗じたのと同様，イタリアも各国の関心が第2次モロッコ事件に集中している隙を利用してトルコに宣戦，北アフリカのトリポリ，キレナイカの領有を宣言し

た（伊土戦争）。トルコは欧州各国に支援を求めたが，独仏がこれに応えず傍観したためトルコは敗北，イタリアの併合は黙認された（ローザンヌ条約）。これは伊土両国の領有権争いであったが，列強動かずと見たバルカン諸民族の間にトルコ領土分割の機運が高まり，バルカン同盟の結成と第1次バルカン戦争を誘発する因となった。

　1912年の3～8月にかけて，ロシアを後ろ楯とするセルビア，ブルガリアはヨーロッパからのトルコ駆逐を目的に，ギリシャ，モンテネグロと共にトルコに対する共同防衛を定めたバルカン同盟を結成する。そして伊土戦争でのトルコの敗北がはっきりした同年10月，マケドニア救援を名目にトルコに宣戦を布告した（第1次バルカン戦争）。トルコは急ぎイタリアと講和しバルカン同盟に対抗したが，敗北を喫した。この時，墺露両国が動員令を下し，それぞれ軍隊を国境付近に集結させたために事態が緊迫，英国外相グレーが調停に動きロンドン条約が成立（1913年5月），トルコはコンスタンチノープル以外の欧州領（バルカン半島）を全て失い，バルカン同盟側に割譲させられた。またアルバニア王国の創設が決定された。

　ところが戦後，共にトルコと戦った同盟諸国が，トルコ領土の分割をめぐって対立を起こした。先の同盟ではギリシャ，セルビア，ブルガリアの3国で戦後におけるマケドニア分割の取り分が定められたが，アドリア海への進出を果たせなかったセルビアが，その代償として現に占領している中部マケドニアの取得を要求した。だがブルガリアはこれを拒否し，逆にセルビア軍の撤退を要求，またブルガリアとギリシャの間でもマケドニアの配分を巡り対立が起きた。そこでセルビアとギリシャが接近，両国はブルガリアとの話し合いが決裂し戦争になった場合，相互に援助する同盟を結びブルガリアに対抗したため，1913年6月，不満を募らせたブルガリアがセルビア，ギリシャを攻撃し戦争が勃発した（第2次バルカン戦争）。ルーマニアやモンテネグロ，トルコもセルビア，ギリシャ側に立って戦線に加わり，孤立したブルガリアが大敗，ギリシャやセルビア，ルーマニアは領土を拡大，トルコもアドリアノープルの回復に成功する。マケドニアは上記三国によって分割されたが，ブルガリアに与えられた地域は最も小さい部分に限られた（ブカレスト条約：1913年8月）。

　バルカン戦争はトルコの衰退を加速させたほか，バルカンにおける汎スラブ

主義勢力の拡大をもたらした。なかでもセルビアの躍進はめざましく，その領土は4万5千平方キロから8万2千平方キロに，人口も280万から4百万へと増大し，バルカン一の強国となった。だが大セルビア主義を掲げ膨脹意欲の強いセルビアはこれに満足せず，南スラブの統一をめざし，さらにアルバニアやモンテネグロの併合を企図した。セルビアの夢は，バルカン半島からオスマントルコとオーストリアの両帝国を閉め出すことにあった。セルビアの野心はこれを警戒したオーストリアに阻まれたが，両者の対立は日増しに激化し，セルビアの背後にはロシアが控えていた。こうしてバルカン半島を舞台に，汎スラブ主義のロシアと汎ゲルマン主義のドイツ・オーストリア両勢力の対立は先鋭化していく。

5 第1次世界大戦

●サラエボ事件

1914年6月28日，ボスニアで行われる陸軍大演習に出席するため同地を訪れたオーストリア・ハンガリー帝国の皇位継承者フェルディナンド大公夫妻が，首都サラエボで汎スラブ主義者のセルビア人青年プリンチプによって暗殺された。この事件にロシアは介入すまいと判断したウィルヘルム2世が対墺支持を約したこともあり，オーストリアはセルビアに強硬な姿勢で臨み，謝罪と反墺政策の禁止を求める最後通牒を発出した。セルビアは要求の大部分には応じたが，墺政府の機関がセルビア国内の反墺活動弾圧に協動したり，暗殺犯の裁判に関与するという二点については内政干渉にあたるとして拒否，オーストリアはこれを不満として国交を断絶した。

英国外相グレーは，事態打開のため当事国以外の列強による会議をロンドンで開催し，協議中は軍事行動に出ぬよう関係諸国に提案したが，ドイツの反対に遭い挫折[15]。暗殺事件から1か月後の7月28日，オーストリアはセルビアに宣戦を布告，翌日ベオグラードへの攻撃を開始した。しかしウィルヘルム2世の見通しに反し，ロシアはセルビア援助に加え対独戦も決意し総動員令を下したため，ドイツはロシア，それに露仏同盟の存在からフランスにも宣戦を布告した。ドイツは英国の中立を期待したが，これも見通しが外れ，独軍が永世中立国ベルギーを侵略するや英国はドイツに参戦した。

かくて三国同盟と三国協商の対立は，全欧州を巻き込むヨーロッパ史上最大規模の戦争を惹起せしめることになった（イタリアは中立を宣言）。ドイツ参戦の目的は，中欧に一大帝国を建設することによって英米露と対等の世界強国たらんとすることであった[16]。ドイツ宰相ベートマン・ホルベークは「激しい嵐になるであろうが，極めて短期間だ。私は戦争の継続を3か月かせいぜい4か月と見ている。この予想の上に，私の全政策は立てられている」と述べたが，彼に限らず各国の指導者や軍首脳は一様に，近代兵器の凄まじい破壊力から考えて戦争は短期間で終了するだろうとの認識を抱いていた。

● 戦争の長期化と総力戦

しかし，現実には戦争は長期戦となり，総力戦の様相を呈した。開戦にあたりドイツはかねての計画に従い，所謂シュリーフェンプランを実行に移した。これは，二正面作戦を強いられ，しかも長期戦に耐えるだけの経済力に乏しいドイツの国情を踏まえ，ハンニバルのカンネーの戦いやフリードリヒ大王による7年戦争等の戦訓を基に参謀総長のシュリーフェンが考案した作戦計画で，開戦当初，東部戦線では防御に徹し，その間，機動力発揮により全力を集中して西部方面で攻勢に出，ベルギーを通過して6週間以内の短期戦で一挙にパリを攻略し，そのあと反転して全勢力を東部戦線に向けるという各個撃破を狙う作戦であった。

1914年8月4日，ベルギーに攻め込んだ独軍は首都ブラッセルを占拠した後，仏領土へ侵入した。しかしロシアの動員態勢が予想以上に早く，露軍がオーストリア，ドイツへの進撃を始めたため，未だ西部戦線の決着がつかないものの，パリ陥落は時間の問題と判断した参謀総長モルトケは2個軍団の東部戦線への転用を決意する。ルーデンドルフを参謀長とする独第8軍は，西部からの増援を待つことなくタンネンベルクの戦いで露軍を包囲殲滅するが，兵力転用によって独軍の仏侵攻は鈍りを見せ，マルヌの会戦で英仏連合軍の反撃に遭う。作戦ミスも加わり，連合軍の中央突破を許した独軍は国境線まで退却を余儀なくされ，以後東西両戦線は一進一退の膠着状況に陥り，西部戦線第一主義と短期決戦をめざしたシュリーフェンプランは挫折した。一方，ドイツと密接な関係にあるトルコは1914年11月，次いでブルガリアも同盟国側に立って参戦した。逆にルーマニアは連合国に加わり，戦線は東地中海，小アジアへと拡大し

英仏連合軍はチャーチル海相の発案に基づき，東部戦線の膠着打開と対露連携を目的にイスタンブールの占領をめざしたが，15年2月，ダーダネルス海峡の制圧に失敗，4月にはガリポリ半島への上陸作戦を強行したが甚大な被害を蒙った。両国はロシアの戦線離脱を防ぐため，サイクス・ピコ協定を結んで戦後におけるオスマントルコ分割に係る3国間の了解を密約した（1916年）。密約外交は，シオニズム運動が高まりを見せていたユダヤ人や，オスマントルコの支配に抗しナショナリズムの機運が盛り上がっていたアラブ世界にも展開された。1915年10月，英国高等弁務官マクマホンはメッカの太守フセインに対し，アラブのオスマントルコへの抵抗と引換に，パレスチナを含む東アラブ地域での独立支持を約束した（マクマホン宣言）。その一方で英国は，ユダヤ人財閥の財政援助をあてにし，また在米ユダヤ人の力で米国の対独参戦を促す狙いからシオニズム運動に理解を示し，1917年11月，バルフォア外相がユダヤ人代表ロスチャイルドに宛てて，ユダヤ人のパレスチナ建国に最善の努力をすることを宣言した（バルフォア宣言）。これら密約の内容は互いに矛盾しており，その後のアラブ・イスラエル紛争を引き起こす大きな原因となった。

　一方，独軍は15年2〜6月にかけて4回にわたりベルダン要塞を攻撃したが，50万の犠牲を払っても陥落できなかった。英仏軍も6〜11月に総攻撃（ソンムの戦い）を実施したが，優位を獲得するには至らなかった。1915年4月のイープルの戦いで独軍は初めて毒ガスを使用，英国もソンムの戦い（16年9月）で戦車を用いた。また両軍とも開発間もない飛行機を投入したほか，独軍はツェペリン飛行船を用いて英仏爆撃を実施する等産業革命による各国の工業化を反映して，第1次世界大戦では多くの近代兵器が登場した。

　●**戦局の転換：アメリカ参戦とロシア革命**

　1917年になると，大戦の帰趨に影響を与える重要な変化が表れた。その第一はアメリカの参戦である。第1次世界大戦が勃発するや，ウィルソン大統領は直ちにアメリカの厳正中立を宣言した。当時のアメリカは孤立主義的傾向が支配的で，積極的に参戦を主張する声は殆どなかったが，連合国を支持する者が大部分であった。そのためアメリカの独墺向け輸出が激減した反面，英仏への輸出額は急増し，連合国側を援助する格好となった。ドイツは1915年2月，

連合国および中立国を対象とした潜水艦戦を開始し，5月には英客船ルシタニア号が撃沈され，米人124名が犠牲となった。アメリカの抗議を受けてもドイツは潜水艦戦を中止しなかったが，賠償支払いとアメリカ等中立国船舶の安全を約したため事態は沈静化した。同年8月にも英客船アラビック号がドイツ潜水艦に沈められたが，ドイツが人命の安全確保を約したこと，また16年3月にサセックス号が攻撃を受けた際には，以後商船への無警告攻撃を当分行わないことを誓ったため，米独の対立はいずれも回避された。

しかし，アメリカの連合国向け援助に対する軍部の不満が強まり，遂に1917年2月，ドイツは無制限潜水艦作戦に踏み切った。たとえアメリカが参戦しても，年内に兵員をヨーロッパに送り込むことは不可能で，それまでに英国が飢餓によって降伏するだろうというのが独軍部の考えであった。当初，連合軍商船の損失は増大したが，護送船団方式の採用によって損失は激減，逆にUボートが船団の攻撃に曝されて損失を重ねるようになり，18年初めには作戦の失敗は明らかとなった。また無制限潜水艦作戦の実施に対しアメリカは対独断交を宣言。露革命で帝政が崩壊し，参戦してもアメリカが専制国家と同盟関係に入る懸念は解消された。ここに至りウィルソンも参戦を決意，5月には選抜徴兵法案が成立，6月にはパーシング将軍を総司令官とする欧州派遣軍の第一陣が出発，以後，大西洋を渡ってアメリカの豊富な物資と2百万人を越える兵力がヨーロッパに運ばれ，これが連合国側の優位を決定づけた。

● ロシア革命とブレストリトフスク条約

もう一つ大戦の行方に大きな影響を与えた出来事が，露革命とそれに続くロシアの戦線離脱だった。1917年3月，軍需工場でのストライキが契機となり，首都ペトログラードで食料を求める労働者らの不満が爆発，大規模なデモが行われ，鎮圧に出動した軍隊も民衆の側についた。首都は労働者と反乱軍に占拠され，労働者・兵士の代表でソビエトが組織された。ソビエトと結んだ国会の要求に屈して皇帝ニコライ2世は退位し，ロシアの専制態勢は崩壊した（3月革命）。その結果，地主・資本家が支持する社会革命党の臨時政府が組織されたが，これとは別にメンシェビキを主流とするソビエトが存在し，ロシアは二重権力状態となった。臨時政府は言論の自由や普通選挙の実施，農村改革等の方針を打ち出したが，戦争の継続を主張したため，帝国主義戦争反対を唱える

ソビエトと対立を深めた。こうした状況の中,亡命先のスイスからレーニンが帰国し,「すべての権力をソビエトへ」という4月テーゼを発表し,勢力の弱かったボルシェビキの指導者として武力蜂起による臨時政府打倒に動いた。臨時政府のケレンスキー首相は非常事態を宣言しボルシェビキ幹部の逮捕を命じたが,11月初旬,ボルシェビキ部隊がペトログラードを占領し,臨時政府の打倒が宣言された (10月革命)。

　11月8日,全ロシアソビエト大会の決議に基づいて人民委員会議(議長レーニン,外務人民委員トロツキー,民族人民委員スターリン)が誕生し,ソビエト革命政府が発足した。レーニンは「平和に関する布告」を発表して帝国主義戦争に反対するとともに,全交戦国に無併合,無賠償,民族自決の原則に基づく休戦講和を呼びかけた。連合国側が拒否すると,ソビエトは帝政ロシアが連合国と結んだ秘密条約等の外交文書を暴露し,戦争目的が帝国主義的だと非難した。翌18年3月には同盟側とブレストリトフスク条約を結び単独に講和,戦線を離脱する。しかし,国内では帝政ロシアを支持する保守勢力がバルト,ウクライナ,シベリア等で反革命政権を樹立し,ソビエトの打倒をめざして各地で革命政府軍と内戦を繰り広げた。連合国も対ソ干渉戦争を行い,英仏軍が北〜南部ロシア,日米軍がシベリア方面から侵入したほか,反革命政権(白軍)に資金や兵員の提供を行った[17]。

　白軍と外国軍隊双方との戦いを強いられた革命政権は,赤軍の強化を図るとともに,食料の配給や穀物強制徴発等戦時共産主義体制を敷いて対抗した。その後,干渉戦争に対する批判の高まりから連合軍各国がロシアからの撤退を決定,これを機にトロツキー率いる赤軍は反撃に転じ,20年3月には白軍の打倒に成功する。こうしてソビエト政権は次第にその権力基盤を固め,内戦終了後も唯一シベリアへの出兵を継続していた日本も22年10月に軍隊を引き上げ,干渉戦争は終結した。

● ドイツ革命と終戦

　参戦に先立つ1918年1月,アメリカのウィルソン大統領は戦争遂行の目標ともいえる「14か条の原則」を発表したが,それは旧来のヨーロッパ外交の慣行を完全に否定するものであった。ヨーロッパ流の秘密外交こそ戦争の根本原因の一つと考え,公開外交と外交政策に対する大衆のコントロールの必要性

を確信するウィルソンは，戦争目的の第一に秘密外交・秘密条約の廃止を掲げたほか，航海の自由，軍縮，貿易自由化の促進，民族自決主義に基づく領土，民族問題の解決，それに恒久平和のための国際機関設置等を列挙したのである。14か条の原則は，国際協調を基本とした極めて理想主義的色彩の濃いもので，他の連合国には受け容れ難い内容であった。戦争は，国家相互の利害打算によって起こり，かつ，その範囲内で限定・収束さるべきものという権力政治観的戦争認識に慣れ親しんでいる欧州列強にとって，戦争は自由とデモクラシー擁護のために遂行すべきだというウィルソンの聖戦感覚は理解し難いものであったからだ[18]。だが，ウィルソンの強い意志と，戦後復興にアメリカの援助を必要と判断したことから，結局この14か条原則が講和の基礎とされることになった。

　この間，西部戦線では，露戦線から兵力の転用を図ったドイツが18年春に大攻勢をかけ，一旦は英仏軍を後退させパリに迫ったが，アメリカの増援により連合国はマルヌの戦いでドイツ軍を撃破，以後ドイツは敗退を重ねていった。18年9月にまずブルガリアが降伏，10月にはトルコ，翌月にはオーストリアもこれに続いた。敗色濃いドイツでは政情不安となり，急進派の独立社会民主党やスパルタクス団が労働者の支持を集めた。11月3日，キール軍港で水兵の反乱が起こり，水兵は労働者と提携して労兵協議会を組織して同市を支配した。この動きは忽ちハンブルクやリューベック等に広まり，ミュンヘンでも革命が勃発，バイエルン王が退位しバイエルン共和国が宣言された。いまや全国規模で革命が起きる勢いとなり，ウィルヘルム2世はオランダに亡命，宰相のマックスもその座を社会民主党委員長エーベルトに譲った。社会民主党のシャイデマンはベルリンの帝国議会議事堂の窓から民衆に向かい，帝政の廃止，共和政の樹立，社会主義政党のみによる労働者政権の設立を宣言した（ベルリン革命）。エーベルトは社会民主党に独立社会民主党を加えた人民委員会による臨時政府を樹立，11月11日，パリ郊外コンピェーニュの森に置かれた客車の中で連合国と休戦協定を締結し，4年3か月にわたる第1次世界大戦が終結した。

■注　釈
(1)　「20世紀が始まるころには，権力抗争は結局は民族国家の争いという形をとると，

一般に考えられるようになっていた。これは比較的新しい考え方である。1789年の仏革命以前には，戦争といえば，民族の拡大強化と同時に支配者層の利益や宗教的争いに関わるものであり，多くの民族がまだ国家として組織されていなかった。例えば，チェコ，ドイツ，イタリア，ポーランド，ルーマニア，南スラブの各民族がそうである。1815年のナポレオン敗北後のウィーン会議で決定されたヨーロッパの領土に関する取り決めは，その20年も前からナショナリズムがおおいにもてはやされていたにも拘らず，民族自決の原理を慎重に排除したものだった。このウィーン体制を維持することになるのはロシアやオーストリアのような多民族からなる大帝国，あるいはドイツ民族とともにポーランド民族をも支配していたプロシャ王だった。この時点では，ヨーロッパのかなりの民族が依然，オスマントルコのイスラム帝国に包含されていた。当時都会に増え始めた知識人にとって，民族主義者は厄介な変人あるいは成り上がり者に過ぎず，機会さえあれば抑圧すべき対象だった。19世紀ヨーロッパの嵐のような歴史は，あらゆる変化を経験することになる。ブルガリア，ギリシャ，ルーマニア，セルビアの各民族はトルコの支配から解放され，ハプスブルク家の支配するオーストリアは敗北し，その結果，ドイツもイタリアも一国家としての統一を見る。今や未来は，さまざまな形の民族主義イデオロギーに支えられた，単一民族国家の手にあるように思われた。……寄木のように入り組んだ多くの民族を支配下に置くオーストリアハンガリー帝国や……オスマントルコ帝国の如き多民族国家は，1900年には既に衰えを見せ始め，両帝国とも1918年には崩壊してしまう。未来は明らかに，英仏露独，あるいは日本といった強力な民族の手にあった。こうした民族の主たる強みは，単一言語と単一文化を共有し，経済効率のよい多数の人口を擁している点にあった。」C・S・ニコルズ編『20世紀の歴史①政治（上）1900～1945』石川真澄監修（平凡社，1991年）11ページ。

(2) ドイツ，イタリアは1878年に保護関税法を制定し，イタリアはその後87年，94年，97年と度々関税率を引き上げている。1881年に保護関税法を制定したフランスも84年，87年に引き上げており，1890年にはアメリカでマッキンレー関税条項が設けられ，同年ロシアでも保護関税法が発布されている。

(3) 全ヨーロッパの鉄道延長数は1869年に6万6千マイル（10万6千キロ）であったのが，1900年には17万2千マイル（27万5千キロ）に達した。全世界の鉄道延長数では69年の13万マイルが1900年には60万マイルと5倍近い伸びを示した。また海底電線が敷設され，1866年にはヨーロッパとアメリカが，1870年にはヨーロッパとインド，極東が，さらに74年にはヨーロッパと南米が直接的な電信網で結ばれた。鉄道建設が社会に与えた影響や帝国主義との関係についてはヴォルフガング・シヴェルブシュ『鉄道旅行の歴史』加藤二郎訳（法政大学出版局，1982年）及びC・B・デイビス，K・E・ウィルバーン Jr.『鉄路17万マイルの興亡』原田勝正他監訳（日本経済評論社，1996年）等参照。

(4) 1890年3月18日，皇帝ウィルヘルム2世はビスマルクに「辞職の許可を求める」ことを命令した。だがビスマルクがこれを拒否したため，20日皇帝は遂に勅命によって彼を罷免した。

(5) ロシアは外国資本の導入を主としてドイツに頼り，シベリア鉄道等の建設に充てて

いたが，鉄道の発達により露産穀物のドイツへの輸送が便利となったため，これに農場主であるとともに軍首脳をも形成していたドイツの土地貴族（ユンカー）が反発した。ユンカーの圧力に押されたビスマルクは，露公債を担保とする独帝国銀行の貸付を禁止する指令を出し，ロシアの有価証券をベルリンの取引所から排除する措置を取らせた（87年11月）。この結果，ロシアはフランスの金融市場に向かい，フランスもロシアの外債を歓迎した。尾鍋輝彦『20世紀①帝国主義の開幕』（中央公論社，1977年）179～80ページ。

(6) Henry Kissinnger, *Diplomacy* (New York, Simon & Schuster, 1994), pp.135-6.

(7) ウィルヘルム2世の母は英国女王ビクトリアの娘であることから，彼は英国王エドワード7世の甥，続く国王ジョージ5世の従兄弟にあたり，また露皇帝ニコライ2世とも従兄弟どうしの間柄であった。

(8) 「フランスとの提携に動こうとするロシアの意向をさらに強めたのは，ウィルヘルム2世が再保障条約の更新を断った後，ドイツが植民地に関して，速やかに英国とザイジバル協定を結んだことであった。……英国は，この取り決めをアフリカにおける植民地問題の解決の一つの手段と見ていた。ドイツは，これを英独同盟の除幕と見ていた。ロシアはさらに進んで，これは英国が三国同盟に加入する第一歩だと解釈したのだ。」Henry Kissinnger, *op.cit.*, p180.

(9) 「再保障条約の終焉は，従来とは全く逆の状況をもたらした。ドイツの選択の幅を狭めることは，オーストリアの冒険主義を煽るものだった。……再保障条約の破棄は，単にドイツがオーストリアに対して有していた梃子を失っただけでなく，結局のところ，ロシアの懸念を強めてしまったのである。ドイツがオーストリアに頼るということは，ロシアからは，バルカン問題についてドイツがオーストリアを支持する新たな傾向だとみなされた。……一度ドイツがオーストリアの側についたことが決定的になれば，フランスとロシアは，たとえ同床異夢であっても，実際問題として互いに相手を必要とするのであった。両国とも，自国の戦略を実現するにはまずドイツを破るか，少なくとも弱体化させねばならなかった。フランスがロシアを必要としたのは，戦争以外の手段ではアルザス・ロレーヌの奪還が不可能と考えていたからである。一方ロシアは，墺帝国のスラブ民族居住部分を継承するためにはオーストリアを破る以外に方途の無いことを知っていたが，ドイツは再保障条約の更新を拒否することにより，ロシアのこの意図に抵抗することを明らかにしていた。そしてロシアがドイツに対抗するにはフランスの援助が欠かせなかったのである。」*Ibid.*, pp.179-81.

(10) 「皇帝の政治的意図の中心をなしていたのは，艦隊の建設である。この手段によって初めて，英国と並ぶ世界強国にのし上がり，同時に世界列強から同等の存在として認められる可能性が開けると思えたのだった。この艦隊が，経済力と結びついて，独国民が植民地世界の現状を修正し得る為の基礎を成すはずであった。それと言うのも，独国民は，世界分割にやって来るのが遅すぎたからであり，彼ら自身の意見によれば，全く不十分な配慮しか受けていなかったからである。……船貨の動きが益々活発になっていく中で英国の艦隊に依存しないようにする，あるいは，ドイツの資本網を経由する独商品を英国の中間支配なしに外国市場に送達できるようにするために，ドイツは自分の商

船隊を持つ必要があった。……この商船隊が銀行と密接に結びついて建設されるに際しては，急速に成長したドイツの造船工業が大きく関与しており，それが今度は海軍艦隊の建設の前提条件となったのである。……海軍とは，ドイツの貿易を保護し，英国に強要して平等・同盟資格（対等の立場に立って交渉できるだけの資格），友好関係の実現を否応なしに承認させ，まさにそのことによってドイツの世界強国としての主張の象徴たるべきものであった。」フリッツ・フィッシャー『世界強国への道1』村瀬興雄監訳（岩波書店，1972年）5〜15ページ。

(11) David Reynolds, *Britania Overruled: British Policy and World Power in the Twentieth Century* (London,Longman,1991), p.80.

(12) 「英独同盟をつくろうとする幾度もの試みが失敗した根本的理由は，ドイツの指導者が，伝統的な英国の外交政策およびドイツ自身の安全を確保する真の必要を頑なに理解しようとしないことにあった。1世紀半にわたって英国は，先行きの見通せない軍事同盟に自らを縛ることを避けてきた。英国の受け入れることのできる協定は次の二つ，即ち，明確で明らかに特定できる危険に対処する限定的な軍事同盟，または利害が共通する問題について，外交の面で協力する協商型の取り決めだけであった。……ドイツは，このような非公式な方式を断った。ウィルヘルム2世が，自らが大陸型の同盟と称したものに固執したのである。……ドイツがこのような実現不可能な正式の保証を求めて圧力をかけたのは，実はドイツがこれを必要としていなかったからである。なぜなら，英国が向こう側につかない限り，ドイツは欧州大陸の予想される如何なる敵にも，または如何なる敵の連合にも勝てるほど強くなっていたからである。ドイツが英国に求めるべきであったのは同盟ではなく，欧州大陸でドイツが戦争をしかけられた場合に，好意的中立を守ってくれることであった。そしてこのためには，協商型の取り決めで十分であった。実際に必要としないものを要求し，また英国が欲していなかったもの（英国を守るという大上段の約束）を提案することにより，"ドイツは実は世界の制覇をねらっている"との疑いを英国が持つように仕向けてしまったのである。」Henry Kissinnger, *op.cit.*, pp.182-3.

(13) 英独同盟締結の推進者であった駐英ドイツ大使館参事官のエッカルトシュタインは，駐英日本大使館の林公使を訪問し，日英同盟締結を日本政府から英国政府へ提議するよう説得した。これは，日本が英国への同盟を求めることで，英国の対独同盟締結意欲を高めさせようとの狙いがあったものと思われる。1901年4月，林公使はこの件を本国に報告，爾後，1901年10月から02年1月まで，林公使とランズダウン英外相の間で協議が進められた。1901年中は，伊藤，井上両元老が日露協商案を主張していたため日英間の交渉は進展をみなかったが，結局同年12月7日の元老会議で英国との同盟に決定し，翌1902年1月30日，日英同盟が締結された。

(14) 独墺伊の三国同盟内部の相互関係は決して緊密ではなく，両陣営の勢力バランスは必ずしも均衡してはいなかった。アルヘシラス会議が示したようにイタリアは忠実な同盟の一員とは言えなかった。イタリアは，オーストリアのアドリア海沿岸への進出に脅威を感じており，ともすれば三国同盟の維持に関心を失いがちであった。むしろエチオピア戦争に敗北した後イタリアはフランスに接近，1900年暮れにフランスと秘密協定

を結び，フランスはモロッコで，イタリアはトリポリおよびキレナイカで特殊権益を持つことを承認しあい，北アフリカにおける両国の利益範囲に関する了解を取りつけた。さらに1902年11月にはフランスと秘密の協商を結び，ドイツがフランスを攻撃する場合，イタリアは三国同盟にも拘らずドイツに味方せず中立を保つと約束，それとともにイタリアは三国同盟を更新した際，フランス，英国との戦争にイタリアは参戦義務を負わないことを明言した。このようにイタリアが二重外交を追求していたことに加え，オーストリアも国内少数民族の反抗に絶えず悩まされ，軍事的に弱体であった。ほとんど独力で三国協商に対抗せねばならないドイツは，協商包囲網の中に追い込まれていった。

(15) 「潜在敵国の心理を読み誤るという点ではドイツ指導者の右に出る者はいないほどで，彼らは大海軍を建造することによって英国に同盟化を迫ったり，モロッコでは戦争への脅しによってフランスを孤立化させようとした時と同様に，今回も自分たちの機会は途方もなく大きいと確信していた。ドイツの指導者達は，オーストリアが成功すればロシアは三国協商に幻滅を感じ，それによって対独包囲網が破れるだろうとの前提からものを考えていたため，妥協不可能な相手と考えたフランスは無視し，また勝利の結果を横取りされるのを怖れて英国による調停を退けた。彼らは，皆の予想に反して開戦となっても，英国は中立を保つか，あるいは遅すぎる時期になってようやく介入してくると自らを信じ込ませていた。」Henry Kissinnger, *op. cit.*, pp.209-10．

(16) フリッツ・フィッシャー，前掲書，123〜30ページ。

(17) 1918年3月，英仏軍がムルマンスクに上陸，4月には邦人殺傷事件を口実に日本軍がウラジオストクに上陸し，続いて英国も水兵を同地に上陸させた。さらに同年5月22日のチェリヤビンスク事件を契機として，6月にベルサイユで開かれた連合国最高会議はロシアに対する軍事介入を決定。アメリカも共同出兵を日本に提案した。米案はチェコ部隊救援に目的を限った限定出兵案で，日本のシベリア進出にブレーキをかける意図があったが，日本は表面上米案に同意しつつも，当初よりウラジオストク以外への出兵も目論んでいた。8月2日に日本，3日にはアメリカがそれぞれシベリア派兵を宣言し，ウラジオストクに部隊を上陸させ，英国も北ロシアのアルハンゲリスクに上陸，対ソ干渉戦争が本格化した。日本軍はウラジオストク上陸後，2か月のうちに北満洲から東部シベリアのザバイカル州，アムール州，沿海州に展開，東清鉄道とシベリア鉄道東半の沿線一帯に7万3千人の兵士を配置させ，同年10月米側から背信行為だと抗議を受けている。なおチェリヤビンスク事件（18年5月18日）とは，大戦中，オーストリア軍に加わりロシア側の捕虜となっていたチェコ兵士は20万人にも上ったが，ロシアの戦線離脱に伴い，チェコのマサリクが指導しこれを西部戦線に転送して仏軍指揮官の下再び対独戦に投入することとなった。ところが，ウラルのチェリヤビンスク駅でソ連政府がチェコ部隊に武器の引き渡しを要求したため紛争となり，シベリア鉄道沿線各地に分散していたチェコ部隊がソ連に反乱を起こしたものである。連合国が干渉に踏み切った理由としては①戦後，ボルシェビズムが西側支配層にとって大きな脅威となり，それが拡大する前にその本拠でこれを粉砕したいと考えていたことに加え，②休戦前，ロシアに輸送され，ムルマンスクやアルハンゲリスクに集積されてあった莫大な軍需品

が独軍の手に落ちる危険があると考えたこと，③赤軍が戦争を放棄して，ドイツ軍の大部隊がフランスに移動するのを防ぎ止めるため，何かの形で東部戦線を急速に建て直す必要を感じたこと，④英仏はカフカーズの油田地帯確保の野望を抱いており，ポーランドや日本も同じような帝国主義的野心を持っていた。

(18) 「アメリカの参戦により，技術的には全面的勝利が可能となった。しかし，勝利はヨーロッパが約3世紀にわたって親しんできた世界秩序とはほとんど何の関係もない目標を実現するためのものとされ，アメリカはその目標のために参戦したということになっていた。アメリカはバランスオブパワー概念を軽蔑しており，またリアルポリティークの実行を不道徳と考えていた。アメリカが国際秩序の基準としたのは，民主主義であり，集団的安全保障であり，そして民族自決であった。そしてそのうちのどれ一つをとっても，これまでのヨーロッパの紛争解決に役立ってきたものではなかった。アメリカ人にとっては，彼らの哲学とヨーロッパの思想との不一致は，自らの信じているものの優越性を示す証拠であった。ウィルソン的世界秩序は，旧世界の教訓と経験からの根本的離別を宣言したものであった。それはまた，民主主義国は本来，平和的であり，人々は民族自決を与えられれば戦争を始めたり，他民族を圧迫したりする理由を失うという考えである。……ヨーロッパ指導者の思想には，こうした考え方を受け入れるような余地はなかった。彼らの国内制度も国際秩序も，人間の基本的な善を仮定している政治思想に基づくものではなかった。」Henry Kissinnger, *op.cit.*, pp.221-2.

第6章　ベルサイユ体制の崩壊と第2次世界大戦

1　序

　第1次世界大戦の結果，英米海洋勢力と露仏大陸勢力の包囲によって孤立したドイツが覇権争いから大きく後退，本来ならロシアが新たな大陸国家の雄として海洋勢力に挑む構図が生まれるところ，相次ぐ対外戦争と独裁専制政治への反発から革命が勃発し，ロマノフ帝政は崩壊する。そのため，ロシアがアメリカとの覇権争奪戦を演じるにはなお30年近い歳月を要した。その間，ドイツがいま一度海洋勢力に挑むことになった。軍国ドイツの復活・膨脹を許した背景には，ベルサイユ体制の抱える問題が深く関わっていた。1919年6月，一切の予備交渉もなくその受諾を強制されたベルサイユ条約で，ドイツはすべての植民地を失ったほか，アルザス・ロレーヌ地方やポーランド，デンマークとの国境地帯を割譲させられ，軍備も大幅に制限された。また多数のドイツ系住民が住むオーストリアとの合一は禁止され，民族自決原則の適用は認められなかった。そのうえ1320億マルクという天文学的な賠償金の支払いを課せられたのだ。こうした苛酷な措置は，ドイツの復興を妨げることが自国にとって最善の安全保障と考えたフランスの強いイニシアチブによるものであったが，厳しい制約はドイツ経済を圧迫したばかりでなく，ドイツ人の戦勝国に対する敵愾心を煽り，ナチスの台頭を許す因ともなった。

　ベルサイユ体制が抱えていたいま一つの問題は，英国に代わり世界秩序の新たな形成者たるべきアメリカが孤立主義に舞い戻り，一方では理想主義的な国際秩序を標榜しながら，現実には戦後の国際政治に十分な関与をしなかったことである。また革命勢力という理由から，ソ連を国際社会から排除したことも問題だった。除け者にされたソ連は同じ境遇のドイツに接近する（ラッパロ条約）が，ヨーロッパ及び世界のパワーバランスを安定させるには米ソの関わりが必要不可欠であった。にも拘らず戦後の国際秩序がこの二国を抜きに維

持・運営されたため，そこに大きな限界を内在させることになった。また責任国家の結束の乱れが，ウィーン会議とベルサイユ会議後の国際秩序の行方に大きな相違をもたらした。1815年当時ウィーンに集まった調停者達の間には，正統性の確保や勢力の均衡維持という点で認識の共有があり，しかも，修正主義者の夢を打ち砕くための同盟（四国同盟）も創設された。それとは対照的にベルサイユ会議の後，勝者の間に真の協調と団結の精神は存在しなかった。国際連盟が設立されたとはいえ，米ソともに関与せず，ウィルソン流の理想主義と欧州の伝統的権力政治観が混在錯綜するばかりで，英国の大陸に対する姿勢も終始消極的であった。

　英国の大陸へのコミットが腰砕けであったこととも関係するが，軍縮への熱意が高まったのも当時の時代潮流であった。各列強はワシントン，ロンドン，ジュネーブ等の軍縮会議を相次いで開いた。初の世界戦争の体験がその理由であったことは言うまでもない。軍縮志向の強さと連動して，ヨーロッパでは反戦・平和主義が力を得た。その際，ドイツの社会民主党や英国の労働党は，ともすればウィルソン的な理想的国際協調主義に流れ，現実の権力政治を軽視した。しかも大衆民主主義は平和を求め，その維持に必要な現実的政策への理解に不知があった。その代表格が英国であり，当時の労働党は平和主義の世論大衆に迎合し，保守党政権が進めようとした再軍備に強く反対し，「ファシストと軍備を競うな」と唱え続けた。アメリカがヨーロッパの勢力バランス維持に乗り出さない以上，ドイツの膨脹を抑制するには英国の大陸への関与，特にフランスとの連携が不可欠であった。だが，英国の指導者には平和世論の影響に加え，ドイツをフランスと競りあわせるべき存在として容認する意識が抜け切れなかった。歴史上ヨーロッパ第一の強国とは同盟関係を結ばず，逆にその足を引っ張るというこの国の伝統もあり，最後まで英国はフランスとの連携に否定的だった[1]。さらには，ナチスをコミュニズムの防波堤に利用し，毒を以て毒を制そうとする思惑も働いていた。30年代におけるドイツの膨脹を許した帰責事由について顧みる時，英国の一国平和主義が負うべき咎は大きいものがある。

　もっとも，1920年代の欧州国際秩序はロカルノ体制と呼ばれる小康・安定期を迎えたが，この暫しの平穏が可能になったのは，アメリカの経済的関与に

よって賠償問題が処理され、ドイツの政治経済的安定が進んだことが大きかった。またソ連も20年代半ばを過ぎると世界革命への意欲が薄れ、一国社会主義を唱えるスターリンが権力を掌握すると、革命外交よりも自国の安全保障確保に重点を置くようになった。こうしたソ連外交の変化と歩調をあわせ、西側各国も対ソ外交の見直しに入り、24年には英仏伊がソ連を承認、26年にソ連の国際連盟入りも認められた。西側諸国がソ連を認知し、コミュニケーションを持つようになったことが国際秩序の安定にプラスに作用したのである。この時期、アジア太平洋地域においても、日本が米英との協調を外交の基本に据える等ワシントン体制が機能していた。但し、米欧ソ三極の間に安定的な力の枠組みが構築されたわけではなく、20年代末の世界恐慌によって協調の精神とパワーバランスは脆くも崩れる。英米仏が経済のブロック化で自国の危機を乗り切ろうとしたのに対し、植民地経営の後発組である独伊日は"持てる国の国際秩序"と称してベルサイユ体制の打破を唱え、武力行使に訴えても世界勢力圏の再分割を為し遂げようとしたためである。満洲事変がその先鞭をつけ、日独の国際連盟脱退やドイツの再軍備はベルサイユ体制を大きく揺さぶり、さらにドイツ軍のラインラント進駐、チェコ分割はベルサイユ体制を終焉へと向かわせた。

　ヘンリー・R・ルースが"アメリカの世紀"の開始を宣言し、「世界で最大の力を持ち、かつもっとも精力的な国民として、アメリカに与えられた義務と機会を心から受け入れ、その当然の結果として、アメリカが適当と考える目的のために、かつ適当と考える方法で、その影響力の全面的な効果を世界に向かって発揮するよう」呼びかけたのは、第2次大戦勃発後の1941年であった[2]。英国に代わる新たな覇権海洋国家の座に就きながら、根強い孤立主義のゆえにアメリカが欧州動乱への関与時期を失したことが、世界を再びの大戦へと向かわせた最大の要因であった。第1次大戦を勝利に導いた仏軍総司令官フェルディナン・フォッシュ将軍は、ベルサイユ条約について次のように論評している。「これは平和ではない。20年間の休戦なのだ」。

2 パリ講和会議とウィルソン構想の挫折

　1919年1月12日、仏外務省に集った英米仏伊4国の首脳・外相による非公

式準備会議が行われた後,18日から第1次世界大戦の戦勝27か国代表による講和会議が始まった。準備会議の決定で,英米仏日伊の5大国は「全般的利害を持つ交戦国」として全ての会議に出席し,その他の国は「特殊的利害を持つ交戦国」として,自国に関係ある会議にのみ出席するものとされた。また5大国の首脳と外相で構成される十人会議が最高レベルの会議となり,ここで重要事項が決定されるはずだったが,実際には,ウィルソン(米),ロイドジョージ(英),クレマンソー(仏)3者による首脳会議が主たる論議の場となり,他の戦勝国の影響力は限定され,まして同盟国側の意見が反映されることは全くなかった。当時干渉戦争の最中にあったソ連は,講和会議には招請されなかった(3)。

奇しくも5年前のオーストリア皇太子暗殺と同じ日の1919年6月28日,ベルサイユ宮殿鏡の間において独全権ミューラーと連合国全権との間で440条からなる講和条約(ベルサイユ条約)が調印された。その後,連合国側はオーストリア(サンジェルマン条約),ブルガリア(ヌイイー条約),ハンガリー(トリアノン条約),トルコ(セーブル条約)とそれぞれ講和条約を締結した。この一連の条約で生まれた戦後国際政治の基本的秩序をベルサイユ体制と呼ぶが,それはウィルソンが描いた理想主義的なビジョンとは大きく異なり,敗戦国ドイツに対する苛酷な報復主義と共産主義ロシアの国際社会からの排除を特色とした。また民族自決原則が適用されたのは欧州の一部地域に限られ,列強の植民地主義は温存されたままであった。講和会議に臨んだ米大統領ウィルソンは,これまでの権力政治を否定し,秘密外交の廃止や民族自決,軍備縮小,海洋の自由等14か条原則に則った民主的平和世界の構築に取り組もうとしたが,彼の考えは現実主義者の英首相ロイド・ジョージや仏首相クレマンソーの受け容れるところとはならなかった(4)。特に対独強硬論者でドイツの無力化と自国の安全保障確保に執着し,莫大な賠償やラインラントのドイツからの分離を要求するクレマンソーとは激しく対立した。アルザス・ロレーヌの返還やザール川流域の炭坑所有権および採掘独占権(5)を認めさせたことに加え,フランスは独西部国境をライン川とし,ライン川左岸地域(ライン川~独仏国境の間)の自治中立化を要求した(ラインラント分離案)。ラインラントの分離は民族自決に反するとしてウィルソンは反対,また過度な制裁がドイツをボルシェビズムへ走ら

せることへの懸念や独仏の勢力均衡維持の観点から，比較的ドイツに寛大な姿勢を示した英国もこれに難色を示したが，結局フランスの強い姿勢に押し切られ，ドイツのベルサイユ条約履行の保障としてライン川左岸及びケルン，コブレンツ，マインツを15年間保障占領することとし，同地域における独軍の配備，展開，演習も禁じた（非武装地帯）。

ドイツは海外の全植民地を剥奪され，東アフリカは英，ベルギー，西南アフリカは南アフリカ連邦，トーゴ，カメルーンはフランスが赤道以南の南洋諸島は日本が，それぞれ国際連盟からの委任統治を行うこととなった。本国についても，西プロイセンおよびポーゼン地方がポーランドへ割譲され，ダンティヒは国際連盟管理下の自由市とされ，東プロイセンと他のドイツとの間に「回廊」（ポーランド領）が設定され，ポーランドにダンティヒ湾への出口が与えられた。ドイツ人の多いダンティヒ（グダニスク）市を，同市民の意志を無視してドイツから切り離すことは民族自決原則に反する措置であり，後にこれが第2次大戦の一因となった。さらにメーメルがリトアニアに割譲させられたほか，ドイツ東南部の上シレジアの帰属は住民投票によることとされた。ドイツはヨーロッパにおける領土の13%，6万7千平方マイルと人口の10%を失ったほか，オーストリアとの合併が禁止された。また陸軍兵力は10万人，海軍は1万5千人と軍艦保有量10万トンに制限され，潜水艦や空軍の保有も禁止，参謀本部や徴兵制度も廃止された。賠償問題については，無賠償主義を唱え，被占領地の損害に限るべきだとするウィルソンと全戦費の賠償を求めるクレマンソー，ロイドジョージが激しく対立した。妥協として，ドイツは2年以内に10億マルクを支払い，総額は講和会議後設置される連合国賠償委員会で1921年5月1日までに決することとされた。賠償総額の特定がなされなかったのは，取り立て額の不足に世論が反発することを英仏が恐れたからである。

このほか民族自決原則に則り，旧露領からフィンランド，エストニア，ラトビア，リトアニアといった国家が独立，オーストリア・ハンガリー帝国は解体され，ハンガリー，チェコスロバキア，ポーランド，それにセルビア，モンテネグロは合同し，さらにボスニア，ヘルツェゴビナ，クロアチア，スロベニア等南スラブ人地域を併せてセルブ・クロアート・スロベーヌ王国（1929年にユーゴスラビア王国と改名）が誕生した。ユーゴの建国を後押ししたのはフランスで

あった。ハプスブルク帝国解体後, ドイツのバルカン進出と露革命の西漸に備える防疫線 (cordon sanitarie) として活かそうとしたのである。もっとも, 民族・言語分布の複雑さから, 東欧の国境線は民族的欲求を十分に満足させるものではなかった。ユーゴの場合, "南スラブ" という単一民族には実態が伴わず, 同国は擬制的な国民国家に過ぎなかったし, ポーランドやチェコ内におけるドイツ系少数民族, ユーゴ, ルーマニア, チェコ内のハンガリー系少数民族, さらにポーランド, チェコ, ルーマニア内の露系少数民族からも不満と抗議の声が上がった。ヒトラーによるチェコ解体がズデーデン地方に住む独系少数民族の問題から始まったように, 民族自決問題がナチス膨脹の材料を提供することになった。

　ドイツ同様, オーストリア・ハンガリー帝国も海外植民地を放棄させられ, 軍備制限や賠償義務に加え, 国内少数民族の保護, 国際河川としてのドナウ川の外国船舶の自由航行を約させられた。旧帝国領のうち, イタリアにチロル地方, トリエステを割譲したほか, ルーマニアにトランシルバニア, ポーランドにガリティアを与えた。南チロルには多数のドイツ系オーストリア人が居住していたが, ブレンネル峠の戦略的価値の高さを考慮してイタリアに割譲されたもので, 敗戦国オーストリアには民族自決は認められなかった。同盟側に組したブルガリア, ハンガリー, トルコも領土が縮小させられ, 他方, 連合国側についたルーマニアは領土を2倍に拡大し, バルカン最大の国となった (大ルーマニアの成立)。イタリアは, アドリア海東岸やトルコ領の獲得を目的に連合国側に加わったが, ユーゴ王国創設等のため講和会議では領土の拡大が十分に認められなかった。その代償としてアドリア海東岸の港市フィウメの領有を主張したが, 民族自決の原則からウィルソンが反対し, 結局フィウメはユーゴの領土となった。この措置を不満としてオルランド首相らイタリア代表が一時パリから引き上げる事態となった。対独賠償を得られぬ恐れから再びパリに戻ったが, この時の不満が後のファシスト政権誕生の伏線となった[6]。

　このように, 14か条原則の多くは実現できなかったが, 幾多の妥協と引換にウィルソンは国際連盟規約をベルサイユ条約に盛り込むことに成功し, 最大の願望であった国際平和機関の設立を果たした。他の問題で譲歩しても, 国際連盟が出来ればいずれはその活動を通じて欠点を是正できると彼は考えていた。

連盟規約はベルサイユ条約の第一篇に掲げられたが，講和条約と連盟規約を一体化させたのは，国際連盟が戦後国際秩序の中核たるべきだという自身の信念に加え，米議会の審議をクリアーするうえでも講和条約と抱き合わせておいた方が得策との判断が働いたためであった。

③ 英国覇権の終焉とアメリカの孤立主義
●勝ち続けたがゆえの衰退

　19世紀後半，英国は大陸国家ロシアの膨脹を抑え，20世紀に入るや大陸国家ドイツの挑戦を斥けることに成功する。だが，アメリカの参戦を待たなければ勝利を握れなかったことからも窺えるように，英国の覇権が大戦の勝利をもたらしたわけではなかった。逆に総力戦遂行の過程で国力を著しく消耗させた英国に代わって，かって英国の植民地であったアメリカが新たな海洋へゲモニーとして国際社会に登場する。既に第1次大戦前に工業生産でアメリカに追い越されていた英国は，大戦後，不況の1920年代を経てその経済的地位をさらに低下させた。失業者の数は百万人を下らず，政府財政も逼迫の状態が続き，さらに世界恐慌に伴い金本位制の廃止に踏み切った（1931年）ことで，パクスブリタニカの時代は完全に過去のものとなった。百年戦争以後，この国は常に戦争の勝者であり続けた。しかしビクトリア朝も後半に入ると，時流にあわない多くの社会システムの存在が問題となり始める。だが，それを大胆に改め，新興国の挑戦を撥ね除けるだけの活力は既に失われており，事実，その改革にこの国は失敗する。ではなぜ，国家・社会システムを変革するだけの活力がなくなったのかといえば，それは英国社会に根強くはびこる階級制度や身分差別と無関係ではなかった。

　自由主義や議会政民主主義の伝統とは裏腹に，英国ではジェントルマンに代表される貴族，地主階級が国家発展の過程において常に主役であり続けた。一敗地に塗れることが無かったばかりに，いつまでも彼ら支配階級の利益が優先され，ドラスティックな社会改革のメスが入らなかったのである。貴族院が長く存在したことや，普通選挙の実施が他の国よりも早かったものの女子の参政権が認められたのは1928年と遅かったこと等はその一例である。社会的流動性の低さが国の活力をそぎ，それが国際的競争力の低下を招くのはいわば当然

の成り行きである。また大英帝国（第2帝国）という植民地搾取の体制を支えた屋台骨はインドであったが，英国のインドにおける支配と搾取はこの国に存在するカースト制度に立脚する形で，つまり徹底した白人優位という人種的階級制を基礎として進められた。その結果，インドが独立を果たすまで，インド統治を通して英本国でも階級制や身分差別が不自然なく受容され，かつ社会に蔓延した。そのうえ英国産業によるインド市場の制圧が"独占の弊害"をこの国にもたらし，工業の停滞と腐朽をさらに助長させる結果ともなったのである。かってコブデンが，「我々は，本国において我が国民性を堕落せしめることなしにインドにおいて専制君主と屠殺業者の役割を果たすことができるであろうか。ギリシャ人やローマ人はアジアの征服によって堕落させられたのではないか？　そして我々もまた，異なった仕方であるとはいえ，枯れたと同じ運命を辿るのではあるまいか？」と自問したとおり，英国はインドによって栄え，そのインド支配が英国に衰退への途を用意したのである。

　もっとも，繁栄が長かっただけに衰退へのプロセスも緩慢であった。しかも英国が階級社会であるといっても，国家が未だ勢いを残している間は，支配階級のいわば"おこぼれ"をいただくことで，労働者階級の不満もある程度解消された。だが覇権に陰りが見えだし，もはやパイが拡大しないとわかるや，当然支配階級と労働者階級の攻めぎあいは俄かに激しさを見せる。自由党にかわる労働党の台頭や，第2次大戦後の相次ぐスト騒ぎはまさにその表われであった。二大政党制といえば聞こえは良いが，支配・被支配の役割が固定化しているため，ジェントリーの伝統を受け継ぐ上流ブルジョワジーと労働者の間で意見の一致は得難く，国論は分裂を続けた。その間，国内の活力や社会的流動性は徐々に失われ，にも拘らず，大国としての過去の栄光と遺産を食い潰すことによって，また政権交代の度に行われる場当たり的政策によって，いずれの階級に属す者もそれなりの満足を得てしまう。こうして"立ち直り"のためのポイント・オブ・ノーリターンは過ぎ去ってしまった。逆説的ではあるが，"勝ち続けたこと"が，柔軟な国家戦略の転換を阻み，英国の衰退を招くことになった最大の原因である。

●政局混迷のフランス

　英国のライバルフランスも国土の相当部分が戦場となり，140万人の戦死者

を出す等大被害を被った。1919年末, 5年ぶりの総選挙では右派と中間勢力を結ぶ国民団結 (ブロックナショナール) が大勝, ミルランが首相, 次いで大統領となり, 1922～24年までポアンカレが首相に就いた。この内閣は賠償不払いを理由とするルール出兵等対ドイツ強硬策をとったが, インフレを抑えられず, 対独強硬策への批判も高まり, 24年5月には左派連合が勝利し, 急進社会党のエリオが首相に就任した。エリオ内閣はルール撤兵, ソ連承認等の実績を挙げたが, やはりインフレを克服できず, 26年7月にはポアンカレの挙国一致内閣が成立する。首相のポアンカレは自ら蔵相を兼務し, フラン切り下げ等で財政の安定化を実現し, 20年代末にはようやくフランス経済も復活を遂げる。ポアンカレは3年間 (26～29年) 首相の座にあったが, これが戦間期におけるこの国の最長政権であった。

やがて世界恐慌が発生, タルデェとラバールが政権を担当する1920年代末～30年代前半には, 再び繁栄から不安の時期へと後退した。29年11月に生まれたタルデェ政権はマジノ線の構築等公共事業の活発化や産業への補助金付与の対策を講じたが成果に乏しく, 31年1月にラバール内閣が成立したものの国民経済は不振に陥り, 翌年2月にタルデェが三度目の政権を担当する頃には最悪の状況となった。32年5月の総選挙で左派が大勝し, 急進社会党のエリオが24年以来久々に政権を担当。だが, エリオ政権も左派の分裂と赤字財政から6か月で瓦解, 以後14年間に5つの内閣が交代し政情不安が続く。34年6月, 社会党, 共産党, 急進社会党からなる人民戦線が結成され, 2年後には社会党党首ブルムが第1次人民戦線内閣を結成, 国民購買力の引き上げによる生産活動の活発化をめざした。しかし平価切り下げをめぐり共産党と急進社会党が対立し, ブルム内閣も1年で崩壊。その後成立した人民戦線内閣も短命に終わった。第1次タルデェ内閣からダラディエ内閣の下で第2次世界大戦を迎えるまでの十年間, フランスでは実に26の内閣が交代した。

● アメリカの国際連盟不参加

第1次世界大戦の結果, 英国はその海外投資の1/4を, フランスは1/3を, そしてドイツはその全てを失った。一方, 戦前は欧州資本の投下先で, 40億ドルの負債を抱える世界最大の債務国であったアメリカが戦後は一転して37億ドルを擁する世界最大の債権国へと大躍進を遂げ, 1920年代の終わりには

116億ドルの戦債を含め270億ドルの海外資本を保有するまでになった。対外貿易も好調で，その輸出額は年平均約47億ドルに達していた。このような金融・交易面の好調振りは，アメリカの工業生産力の急速な発達に支えられていた。1914年当時，世界の工業生産高に占めるアメリカの割合は36％と，既に第2位のドイツの14％を大きく引き離していたが，20年代末にはアメリカの世界に占める比率は実に42％を越え，これはソ連をも含めたヨーロッパ全体の工業生産高を凌ぐものであった。その参戦がヨーロッパ戦線の膠着状態から連合国を救い出し，大陸国家ドイツの挑戦を斥けたことからも明らかなように，世界最大の資本主義国となったアメリカの力を抜きにしてもはや世界秩序の再建を進めることは不可能であった。しかしこうした国力を背景に，アメリカが国際政治で強力な指導力を発揮することにはならなかった。

　1919年7月，帰国したウィルソンはベルサイユ条約の批准を議会に求めたが，連盟への加入がアメリカの行動の自由を縛る恐れありとして，孤立主義者等は強力な反対論を展開した。前年の中間選挙の結果，上院では野党である共和党が優位を占めていた。しかも，講和会議の随員に一人の共和党議員も加えなかったウィルソンの姿勢や，ウィルソン嫌いのロッジが上院外交委員長に就任したという事情も加わって，批准審議は難航した。ロッジは他の加盟国の領土保全と独立，それに侵略の阻止を約した連盟規約第10条はアメリカの行動の自由を誓約するとしてその留保を求めたが，ウィルソンは頑としてこの留保案に反対し一切の妥協を退けた。そして9月には自ら全国遊説して直接国民世論に連盟の必要性を訴えた。だが10月に旅先のコロラド州で病に倒れる。上院では2度にわたり投票が実施されたが，ロッジの留保条件付き批准案，ウィルソンの留保なし批准案の双方とも否決された結果，ベルサイユ条約は議会の承認するところとならなかった。なおも批准をめざすウィルソンは次期大統領選への出馬をめざしたが，民主党は彼を指名せず，結局アメリカの国際連盟加入は実現しなかった。

　戦争の終了とともに，米国内では伝統的な孤立主義が蘇り，国民の国際問題への関心は急速に冷めていった。広大な国土を擁するアメリカは，生産が増大しても，それを消費するだけの国内市場を抱えていた。アメリカは食料品や原料品，それに工業製品で世界総生産の1/4から3/4を生産したが，そのうち外

国に輸出されたのは 10％程度であり、世界生産の 80％を独占した自動車でさえ、生産台数の 90％は国内で消化されたのである。こうした経済活動における国内完結度の高さが、孤立主義を裏支えしていたのである。1920 年の大統領選挙では「平常への復帰」を唱えた共和党のハーディングが当選し、以後クーリッジ、フーバーと 20 年代は共和党が政権を担当、いずれもウィルソン的な国際主義を否定し、世界秩序の維持・安定のため強力なリーダーシップを発揮しようとしなかった。戦間期ヨーロッパではロカルノ体制と呼ばれる集団安全保障の枠組みが構築されたが、この体制を実質的に支えるだけの力はもはや英国になかった。しかし、孤立主義に浸るアメリカが欧州問題から距離を保ったために、ロカルノ体制は不安定な国際秩序とならざるを得なかった。また、アメリカのみならずソ連も加わらなかったこと、経済封鎖以外の有効な制裁手段を持たなかったこと等から国際連盟の集団安全保障機能も発足当初から大きな制約を抱えることになった。

4 ロカルノ体制と欧州の安定：1920 年代

●ワイマールドイツの成立と賠償問題

戦間期ドイツを語る際に見落とせないのが、ワイマール憲法と賠償問題である。社会主義急進派や過激派が台頭する政治的不安定な時期が続くなかで、ドイツ共和国最初の国民議会選挙が実施され、社会民主党のエーベルトが初代大統領、シャイデマンが首相に選ばれ、ベルサイユ条約承認後の 1919 年 8 月に新憲法（ワイマール憲法）が公布された。ワイマール共和国の発足である。以後、ワイマール時代には通算 8 度の国会議員選挙が行われたが、32 年の選挙でナチスが第一党に進出するまで社会民主党が第一党であり続けた。ワイマール憲法は人民投票による任期 7 年の大統領制度が定められたほか、20 歳以上の男女普通選挙や国家と教会の分離、労働者の権利規定が設けられる等当時最も民主的な憲法といわれたが、官僚制度や司法制度、警察組織には手がつけられず、独占的企業やユンカーの土地財産等も温存されたままであった。また平時における大統領の権限が極めて小さい反面、非常時の権限は強かった。即ち、ワイマール憲法では議会と大統領が衝突した場合、緊急非常事態に対処するため、大統領は議会の事前承認なく大統領令によって統治する権限を認めていた。

この非常権限行使の条件も曖昧で,「公共の安全及び秩序に著しい障害が生じ,またその恐れのある時」と規定されただけだった。この抜け穴がヒトラーに利用されることになる。

次に賠償問題だが,自らの安全保障確保のため,懲罰・報復的な対独政策を主張したフランスは巨額の賠償をドイツに求めた。パリ講和会議の英国代表団の一員だったケインズは,対独賠償の不当に厳しいことを難じ講和直前に辞任,『講和の経済的帰結』を刊行し,ベルサイユ条約に定める賠償規定は"カルタゴ的講和"だと批判した。しかし,フランスでは1919年11月の総選挙でも右派の対独強硬論者が勝利を収め,戦後復興の原資とすべく巨額の賠償実施を求め,ドイツがこれに応じねばルール地方を軍事占領するとの脅しをもってその履行を迫った。翌20年7月,連合国賠償委員会はドイツの支払い割り当てをフランスに52%,英国22%,イタリア10%,ベルギー8%,その他協商国8%と定め,21年4月,総額1320億マルクの賠償金額を1963年までに支払うことを決定した。ドイツのヴィルト内閣は,この莫大な金額の,しかも現金払いの賠償請求を受諾したが,賠償額がその返済能力を遥かに越えており,たちまちドイツ経済は崩壊状態に陥った。ドイツは2年間の支払い猶予を求め,英国は同意したが,あくまで賠償の履行を迫るフランスは支払い延期要求に対し生産担保の獲得を主張,ベルギーを誘いルール工業地帯の軍事占領に踏み切った(1923年1月)。フランスが軍事行動に出た背景には,ラッパロ条約による独ソ接近に対する不満と警戒もあった。ドイツではルール地方の炭鉱夫が就業拒否(ストライキ)に出る等消極的抵抗によってフランスの態度に反発したが,23年8月に誕生したシュトレーゼンマン内閣は国際協調路線を打ち出し,消極的抵抗の中止を宣言する。以後,シュトレーゼマンは20年代ドイツ外交の推進者となった。

欧州諸国がドイツから賠償金を受け取ることができないと,これら各国からの戦時債務返済が期待できなくなるため,アメリカも問題解決に乗り出し,銀行家ドーズを長とする賠償再検討のための専門委員会が設立された。一方フランスでは,ルール占領に踏み切った対独強硬派のポアンカレー内閣に代わり中道左派のエリオ内閣が登場,外相のブリアンが外交政策の転換を実施。英国のマクドナルド内閣もドーズ委員会の勧告を受け入れるようフランスに働きかけ

た。その結果，1924年7月に始まったロンドン賠償会議では，ドイツの通貨安定と予算の均衡回復をめざすドーズ案が採択され，翌月同案に基づいた新賠償協定が関係各国で調印されたほか，仏軍のルールからの段階的撤退が承認された。成立したドーズ案は，アメリカを中心とする外国資本のドイツへの流入によってその経済復興と賠償能力向上を図るとともに，ドイツからの賠償金で英仏は対米戦債の償還を行うという資金還流をめざすものであった。ドイツはドーズ案に従い今後5年間の年次支払い額を決定，また新通貨を導入するとともに厳しいデフレ政策を採用した。大規模な外国からの借款供与の結果，ドイツの賠償金支払いは円滑に実施され，1925年7月，仏白（ベルギー）軍はルール撤退を完了した。その後，外債の増大によってドイツの賠償支払い継続が再び困難となったため，アメリカ人金融家ヤングを委員長とする専門委員会が設置された。新たに採択されたヤング案（30年）では，ドイツの賠償支払いを一定の年限（1988年までの59年間）に確定し，実質的な賠償額を358億マルクに引き下げたことから独経済は急激に回復に向かい，またドイツがヤング案を認めた代償として，連合軍がラインラントから撤退した。

● ロカルノ条約

ドーズ案によってドイツはじめ欧州経済は安定し，国際関係にも落ち着きが見えてきたが，ヨーロッパの緊張緩和をさらに進めたのがロカルノ条約であった。過去半世紀足らずに二度もドイツの侵略を経験したフランスは，国際連盟に自国の安全保障を委ねる考えはなく，当初は英米との三国同盟によってドイツの脅威に備えようとした。しかし，ベルサイユ条約の批准を米上院が拒否，英国もフランスが提案した英仏二国同盟締結に反対したため，三国同盟構想は実現に至らなかった。そこでフランスは対独脅威感を共有する欧州小国との提携を進め，ベルギー（1920年），次いでポーランド（21年）と同盟友好条約を締結した。大戦後，チェコ，ユーゴ，ルーマニアの三国はハンガリーに対抗して小協商と呼ばれる相互援助条約網（1920～21年）を立ち上げたが，フランスはこの小協商国にも接近し，チェコ（24年），ルーマニア（26年），ユーゴ（27年）と同盟を結び，ドイツの孤立化とボルシェビズムに対する防疫線の確保に努めた。

一方，ドイツは1922年以降，ラインラントに関する現状維持と相互保障

条約の締結を連合国側に提案していたが、フランスの拒否にあって実現しなかった。しかし独仏関係はドーズ案を契機として徐々に改善に向かい、1925年、エリオ政権にかわり成立したパンルベ政権の外相ブリアンが前向きな姿勢を示したことから、同年10月5日、英仏、独仏伊、ポーランド、チェコの7か国がスイスのロカルノに集い、欧州の安全保障問題を検討する国際会議が開かれた。その結果、12月に諸々の条約が成立したが、その中心をなしたのは、英仏独伊白の間で結ばれたラインラントの現状維持に関する相互保障条約（ロカルノ条約）であった。これは、ライン川東岸50キロの非武装地域の相互不可侵や、ベルサイユ条約の定めた独仏白間の国境の維持・不可侵、それに紛争の平和的処理等を規定するもので、ドイツの国際連盟加盟を実施の条件としていた。ロカルノ条約は国際連盟が打ち出した集団的安全保障体制の地域版ともいえるものであった。ドイツを警戒するフランス、チェコスロバキア、ポーランドと、ベルサイユ条約に強い不満を持つドイツが同じテーブルに会し、ともにベルサイユ体制の維持を確認したことで、ヨーロッパの国際協調は大きく前進した。また独仏、独白国境の安全を英国やイタリアも加わって保障したことは、2国間の秘密主義外交に代わり多国間協調によって安全を保障するというウィルソン的理念を実践するもので、「ロカルノ精神」として称賛された。翌26年9月、フランスの支持を得てドイツの国際連盟参加が許され常任理事国に就任、ロカルノ条約が正式に発効するやドイツの国際的な立場は回復し、ヨーロッパの国際関係は安定した。賠償問題に関するドーズ案の成立が国際経済の安定・発展のうえでドイツの役割を認識したものであるならば、ロカルノ条約はドイツの国際社会への復帰を認めるものであった。

　ところで、この条約に対するフランス外相ブリアンの狙いは、潜在的脅威であるドイツをロカルノ体制に組み入れるとともに、フランス防衛の一翼を英国に負わせることにあった。一方の英国は対ソ同盟たる地域的集団安全保障機構としてロカルノ体制を位置づけ、ドイツを西欧陣営に組み込み、そのソ連接近を阻止する意図をそこに込めていた。またロカルノ条約はドイツの西方協調政策の頂点をなすものであったが、シュトレーゼマン外相は、ライラントからの連合軍撤退に加え、将来的には東部国境の改定やオーストリアとの合併等も意図しており、彼にとってこの条約は、ベルサイユ体制修正の第一歩でもあっ

た。しかし，当面こうした要求を連合国側が受け容れるとは考え難いことから，シュトレーゼマンはラッパロ条約以来のソ連との友好関係を連合国から譲歩を引き出すためのバーゲニングチップとして活用する方向に動いた。ソ連もドイツの西欧接近による自身の孤立化を危惧し，外相チチェーリンがドイツに働きかけて友好中立（ベルリン）条約を締結し，ラッパロ以来の両国関係を確認した（1926年）。

● ケロッグ・ブリアン条約

ロカルノ条約が成立しヨーロッパの国際関係は安定に向かったが，この条約にソ連は参加しておらず，ドイツ東部国境の現状維持を保障するものでもなかった。そこでブリアンは，地域的集団安全保障機構を東欧（ドイツ東部国境の安定）や大西洋地域にも構築する構想を抱いた。彼はフランスを軸に，独，ポーランド，バルト3国，ルーマニア，それにソ連を組み込んだ地域的集団安全保障機構の創設をめざしたが，これは独・ポーランド間に存在した"ポーランド回廊"およびシュレジエン問題が解決せず，失敗に帰した。

またアメリカを地域的集団安全保障体制に取り込むため，ブリアンはアメリカの第1次大戦参戦10周年の機会を利用して，1927年6月，米仏間の不戦条約締結をアメリカに提案した（大西洋ロカルノ）。これに対しケロッグ国務長官は，アメリカのフリーハンド喪失を危惧し，米仏2国間でなく参加国を拡大し，より普遍的な戦争放棄のための国際条約締結を逆提案した。こうして1928年8月，米仏を含む15か国が不戦条約に調印，38年までに64か国がこれに加わった。賠償問題の進展とドイツの国際社会への復帰（ドーズ案の成立やドイツの国際連盟加盟および常任理事国就任），一連の軍縮会議の開催とともに，不戦条約の成立は国際平和の確立に期待をもたせた。もっとも，この条約は違反国に対する制裁規定が設けられず，また自衛のための戦争は認めており，しかも自衛戦争にあたるか否かの判定機関も設置されなかったことから，平和維持の実効性については問題の多い内容であった。

● 戦間期の東欧・バルカン

《ギリシャ・トルコ戦争》

戦後，一小国となったトルコには対ソ干渉戦争の拠点として連合国が進駐，ダーダネルス・ボスポラス海峡を制圧した。1920年8月，スルタン政府は連

合国との間に講和（セーブル）条約を締結したが，外国軍隊の占領やセーブル条約の屈辱的な内容に民衆は反発。青年トルコ党の指導者ケマル・パシャは1920年4月，国民党臨時政府を設立して自ら大統領に就任し，スルタン政府と対峙しセーブル条約反対の立場を打ち出した。さらに，戦後その領土拡大に成功したギリシャが英国の支持を背景にトルコに攻撃をしかけたことから，ケマルパシャはギリシャ軍に反撃を加え同軍を小アジアから駆逐した。その結果，ケマル政府は連合国から新たな講和（ローザンヌ条約：1923年）を勝ち取り，アドリアノープル等領土の一部を回復，イスタンブールや海峡地域からの外国軍隊の撤退を実現させた。

《ソ連・ポーランド戦争》

戦後，独立を回復したポーランドは，分割以前の領土獲得を希望したが，連合国最高会議が示した同国の東部国境案（カーゾンライン）はこれを満たすものではなかった。そのため，不満を抱くポーランドは対ソ干渉戦争に乗じ武力による領土確保に動く。1920年4月，ソビエト政府との講和交渉が決裂するや，ピウスツキー政府はウクライナに侵攻，5月にはウクライナの首都キエフを占領した（ソ連・ポーランド戦争）。

だがその後，赤軍の猛烈な反撃を受け，8月に入るとポーランド軍は逆にワルシャワ郊外にまで追い詰められた。事態の展開に驚いた英仏がポーランドへの物資援助に乗り出し，英国外相カーゾンがカーゾンラインでの停戦を提案した。ソ連は事実上この提案を拒否したが，英仏の支援を受けたポーランド軍の反攻に遭い大敗。その後戦線は膠着，休戦となり，1921年3月の講和（リガ）条約の結果，白ロシアおよびウクライナ西部がポーランド領となり，同国の東部国境は連合国が示したカーゾンラインよりも遥か東方に設定された。

《小協商》

第1次大戦後，チェコの独立，ポーランドの再生，ユーゴの新生，ルーマニアの領土拡大が実現したが，敗戦国のオーストリア，ハンガリー，ブルガリアはその領土を縮小させられた。なかでもハンガリー，ブルガリアは同じ民族が住む土地まで隣国に奪われ，その怨嗟は深かった。そこでチェコ，ユーゴ，ルーマニアの3国はバルカン小協商を結び，大戦で獲得した領土を守るとともにハンガリー包囲の態勢を築いたが，先述のようにこの同盟に接近したのがフラン

スだった。皮肉なことに，戦勝したにも拘らずフランスの脆弱性とドイツの戦略的優勢はいずれも戦後却って増大することになった。大戦でフランスの国力は大きく傾き，しかもアングロサクソン諸国がフランスへの保障提供を拒否したこと，また戦前のドイツは東西両域に強国を抱え，挟撃の不安から対外膨脹は慎重にならざるを得なかったが，戦後は東方でドイツに対抗し得る大国がなくなったためである。そこでフランスはこれら小協商国家群と結び，独墺，ハンガリーの復讐に備えるとともに，露独に代わりこの方面での影響力拡大を狙ったのである。

またバルカン域内では，ギリシャ，トルコ，ユーゴ，ルーマニアの4か国が参加してバルカン協商が結成された（1934年2月）。これは南東欧の現存国境を相互に保障するとともに，イタリアとの提携強化に走るブルガリアに対抗する目的を持っていた。不仲のギリシャ，トルコが揃って参加したことは画期的であり，バルカン協商はフランスが支援する小協商とともにこの地域の安定に寄与した。だがドイツの対外膨脹が積極化するにつれてやがて崩壊，仏外相バルトウやソ連外相リトビノフのめざした東方ロカルノ構想も挫折し，バルカン諸国はナチスとの関係を強めていくことになる[7]。

5 ソ連の内政と対外政策

●スターリン独裁と血の粛正

内戦と干渉戦争を闘い抜く間，ソ連は世界革命を推進すべく，各国共産党の統一的な国際協力機関としてコミンテルン（第三インターナショナル）をモスクワに結成（1919年3月）し，ハンガリー革命を指導したほか，中国，ポーランド，トルコなどの民族運動を支援し，翌年8月のコミンテルン第2回大会では，世界革命論が提起された。しかし，ポーランド戦争での苦戦やドイツ等での社会主義革命の失敗に加え，ソ連国内の経済的困窮は甚しかった。内乱と干渉の危機を乗り越えたものの，ソ連の工業生産高は戦前の10％に減少し，加えて1920〜21年の大旱魃によって史上最大の飢饉に見舞われた。そのため，21年3月の第10回共産党大会でレーニンの提案に基づき，戦時共産主義を廃止して新経済政策（ネップ）が採択された。これは経済復興のための現実的妥協的手段として採られたもので，農民には余剰生産物の自由処分や土地の賃貸を

認め，また企業の私的経営復活を許す等ある程度資本主義的要素の復活を認めて生産の回復を図り，社会主義への移行の基礎を固めようとするものであった。新経済政策は1928年まで続けられ，その間，工業生産額は戦前の水準を凌ぎ，農業生産も戦前に近い状態にまで回復した。

1924年1月にレーニンが死去すると，党随一の理論家で軍事人民委員（陸軍大臣）のトロッキーと党書記長のスターリンの間で激しい後継者争いが繰り広げられた。永久革命論を主張し世界革命運動を重視するトロッキーに対し，政治局の同僚でロシア革命の元老でもあったカーメネフ，ジェノビエフと手を組んだスターリンは，一国社会主義論（1924年）を打ち出すとともに，古い手紙を暴露して"トロッキーはレーニンの敵であった"等激しいトロッキー批判を展開した。その結果，25年1月の党中央委員会でトロッキーは軍事人民委員を解任され，29年には国外追放となり，後にメキシコで暗殺される（1940年）。権力争いに勝利したスターリンは，第14回共産党大会（25年）でソ連を農業国から工業国に転換させる方針を打ち立て，第1次5か年計画（28年）を皮切りにソ連の重工業化に着手した。5年間で鉄鋼生産を3倍，電力を4倍にするという意欲的なもので，第1次5か年計画が終わった1932年，ソ連は世界第2位の工業生産高を誇るまでになった。その一方，労働者階級が成長していないロシアでは農民を社会主義化することで共産主義が達成できると考えたスターリンは，1920年代末〜30年代初めにかけて農業の機械化と集団化を推し進めたが，これは悲惨な結果に終わった。計画に従わない豊農を徹底的に摘発し，他所への強制移住や銃殺，シベリア追放等の極刑で臨んだ結果，9百万人の農民が犠牲となった。だがスターリンの目論見とは逆に，勤勉な中農層の崩壊で穀物生産高は著しく低下する。革命前，穀物の輸出国であったロシアは，革命と内戦，それに農業集団化の失敗で，国内需要すら賄えない国となってしまった。

こうした失政にも拘わらず，スターリンは自己の権力を絶対的なものとすべく，彼の右腕と呼ばれていた党活動家キーロフの暗殺（1934年）を契機に，事件の背後で関わっていたとして盟友のカーメネフとジェノビエフを告発，1936年には反革命陰謀事件の首魁として二人を処刑した。38年には反スターリン派とされた右翼のブハーリンやその一派，それにトハチェフスキー元帥らを処

刑した。貴族出身の元帥は，第1次大戦に出征し，独軍の捕虜となるも脱走して革命軍に身を投じ，以後各地を転戦，25歳でソ連軍最高首脳となったエリートであった。粛清は赤軍全体にも及び，1937～38年にかけて2万5千人の赤軍指揮官が処刑された。ゲオルグ・ラウホによれば，当時赤軍は現役将校8万人，予備役将校8万人を擁していたが，この期間に元帥5名中3名，大将（軍司令官）15名中13名，中将（兵団長）85名中57名，少将（師団長）195名中110名，准将（旅団長）406名中220名が粛正され，また大佐以上の高級将校の65％が逮捕されたという。キーロフ暗殺を幕開けに吹き荒れた粛清の嵐によって，37～39年の間だけで4百万人近くが弾圧され，うち60～65万人が死刑判決を下され，残りの大多数もラーゲリや監獄で死亡した。

「トロッキー派，ジェノビエフ派，ブハーリン派が完全な政治的粛清にあい，この闘争と社会主義の勝利の結果，党の統一が達成されると，スターリンはこれまでにもまして党中央委員いな政治局員さえも無視するに至ったのである。スターリンはいまやあらゆることを自分だけで決定し得るとし，彼にとって必要なのはただ統計専門家たちだけだと考えた。彼はすべての人々を，ただ自分を称賛することしか許されないという風に扱ったのである。」[8]

後年，フルシチョフは第20回共産党大会での秘密報告でかように糾弾しているが，反対勢力を根絶やしすることによってスターリンの個人独裁体制は完成した。スターリン時代には，強制移住等少数民族の抑圧も頻繁に行われた。ソ連崩壊後，活発化する非ロシア系少数民族による民族自決と反露の動きは，この時期にその因を求めることができる。

● 戦争回避のソ連外交

次に戦間期ソ連外交の展開を見てみよう。1922年4月，ヨーロッパ経済復興を図るための国際経済会議がジェノバで開かれ，敗戦国の独墺とともにソ連も招かれた。これはソ連が参加した最初の国際会議で，ソビエト政府の承認および干渉戦争による被害賠償を求めるソ連側と，帝政時代および臨時政府時代の債務承認やソ連政府が没収した外国人財産に対する請求権等を求める連合国側の主張は平行線を辿ったが，西側諸国の強いソ連敵視の姿勢に若干変化の兆しも表れた。革命後，干渉戦争で疲弊したソ連は，国内再建のために対外的には平和を不可避としていた。この時期，ソ連外交を主導したのは外相のチ

チェーリンであった。彼は，ともに連合国から圧迫を受けているという共通点を糸口にドイツへ接近。先のジェノバ会議開催中，独代表のラテナウ外相とジェノバに近いラッパロで会談し，相互に賠償請求権を放棄し，国交を回復し経済的に協力することを約した（ラッパロ条約）。独ソ接近の事態は西欧各国に強い衝撃を与えた。慌てた英国はソ連政府の承認に踏み切り（24年1月），2月にはイタリア，10月にはフランスもこれに続いた。こうして共産革命の恐怖と混乱から落ち着きを取り戻した西側各国が次々とソ連を承認し，1933年にはアメリカも承認に踏み切っている。

　スターリン独裁の下，1930年代のソ連外交を牽引したのは，外務人民委員のリトビノフであった。対独連携を推し進めたチチェーリンを継いだリトビノフは，軍縮会議準備委員会において全面軍縮提案を提出（28年），32年にジュネーブで開かれた世界軍縮会議でも自国の軍縮努力をアピールするとともに，33年には侵略の定義を起草した。またトルコ（1925年），アフガニスタン（26年），イラン（26年）といった周辺諸国と中立不可侵条約を結ぶとともに，日独による挟撃を防ぐため中国との外交関係を回復（32年）した。西方では，リトアニア（26年）をはじめ，1932年にはフランス，ポーランド，フィンランド，エストニア，ラトビア等と相次いで不可侵条約を締結したほか，ポーランド，ルーマニア，エストニア，ラトビアとの間で緩やかな地域的集団安全保障体制ともいえるリトビノフ議定書を調印（1929年）する等善隣外交を進めた。さらにリトビノフは，ロカルノ条約がドイツ西方の安定化に資したことに鑑み，東方ロカルノ構想（34年）を支持，国際連盟への参加，対仏接近等による集団安全保障体制の構築によってドイツの脅威に備えようとした[9]。「連盟は帝国主義諸国協調のための体制」というそれまでの立場を一変させたソ連は，国際連盟に加盟し常任理事国の地位を獲得（34年），翌年には仏，チェコとそれぞれ相互援助条約を締結した。その後，ソ連のドイツ接近によって彼の構想は挫折し，リトビノフがめざした反ファシズムの国際的人民戦線結成は実現しなかったが，スターリン独裁の下でソ連は徐々にその国際的発言力を高め，列強の一翼たる地位を占めるようになる。

第6章 ベルサイユ体制の崩壊と第2次世界大戦

6 ベルサイユ体制の崩壊

●世界恐慌

　1929年10月24日，ニューヨークの株式相場暴落を契機として，資本主義諸国が相次いで恐慌に襲われ，世界経済は大きな打撃を受けることになった。31年5月，墺中央銀行の破産宣告で恐慌はドイツにも及んだ。アメリカをはじめとする外国資本の引き上げによって経済危機に陥ったドイツは同年6月，賠償支払いが困難である旨の声明を発表した。アメリカのフーバー大統領は賠償や英仏の対米戦債返済を1年間猶予する旨の声明（フーバーモラトリアム）を発表したが事態は好転せず，9月には英国が金本位制を停止し管理通貨制度に移行。アメリカもフーバーに代わり大統領に就任したローズベルトが金本位制からの離脱を決定（33年）し，各国も次々に関税引き上げに踏み切る等通貨貿易のブロック化が強まった。

　1933年6月，国際協調を促すため，国際連盟主催の世界経済会議がロンドンで開かれ，貿易障壁の打破や通貨安定問題が協議されたが，各国の思惑が一致せず成果は得られなかった。米代表のハル国務長官は強い自由貿易主義者であったが，ローズベルト大統領が国際協調よりも国内優先の政策（ニューディール政策）に固執したことが，失敗の大きな要因であった。既に英国は前年のオタワ会議で英連邦諸国の結束を打ち出していたが，期待した協力がアメリカから得られず，ブロック経済の方針をさらに固めるようになった。こうした世界経済の排他的な動きに伴い，資本主義諸国の協調を基本としたベルサイユ体制は大きく動揺する。

●ナチスの台頭

　恐慌で就業人口の1/3にあたる6百万人以上の失業者を出したドイツでは，ヒトラーの率いるナチス（国家社会主義ドイツ労働者党：1920年創設）がベルサイユ体制の打破を唱え，国民の支持を得るようになった。オーストリア生まれのヒトラーは，ウィーンで画家を志したが失敗，1913年ミュンヘンに移り，翌年バイエルンの連隊に入隊した。大戦後の19年にドイツ労働者党に入党したヒトラーは翌年広報部長に就任，民族自決に基づく全ドイツ人の統合やベルサイユ条約撤廃等を掲げた綱領を発表し，併せて党の名称を国家社会主義ドイツ労働者党と改めた。21年7月，党首に選出されたヒトラーは「ドイツを解放

できるのはドイツ人だけであり，それは議会ではなく，革命によってである」と語り，イタリアの戦闘者ファッショ団に似た祖国戦線同盟を結成（23年9月），同年11月にはルーデンドルフ将軍らとミュンヘンで民族革命を宣言し暫定政府を樹立するが，鎮圧され失敗に終わる（ミュンヘン一揆）。その後，党再建に乗り出したヒトラーはミュンヘン一揆の教訓から，議会での議席獲得という合法的手段による政権奪取をめざすようになる。

ベルサイユ体制打破を唱えるナチスには国民の幅広い支持が集まった。1928年の選挙では12議席を得たに過ぎなかったものが，1930年9月の選挙では一挙に107議席を獲得し第二党に踊り出た。32年にはヒトラーが大統領選挙に出馬，この時はヒンデンブルクに敗れたが，この年の国会選挙ではナチスが社会民主党を引き離して第一党に伸し上がった。ナチスの支持者には，プロテスタント系の中小農民や都市部の手工業者，小商人，サラリーマン等中間階層が多かった。彼らは工業化につれ顕著となる大資本・大企業の進出に反感を抱く一方，社会民主党に代表される労働者階級の活発な動きにも警戒感を持っていた。だがそうした不満を吸収してくれる政治組織がなかったため，既成のブルジョワ政党とも労働者政党とも異なる新タイプの政党ナチスに魅力を感じたのである。中間層に加え，党勢拡大をめざすナチスは積極的に保守勢力に接近した。ユンカーや大企業，資本家，軍部等は当初ワイマール共和政への批判を抑えていたが，世界恐慌に伴い，景気回復や再軍備を進めるうえで社会民主党や共産党の進出に不安を覚え，ナチスとの提携に走り，ヒトラー政権の樹立に手を貸すことになった。

1933年1月，ヒトラー内閣が誕生するが，ナチスが閣内少数派であったため，ヒトラーは議会を解散し総選挙を実施した。その際，ナチス党員が国会議事堂に放火，これを共産党員の犯行だとして共産党員の大量逮捕を行った。またヒトラーは中央党に接近し，政府に独裁的権限を付与する全権委任法案を成立させ，反対した社会民主党の活動を禁じる等してナチスを唯一の政党とした。同年10月，軍備拡大を進めるナチスドイツは国際連盟を脱退，翌年8月ヒンデンブルクが亡くなるやヒトラーは自ら大統領と首相を兼ねた総統の地位に就き，独裁体制を確立した。また翌34年1月の住民投票の結果，9割の支持の下にザール地方がドイツに帰属することとなり，大戦で失った領土の回復を実現させた

ヒトラーの権威は高まった。さらにヒトラーは 35 年 3 月，徴兵制度の復活と 50 万人の常備軍設置を発表（再軍備宣言）し，ベルサイユ条約の軍備制限条項を公然と破棄した。

● ファシズムの台頭

　日本の満洲進出，ナチスドイツのベルサイユ体制への挑戦といった国際情勢に乗じ，海外の植民地獲得に積極的な姿勢を打ち出したのがイタリアであった。先の大戦でイタリアが連合国側に立ち参戦するきっかけとなったロンドン秘密条約（1915 年）では，ダルマティアに対する権利が認められたが，講和会議では民族自決原則からフィウメやダルマチアを獲得できなかった。そのためイタリアではベルサイユ体制への不満が当初から強く，南部の貧困問題も加わり，民族主義者や社会主義急進派による政府攻撃の材料とされた。かかる状況の下，ムソリーニはミラノで急進的な革命主義を唱える戦闘者ファッショ団を結成（1919 年），フィウメ，ダルマティアの併合を主張した。翌年ファッショ団は国家ファシスト党に改組され，ポー河流域やトスカナ地方にも勢力を伸ばしていく。その後同党は急進左派と袂を分かち，反社会主義，反自由主義的なスローガンを掲げ社会主義運動に失望した大衆を魅了するとともに，労働運動の激化を恐れる保守勢力にも接近する。1921 年 5 月の総選挙で 35 議席を獲得したファシストはファクタ首相の辞職とファシスト内閣の成立を求め，翌 22 年 10 月には黒シャツ隊と呼ばれる突撃団を使ってローマへの進軍を開始。ファクタ内閣は戒厳令を発動してこの動きを抑えようとしたが，国王エマヌエレ 3 世はファシストの進軍を許し，当時 39 歳のムソリーニを首相の座に就けた。

　イタリア史上最年少の首相となり，政権を手にしたムソリーニは，国内では反対勢力を排除してファシズムと呼ばれる独裁体制を構築する一方，自ら外相を兼ねて戦闘的な対外政策を遂行，1924 年にはフィウメを併合，26 年にはアルバニアを保護国とした。ベルサイユ体制の打破を唱える点ではファシズムとナチズムには共通性があったが，独墺合併への警戒心から，イタリアとドイツの関係は必ずしも良好ではなかった。むしろイタリアは，対独牽制と自らの対外進出を容易にするため，英仏との協調を重視した。同盟国を持たないイタリアが進出の標的としたのは，列強の勢力がさほど及んでおらず，またかつて征服に失敗した地でもあるエチオピアであった。

● ストレザ戦線とイタリアのエチオピア併合

　第1次大戦後，フランスはドイツの軍国主義復活に対する自国の安全保障確保を外交の主眼に掲げ，報復的な対独政策をとっていたが，ドーズ案成立の頃にはようやく独仏関係も安定に向かうようになった。しかしナチスドイツの台頭で，再び両国の関係は緊張し始める。ヒトラー政権が誕生するや，仏議会は仏ソ不可侵条約を批准し，次いでムソリーニの提案を受けて英仏伊独四国協定を調印，さらにドイツの軍縮会議と国際連盟脱退を受け，ソ連との同盟締結を模索する。フランスはソ連の国際連盟加盟を前提に，先に東欧諸国と結んだ諸条約に類似した，あるいはそれに組み込まれる相互援助条約の締結を考えたのである。

　一方，ソ連も対独脅威感を強めつつあり，1933年12月，ソ連共産党中央委員会はヨーロッパ安全保障体制の創設をめざす歴史的決議を採択，従前の姿勢を転じて国際連盟加盟を受け容れる方向でフランスとの同盟に歩を進めた。その後，フランスに親独のダラディエ内閣が出現し一時仏ソ交渉は中断するが，続くドーメルング内閣の外相バルトウはドイツをフランス最大の脅威と見なし，ソ連に接近して対独包囲網の形成に動いた。具体的にはソ連，ドイツ，ポーランド，チェコ及び東欧諸小国と国境維持を約す相互援助条約を締結し，ドイツ西方国境の安全保障を約したロカルノ条約を補おうとするものであった（東方ロカルノ構想）。ソ連のリトビノフ外相と連携したバルトウはソ連の連盟参加実現に動き，また独ポ不可侵条約に対抗すべく，東欧諸国を訪問しドイツ包囲網作りに奔走した。1934年10月バルトウは暗殺されるが，後任の外相ラバールの下で仏ソ相互援助条約が締結された（35年5月）。しかし，ラバールは対独包囲網や対ソ接近，集団安全保障の構想には否定的で，ソ連よりもイタリアへの接近に積極的だった。ラバールは仏伊協定を締結（35年1月），アフリカにおける両国の懸案を解決し，イタリアのエチオピア侵略に承認を与えるのと引換に，ドイツの再軍備に対してイタリアが英仏と共同歩調をとることを約させた。バルトウのめざした東方ロカルノ構想や，リトビノフの西側接近構想は挫折する。

　1935年3月，フランスの危惧したとおり，ドイツはベルサイユ条約を一方的に破棄し再軍備を宣言，一般徴兵制度の導入を発表したため，フランスはド

イツを国際連盟に提訴，4月には英仏伊3か国の首脳がストレザで会談し，対独抗議とロカルノ条約遵守，東方ロカルノ協定の交渉継続，オーストリアの独立保全等を決議した（ストレザ戦線）。この戦線にイタリアが参加したのは，独墺併合によってバルカンにおけるイタリアの影響力が脅かされるとムソリーニが判断したためである。ストレザ戦線に続き国際連盟もドイツ再軍備非難の決議を行ったが，いずれも強制力を伴わず，事実上ドイツの再軍備は容認される結果となった。しかもドイツに寛大な姿勢を示す英国ボールドウィン内閣は，ヒトラーの求める軍備交渉に応じ，英独海軍協定を締結した。これによって独海軍は英海軍の35％の戦力を保持することが認められた。仏ソ相互援助条約に続きソ連チェコ相互援助条約も成立し，対独包囲網が形成されつつある最中での英国の対独宥和行為によってストレザ戦線は早くも崩壊，フランスの対英不信は募った。いま一つ，反ナチスのストレザ戦線を崩壊させた動きが，イタリアのエチオピア併合だった。ムソリーニは英仏との協力関係が続いている間に，積年の夢である伊領アフリカの拡大に踏み切ったのである。

　1934年12月，伊領ソマリランドとエチオピア国境地帯にあるワルワルでイタリア兵とエチオピア兵の小競り合いが発生し，エチオピアはこの事件を国際連盟に提訴，連盟は仲裁による解決を勧告した。しかし英仏が強く反対することはあるまいと判断したイタリアは連盟の妥協案を拒否し，宣戦布告無く伊軍をエチオピア領内へ進撃させた（1935年10月）。連盟はイタリアを侵略者と認定，11月には武器や軍需物資等同国への経済制裁措置を実施したが，エチオピアの勝利で植民地に反帝国主義運動が盛り上がることを危惧した英仏は，制裁対象品目から石油を除外，またスエズ運河の使用禁止を含めない等反エチオピア的な姿勢を示した。その後，ドイツのラインラント進駐に世界の関心が移った隙に乗じ，イタリアはエチオピアの首都アディスアベバを占領（36年4月），皇帝ハイレセラシェは亡命し，ムソリーニはエチオピアの併合を宣言する。7月には国際連盟の経済制裁措置は撤回され，もはや連盟に紛争解決能力の無いことが公然化し，38年には英仏も併合を承認するのである。

● ドイツのラインラント進駐

　イタリアのエチオピア侵略に英仏が強い態度を示さないことを見たヒトラーは，仏ソ相互援助条約はロカルノ条約違反だとしてロカルノ条約の破棄を宣

言し，1936年3月，ラインラントの非武装地帯へ独軍を進駐させた。10日後，ロンドンで開かれた国際連盟理事会で，ソ連のリトビノフ外相は対独宥和の風潮を批判し，ドイツに何らかの制裁措置をとるよう促したが，この時も英国は動かず，フランスの提訴を受けてドイツ問責決議を出しただけに終わった。英国はフランダン仏外相による英仏共同での軍事制裁提案を拒否し，既成事実を黙認したのである(10)。こうしてロカルノ条約は滅び，ベルサイユ体制も事実上死滅した。

かように1930年代の英国外交は，独伊台頭への対処に定見を欠くものであり，その宥和的態度はチェンバレン首相の下でさらに強まっていく。保守党のチャーチルは早くからナチスドイツの膨脹に備え英国の軍備強化を主張したが，彼の声は主流とはならなかった。その背景には，当時の英国国民に強かった平和主義的ムードが影響していた。労働者階級ら国民一般の世論は，国際連盟を中心とする集団安全保障に強い期待感を抱いており，軍備増強に極めて消極的だった。ベルサイユ体制下の苛酷な対独報復政策への同情も手伝い，フランスのような懲罰的姿勢で臨むのではなく，むしろドイツの体面や国民感情に配意して，和解をめざす方向で問題を解決すべきとの意見も強かった。一方保守層には，台頭するナチスを共産主義進出の防波堤と位置づけ，その台頭を歓迎する風潮さえあった。こうした国内事情が，対独強硬政策の実施を困難にしたのである。

● スペイン内戦と枢軸体制の成立

かねてオーストリアを巡り独伊は対立関係にあり，墺首相ドルフス暗殺事件（1934年7月）で両国に緊張が高まった。だが，イタリアのエチオピア侵略とドイツのライラント進駐を契機に，ともにベルサイユ体制打破をめざす勢力として両国の接近が進んだ。またエチオピア侵略後，経済制裁を受け孤立したイタリアが進出の方向を地中海，アフリカ方面に集中させオーストリアへの関心を放棄したこともあり，1936年7月に独墺協定が成立，ドイツはオーストリアの領土保全を約しイタリアの対独不安を取り除いた。同じ月，スペインの前参謀総長フランコがモロッコで反乱を起こすや，独伊はともにフランコへの軍事援助に踏み切った。

スペインでは1931年の革命で王制が倒され，共和国政府が誕生したが，国

内の混乱が続き右派勢力が台頭，反革命過激派はファシスト的なファランへ運動を展開した。36年の選挙で左派が勝利し人民戦線内閣が成立するや，フランコ将軍を指導者と仰ぐ右派がモロッコで軍事蜂起を起こした（スペイン内戦）。独伊がフランコに積極的な援助を実施したのに対し，英仏は戦争の拡大やスペインの赤化を恐れて中立不干渉政策をとった。共和国政府側にはソ連が支援を実施したほか，ヘミングウェイやオーウェル等自由主義者が世界各地から集い国際義勇軍を結成したが，正規軍を掌中に収めている反乱軍が圧倒的に優勢で，36年9月にはトレドが陥落した。共和国政府はバレンシアに移転し抵抗を続けたが，39年3月にはマドリードも陥ち，4月には終戦宣言が発せられた。2年9か月にわたるスペイン内戦の死者は60万人，亡命者も50万人に上った。英仏の非介入政策が，フランコの勝利をもたらしたのである(11)。

スペイン内乱を通じ，独伊の接近は進んだ。1936年10月の独伊条約によって，いわゆるベルリン・ローマ枢軸が成立。11月にはソ連に対抗する目的でドイツは日本と防共協定を締結，翌37年11月にはイタリアも加わり三国防共協定に発展し，ここに日独伊三国の枢軸体制が誕生する。翌月には日独に続いてイタリアも国際連盟を脱退した。こうして現秩序維持の西欧ブルジョワ民主主義勢力と現状打破の全体主義勢力の対立は日々先鋭化し，そこに共産主義勢力ソ連も加わった三巴の激しい駆け引きと拮抗の時代を迎える。

● オーストリア・チェコ併合

1938年2月，英国ではチェンバレン首相の対イタリア融和政策への不満から外相のイーデンが辞職。同月，ヒトラーは自ら国防軍最高司令官に就き，ノイラート外相を罷免してナチス幹部のリッベントロップを後任に据えた。国防，外務両省をナチスの支配下に置いたヒトラーは，オーストリア併合工作に乗り出した。墺首相シュシュニックをベルヒテスガーデンの山荘に呼びつけたヒトラーは，武力行使の脅しを背景に親独派のインクワルトの内相就任とナチス政治犯の釈放を求めた。シュシュニックがこれに応じると，さらにヒトラーは墺国内でのナチスの活動復活を要求，シュシュニックは国民投票の実施によって独立維持を図ろうとしたが，これに不満なヒトラーは国民投票の中止を求める最後通牒を発し，インクワルトの首相任命を迫った。ヒトラーの圧力に抗しきれずシュシュニックは辞任，インクワルトが首相の座に就くや，彼の要請に応

えるという名目で独軍がオーストリアに侵攻し，3月13日，インクワルトはドイツ・オーストリア併合法に署名した。

　無血でオーストリアを手に入れたヒトラーは次にチェコスロバキアに触手を伸ばし，まず多数のドイツ人が居住するズデーデン地方の併合を目論んだ。当時チェコは仏ソと相互援助条約を結んでおり，関係国間の対立を恐れた英国のチェンバレンは，フランスとも協議しつつ仲介に動いた[12]。だが来訪したチェンバレンに対しヒトラーは，ズデーデンの即時割譲を迫る等強硬な姿勢を崩さず，交渉は難航した。チェコ政府は総動員令を発令，フランスはヒトラーの要求に絶対反対の姿勢を示し，ソ連もチェコ援助の声明を出す等緊張が高まった。その中であくまで対独融和を交渉の基本とするチェンバレンは，ソ連を無視し，イタリアに国際会議開催の斡旋を依頼した。その結果，9月29日にミュンヘンでヒトラー，チェンバレン，ムソリーニ，ダラディエの4者会談が行われ，「これが最後の領土要求」というヒトラーの主張を容れ，ズデーデンは直ちにドイツに譲渡されることとなった（ミュンヘン協定）。会談後，英独不可侵の共同声明が発せられ，戦争の危機を回避したとしてチェンバレンは堂々ロンドンに凱旋した。だがヒトラーの要求に譲歩を重ねる彼の融和政策は，一時的には国際緊張を緩和させたものの，さらなるナチスドイツの野望と膨脹を招き，結局は第2次世界大戦への導火線でしかなかった。当事国のチェコを協議の場に含めず，また英仏に対するソ連の不信感を高めた点でも，問題の多い外交であった。国際的孤立とドイツ東方進出の脅威に直面したソ連は，それまでの英仏との協調路線を捨て，対独接近へと政策を転換させることになる。

　「ミュンヘンは，常軌を逸した事態，即ち，脅迫に屈した報いを示すものとして，我々の辞書に残されている。しかしながら，ミュンヘンとは独立した行為なのではなく，1920年代に始まり新しく譲歩を積み重ねるごとに加速された態度の行き着いたところであった。つまり，10年以上にわたり，ドイツは一つずつベルサイユ体制下の制約を葬り去ってきたということである。……ベルサイユでの解決は正当ではないと認めることで，勝利者達はそれを守る心理的基盤を浸食させてしまったのである。ナポレオン戦争の勝利者達は，より寛大な平和を構築したが，それを維持する勝利者側の決意について曖昧な点を残さぬよう，四国同盟を構築した。一方，第1次大戦の勝利国は，懲罰的な講

和条約を作って，自分達でその見直しへの最大の原因を作り出した後，自らが作り出した解決をバラバラにしてしまうのに協力したのである。」(キッシンジャー)(13)

　ミュンヘン協定から半年後の 1939 年 3 月 15 日，チェコ全土の支配を目的にヒトラーは首都プラハにドイツ軍を進め，翌日ドイツの保護国とした。その後，リトアニアに迫りメーメルの返還を実現したヒトラーは，ポーランド侵攻を準備すべく，独伊友好同盟を締結しイタリアとの関係を強めた。これに対し英国は，ポーランドへの安全保障援助を宣するとともにギリシャ，ルーマニアにも保障を約し，フランスもそれに続いた。ソ連との連携を忌避し続けてきたチェンバレンも，遂にソ連を組み込んだ対独包囲網の形成を決意し，ミュンヘン会談の時とは一転して平和戦線への参加を求め対ソ交渉を開始する（チェンバレン外交の方針転換）。だが英仏ソ 3 国の交渉は進展せず，他方，ヒトラーも英独海軍協定と独ポ不可侵条約を破棄するとともに，ポーランド侵攻の際二正面作戦を回避する狙いから対ソ関係改善に動いた。8 月には独ソ不可侵条約が締結され，ポーランドの東半分，フィンランド，バルト三国のソ連支配を認める秘密議定書も結ばれた。戦争への巻き込まれを回避し，万一侵攻を受けた場合にはその懐を深くするため，自国の防衛線を少しでも西に前進させることがソ連の目的であった。スターリンは信用の置けない西側諸国と組む途を選ばず，敢えてナチスとの"悪魔の分配"を選択したのである。ナチスの関心を東に向けようとした西側の対独融和政策は，独ソ不可侵条約の成立によって破綻した。

　1939 年 9 月 1 日，バルト海に面した港湾都市ダンチヒ（現グダニスク）に停泊していたナチス・ドイツの巡洋艦が突然砲火を開き，これを合図にドイツ軍機甲師団は爆撃機千 5 百機とともに東プロシャ，ポメラニア，シレジアの三方から国境を突破してポーランドへの電撃侵攻作戦を開始した。第 1 次大戦で失ったダンチヒの返還要求をポーランドが拒絶したため，そこに住むドイツ人を保護するというのが開戦の口実であった。9 月 3 日，英仏両国は 2 週間前に結んだポーランドとの相互援助条約に基づきドイツに宣戦を布告，ここに第 2 次世界大戦が勃発する。

7 第2次世界大戦

●ポーランド電撃侵攻〜英国爆撃

空軍の支援を受けたドイツ機甲師団は，旧式装備のポーランド軍を圧倒，9月17日には東からソ連軍も侵攻を開始し，27日にはワルシャワが陥落した。宣戦布告しながらも，なお戦争局地化に望みを捨てない英仏は，西部戦線においてもドイツへの攻撃を手控えたため，翌年4月まで互いに本格的な戦闘を交えず"奇妙な戦争"の状態が続いた。ポーランド降伏後の9月28日，独ソ友好条約が締結され，スターリンの申し入れで先の秘密議定書の追加修正がなされ，新たにリトアニアをソ連が確保する代わりにポーランドのルブリン地方と東部ワルシャワをドイツに譲ることとされた（モロトフ・リッベントロップ線）。両国は密約に従いポーランドを分割，ダンチヒ及びポーランド西部をドイツが，東部をソ連が支配した（第4次ポーランド分割）。次いでソ連は9月下旬から10月上旬にかけエストニア，ラトビア，リトアニアのバルト三国と相互援助条約を締結し，海空軍基地の譲渡とソ連軍の進駐権を承認させ，11月にはフィンランドに侵略する（冬戦争）。フィンランド政府は国際連盟に提訴，連盟はソ連の除名を決定し加盟国にフィンランド支援を訴えたが，スウェーデンは中立を守って動かず，英仏の軍事援助計画もスウェーデン，ノルウェーの協力が得られず頓挫してしまった。

一方，ポーランドを支配したドイツは一転西部方面に兵力を集中し，1940年4月，デンマーク，ノルウェーへの攻撃を開始した。英国では対独宥和政策を進めたチェンバレンへの非難が高まり，新たにチャーチルの連立内閣が発足した。チャーチルが首相に就任した5月10日，ドイツはベルギー，オランダに侵入し，5日間でオランダを制圧した後，14日にはセダン付近からフランスへの侵略を開始した。6月14日，独軍はパリに無血入城する。仏政府はボルドーに移り，レイノーに代わり首相に就任したペタン元帥は17日ドイツに休戦を申し入れた。22日にはパリ郊外コンピエーニュで独仏休戦協定が調印され，北・中部フランスがドイツの占領地域とされ，南部フランスはビシーを首都とするペタン政権が統治しドイツに協力することとなった。だが，レイノー内閣で首相の戦争継続の主張を支持し，国防次官に任命されたド・ゴールは飛行機で英国に亡命し，BBC放送を通して対独抗戦を訴え，自ら対独抵抗のための自由

フランス運動を組織した。独軍の目覚ましい進撃ぶりを見たイタリアもフランス降伏直前の6月，それまでの中立姿勢を捨て英仏に宣戦し，ケニア，スーダン，エジプトに侵攻した。だが北アフリカやエチオピアで英軍の反撃に遭い苦戦を強いられたため，ヒトラーはロンメル将軍指揮下の戦車部隊を北アフリカに派遣した。また伊軍を助けてギリシャに攻め入るため，ドイツはブルガリアとユーゴに軍隊の通過を要求した。ブルガリアはこれに従い，その後枢軸国入りしたが，ユーゴが抵抗したため独軍は直ちにユーゴに侵入し，2週間で同国を制圧後ギリシャに入り，英国軍を破り全土の支配に成功する。

こうしてヨーロッパの広大な地域を支配下に治めたヒトラーは1940年7月19日，英国に講和を呼びかける。だが彼の思惑とは相違してチャーチルの戦意は固く，和平成立の見込み無しと悟ったヒトラーは英国への上陸を企て（あしか作戦），制空権を確保すべく8月15日以降英国空襲を実施し，空軍基地攻撃に主力を注いだ。独空軍は機数では英空軍に勝っていたが，英国空軍は早期警戒レーダー網の整備やイングランド南部における航空部隊の集中配備等防衛態勢を整え，ゲーリング元帥の指揮するドイツ爆撃機部隊を迎撃した。そこでヒトラーは目標をロンドンに変更し，9月以降は連日のように数百機の爆撃機によるロンドン空襲を実施し英国民の戦意低下を狙った。しかし，チャーチルの下に徹底抗戦の意志を固めた英国民は，これを耐え忍んだ。そのためヒトラーの目論見は失敗に終わり，上陸作戦の実施は延期せざるを得なくなった（バトル・オブ・ブリテン）。米国内の強い厭戦ムードのため参戦に踏み切れなかったが，英国の危機をみたアメリカのローズベルト大統領は，中立法を改正して英仏への武器供与を実施（39年11月），40年9月には英国に駆逐艦50隻を貸与した。これは，独潜水艦Uボートの攻撃に曝される輸送船団の護衛に不可欠の戦力であった。

● 独ソ戦の勃発

英国攻略に行き詰まったヒトラーは，1940年夏頃密かに対ソ攻撃を決意した。「我々は，ドイツがこれまで絶えずヨーロッパの南方および西方に進出しようとしてきたことに終止符をうち，眼を東方の土地に転ずる。……今日ヨーロッパにおける新しい領土について口にするとき，我々は，第一にはロシアとそれに服属している周辺国家のことのみを考えることができるのだ。運命その

ものが, この方向への進路を我々に指し示そうとしているように見える。」(ヒトラー『わが闘争』)

ヒトラーの対ソ侵略目的は, 東欧に大帝国を築き, ドイツ民族の生存圏（レーベンスラウム）を樹ち立てることにあった。もっとも, ヒトラーが対ソ攻撃に踏み切った直接の原因となったのは, バルカンにおける独ソの利害対立といわれる。ドイツが西部戦線に専念している間に, ソ連はルーマニアからベッサラビア, さらに北部ブコビナ地方を奪取した（1940年6月）が, ルーマニアの石油資源がドイツにとって死活的重要性を持つこともあり, ソ連の急速な進出にヒトラーが強い脅威感を抱いたのである[14]。7月31日, ベルヒテスガーデンの山荘に秘密会議を招集したヒトラーは, 対英上陸作戦よりも先に対ソ攻撃を断行したいとの決意を漏らした。またヒトラーは英国の対独戦意を挫くにはアメリカを牽制, 中立化させる必要があり, アメリカをアジアに釘付けにする手段として日本を利用しようと考えた。独ソ不可侵条約の締結以後日独関係は冷却していたが, ドイツのめざましい西方進撃に魅せられたことから再び日本もドイツへの関心を高め, 9月には日独伊三国同盟が締結された。

1941年6月22日, 宣戦布告無しに突如独軍がソ連への侵攻を開始した。独軍はソ連軍を席捲し続け, ソ連は4〜6週間, 長くとも数か月しかもつまいとの見方が世界に広まった。ヒトラーの計画では, 2か月以内にソ連軍を全滅させる手筈であった。9月に入るとドイツ軍はレニングラード, モスクワに迫り, キエフ, ウクライナを占領。しかし, 開戦時期の遅れに加え, 独陸軍のモスクワ攻略第一主義にヒトラーが反対しキエフ占領を優先させたため, 独軍のモスクワ攻撃時期が予定より2か月近く遅れ11月中旬となってしまった。そのため冬将軍が到来し, 越冬準備の無い独軍は予想外の苦戦を強いられる。独ソ戦の勃発を受け, スターリンは英国との関係改善に乗り出し, 英米首脳も直ちに対ソ援助の声明を発表, 7月には英国がソ連と相互援助協定を締結, アメリカも武器貸与法をソ連にも適用する等両国はソ連への物資援助に着手した。その後, コミンテルンの廃止（43年5月）, 連合国救済復興機関の設立（43年11月）等ソ連と西側の大同盟は緊密化したが, この間, 41年7月にソ連のリトビノフ外相がアメリカに第2戦線開設を求めたのを皮切りに, 以後ソ連は米英にこの件を繰り返し訴えた。翌年5月末, 訪米したモロトフは, 42年中には第2

戦線を開く予定である旨の確約をアメリカから引き出したが，実際に第2戦線が実現したのは，確約から2年以上も経った44年6月のことであった。この時のソ連の西側不信感が，冷戦を引き起こした遠因ともいわれる(15)。

　独ソ開戦後の1941年8月，大西洋ニューファウンドランド沖でルーズベルトとチャーチルは会見し，ドイツ攻撃に対するソ連の冬期持久の可否を見て対ソ援助を本格化させること等が話し合われた。そして戦争目的を明確化するとともに，戦後世界の指導原則を協議し，大西洋憲章として発表した。その内容は①領土的拡大の断念，②領土併合の禁止，③すべての国民が政府形態を自由に選択する権利（民族自決），④開放貿易，⑤国際経済協力，⑥ナチ専制主義撲滅後の恒久的安全保障体制の樹立，⑦海洋航行の自由，⑧武力行使の放棄と侵略者の武装解除の8項目で，ソ連もこれに賛同，日本参戦後の42年1月の連合国26か国（のち47か国）によるワシントンでの連合国共同宣言や，さらには国際連合憲章の基礎ともなった。1941年12月8日，日本軍は真珠湾を奇襲攻撃したが，これがそれまでの米国民の孤立主義を一掃し，国力の全てをあげて枢軸国との戦いにこの国を向かわせることになった。しかも三国同盟では日本が攻撃された場合の援助規定しか設けられておらず参戦義務が無いにも拘らず，ヒトラーも対米宣戦を布告した（12月11日）ため，アメリカは欧亜の両面において戦争を遂行することになった。ヒトラーがそれまでの世界支配からユダヤ人絶滅に戦争目的を変更したためとの説もあるが，既に独ソ戦が行き詰まりを見せていたこの時期に，さらに対米戦も仕掛けたことは，独ソ戦開始と並ぶヒトラー最大の判断ミスといわねばならない。

● 戦局転換〜ドイツの敗北

　さて，冬将軍に阻まれて一旦進撃が鈍った独軍も，翌42年8月には再び攻勢に転じ50万の兵力でスターリングラード攻撃を開始した。しかし粘り強いソ連軍の抵抗に遭い同地の占領に失敗，逆にジューコフ元帥率いるソ連軍に包囲され，43年2月に降伏した。このスターリングラードの戦いを転機として，以後欧州戦線は連合国側の優位に傾いていく(16)。ソ連軍の対独反攻を可能にした大きな要因は，英米からの物資援助であった。北アフリカでは，エルアラメインの戦いでモントゴメリーの英国軍が独伊の戦車部隊を撃破（42年10月），11月には北アフリカ作戦（トーチ作戦）が開始され，モロッコ，アルジェリア

にアイゼンハワー指揮の英米連合軍が上陸し、東西から挟撃されたアフリカの独伊軍は降伏（43年5月）。フランスビシー政権に属すダルラン将軍も連合国側に加わり、彼の死後は自由フランスのド・ゴールがこれを引き継いだ。アフリカを制圧した連合軍は、43年7月にシチリア島を占拠した。イタリアではムソリーニが失脚、国王ビットリオ・エマヌエレ3世に政権が戻され、ファシスト政党は解散させられた。新たに首相となったバドリオは、9月に連合軍がイタリア本土に上陸するや単独休戦協定を結んで降伏し、逆にドイツに宣戦した。その間、独ソ戦線では中央ロシアの平原地帯クルスクでの戦車戦で独軍が敗退（7月）。これは、独ソ戦の勝敗を決定づける戦いとなった。翌8月にケベックで開かれた米英軍事会議（クオドラント会議）では、地中海作戦の拡大を主張するチャーチルをローズベルトが抑えてようやくフランス上陸作戦（オーバーロード作戦）が決定したほか、ルーズベルトは密かに原爆秘密の米英共有をチャーチルに約した。

　1944年6月、連合軍はローマを占領。またノルマンディー上陸作戦にも成功し、8月には自由フランスを率いるドゴール将軍と米軍が共にパリに入城。一方バルカンに進撃したソ連軍はルーマニアとブルガリアを制圧（44年9月）、45年2月にはブタペストに入り、4月にはウィーンを陥れた。いまや欧州戦線の帰趨は明らかとなったが、それと並行してソ連に対する不信感が米英内部で高まりつつあった。西側内部でも、戦争目的あるいは戦後構想に対する認識の相違が表面化した。伝統的な勢力均衡政策を基調とした戦後処理を考え、対ソ警戒と大英帝国の勢力圏維持に腐心するチャーチルに対し、ローズベルトは大国間協調（＝戦時大同盟の維持）と強力な国際機構によって世界の平和と安全を守り、民族自決と自由貿易体制の構築をめざしていた。"ソ連は極めて権力主義的な国家であり、力の信奉者以外の何者でもない"というチャーチルや側近の具申を退け、ローズベルトはスターリンとの友好関係維持を重視した[17]。1945年2月、米英ソの3首脳はクリミア半島のヤルタで会談し、対独作戦、戦後におけるドイツ処理問題、ソ連の対日参戦等を協議した。米英軍は3月、レマゲン鉄橋でライン川の渡河に成功、4月中に西ドイツの大部分を占領した。ソ連軍も45年1月ワルシャワに入り、3月始めにはオーデル・ナイセ川の線に達した。そして4月26日、東西から進撃した米ソ両軍は、エルベ川

第6章 ベルサイユ体制の崩壊と第2次世界大戦　215

のトルゴウで合流を果たす（エルベの出会い）。ソ連軍に包囲されたベルリンで4月30日にヒトラーが自殺し，5月2日ベルリンは陥落した。5月8日，ドイツはアイゼンハワーの司令部があるランスで連合国に無条件降伏し，ヨーロッパの戦争は5年8か月をもって終了した。さらに8月には広島，長崎への原子爆弾の投下と日ソ中立条約を破るソ連の対日参戦が契機となって，日本もポツダム宣言を受諾して無条件降伏し，第2次世界大戦は終了した。

　早くも19世紀後半，ショーペンハウエルは東洋的な諦観に籠ろうとし，ニーチェもペルシャの哲人「ツァラトゥストラ」の口を借りてヨーロッパの衰退を警告していたが，終戦の年の1918年にシュペングラーが『西洋の没落』を著したように，第1次大戦は英国のみならず，過去5世紀にわたり世界を支配し続けてきたヨーロッパ全体の荒廃と没落をも早めたのである。それはまた，30年戦争を契機として生み出された主権国家と勢力均衡システムから成り立つヨーロッパ近代国際体系の行き詰まりを示す出来事でもあった。そして，第2次30年戦争とも呼べる二度の欧州大戦（1914〜45年）を通して，覇権の中心はそれまで"ヨーロッパの文化的コロニー"であったロシア（ソ連）とアメリカという，ヨーロッパを挟み東西に対置する二大新興国家の手に移っていく。

■注　釈
(1)「英国は，ヨーロッパの勢力均衡に対する唯一の脅威はフランス国境の侵犯であると認識し，また東欧のためには決して戦わないと決めていた。そして西側の一種の人質として機能している非武装ラインラントに英国の死活的利益を見出すことはなかったし，ロカルノ条約への自国の保証を遵守するために戦争を行うこともなかった。……英国の態度はヒトラーのラインラント進駐の後により明確になった。ドイツ進駐の翌日，英国の陸軍大臣は，ドイツ大使に次のように述べた。『英国民はドイツがフランスを侵略するばあいには，フランスのために戦う覚悟があるが，先日のラインラント占領を理由として武力に訴えることはない。……英国民の大半はドイツがドイツ領を再占領することには，"全く構わない"との立場を恐らくとるであろう。』……ピエール・フランダン仏外相はフランスの立場を訴えたが無駄だった。フランダンは英国民に対し，『ドイツがラインラントを要塞化してしまえば，チェコスロバキアは失われ，すぐその後には，全面戦争が避けられないものとなる』と予言した。フランダンの主張が正しかったことは後に証明されるが，……英国はフランダンの懇願に耳を傾けなかった。英国指導部の大部分は依然として，平和は軍縮次第であり，新国際秩序はドイツとの和解に基づいて築

かなければならないと信じていた。英国民は，ベルサイユ条約の過ちを正すことの方が，ロカルノ条約で与えた言質の信頼性を証明することよりも重要だと感じていたのだ。」Henry Kissinger, *Diplomacy* (New York, Simon & Schuster, 1994), pp.304-5.

(2) Henry R. Luce, "The American Century", *Life*, Februrary 17, 1941, p.63.

(3) ウィルソン大統領の提案で 1919 年 2 月 15 日，マルマラ海のプリンキポ島においてソビエト政権および反ボルシェビキ勢力を一同に集めて講和会議を開くことが計画され，ソビエト政権はこれを受諾したが，コルチャーク，デニキン等反ボルシェビキ派がボルシェビキとの同席を嫌い出席を拒否を表明したため，この会談は実現しなかった。尾鍋『20 世紀⑦ヴェルサイユ体制』(中央公論社，1982 年) 78 〜 82 ページ。

(4) 「1919 年のパリ講和会議において，外交に対するアメリカの考え方とヨーロッパの外交的伝統が出会った際，歴史的経験に起因する両者の差異が劇的に明確化した。ヨーロッパの指導者達は従来からの手法に則り既存システムの再編成を求めたのに対して，調停者たる米側は，第 1 次世界大戦は複雑な地政的紛争の所産ではなく，ヨーロッパ的慣行の欠点から生じたものだと信じていた。有名な 14 か条の宣言においてウィルソンは，国際システムはバランスオブパワーではなく，民族自決に，安全保障は軍事同盟ではなく集団安全保障に，さらに外交は専門家による秘密外交ではなく，"公開の下に達成された公開の合意"にそれぞれ基づくべきだとヨーロッパ側に語った。明らかにウィルソンは，戦争終結や既存の国際秩序回復の条件を論じるためではなく，むしろ過去 3 世紀近く運営されてきた国際関係の全般的システムの再構築のためにやってきたのであった。」Henry Kissinger, *op.cit.*, pp.19-21.

(5) 当初，フランスはザール地方の併合を要求したが，これは米英の反対にあい認められなかった。以後，ザールはドイツから分離して 15 年間，国際連盟の管理下に置かれ，15 年の期間満了の時に住民投票によって，連盟管理かフランスあるいはドイツとの合併かその帰属を決することがベルサイユ条約で規定された。

(6) 1915 年 4 月のロンドン秘密協定により，アドリア海東岸と島々をイタリア領とすることが約束されたことを根拠に，イタリアはアドリア海をイタリアの内海とすることをめざしたが，セルブ・クロアート・スロヴェヌ王国が誕生したため，イタリアが併合を期待していた地域がこの新王国の領土となった。イタリアはその代償として，イタリア人が多数居住しているとの理由で，この王国の領土と予定されているフィウメを要求した。しかし 14 か条原則の第 11 条でセルビアに海への出口を与えることを保障したことから，ウィルソンが反対した。そのため激怒したオルランドらイタリア全権は一旦パリから引き上げた。

(7) ①ハンガリーでは 1919 年 3 月，クン・ベラの指導の下にハンガリーソビエト共和国が誕生した（ハンガリー革命）。革命政権の樹立に講和会議に出席していた各国首脳は衝撃を受けたが，19 年 7 月，フランスの支援を受けたルーマニア軍の侵入によって打倒され，革命政権は 133 日間で崩壊。フランスの支援を受けたホルティ政権がとって代わった。ミクロシ・ホルティはクン・ベラのソビエト政権を倒した反動政府の国防相で，1920 年に摂政に任命され，31 年以降完全な独裁権を握り独伊に接近，第 2 次大戦には枢軸側に立って参戦する。②ルーマニアは戦後，自由党の政治腐敗が続き，1928 年民

第6章　ベルサイユ体制の崩壊と第2次世界大戦　217

族農民党が期待を受けて登場するが，世界恐慌で窮地に陥る。そこでカロル2世が38年の新憲法で国王独裁体制を敷き，ファシスト政党国民再生戦線を組織し，ナチスに接近した。③ブルガリアでは，マケドニア奪回をめざすテロ組織「内部マケドニア革命組織（IMRO）」の活動が活発化する。これはまだトルコ支配下にあった1893年マケドニアに設立された反トルコ蜂起の秘密組織。第1次大戦でマケドニア領がさらに縮小されるや，テロ活動を強めた。戦後，政権に就いたスタンボリスキー首相がマケドニアをめぐり柔軟な対ユーゴ外交を採ったため IMRO に暗殺され（1923年），その後もテロや政情の混乱が続いた。そして世界恐慌による社会不安の下，1934年にヴェルチェフ大佐の軍事クーデターが起こり，翌年にはドイツ王室の血をひく国王ボリス3世の独裁体制が敷かれる。以後ナチスに接近し，枢軸側の一員として大戦に加わる。④第1次大戦後，オーストリア・ハンガリー帝国は崩壊し，新たに南スラブ人の国として1918年にセルブ・クロアート・スローベヌ王国という人工国家が誕生したが，歴史的相違に加え，開放的なクロアチアと内陸部に位置し大セルビア主義の復興を夢見るセルビア人の間で対立が生まれ，国政レベルでもセルビア人による中央集権主義を唱える急進党と連邦主義を主張するクロアチア農民党が衝突した。29年，国王アレクサンドル1世は議会を解散し独裁制を敷くとともに国名をユーゴスラビア王国に改め，ユーゴ全体の愛国心の高揚と民族の融和を図ろうとしたが失敗し，34年に暗殺される。クロアチアでは，ウスタシと呼ばれるファシスト団体がクロアチアのユーゴからの分離独立を画策した。その後，ナチスの脅威が強まったため，クロアチアの自治権を認めることでセルビア，クロアチア両勢力が合意するが，大戦勃発に際し日独伊三国防共協定に加わった（41年3月）ことにベオグラード市民が反発，軍部クーデターが発生しペータル2世を王位につけたが，これに怒ったヒトラーが独軍を進め，4月ユーゴはドイツに降伏，国土は枢軸国に解体されてしまう。ドイツはウスタシのクロアチア領にボスニアヘルツェゴビナ，さらにセルビアの一部も含んだクロアチア独立国なる傀儡国家に承認を与えたが，その際クロアチア人がセルビア人を迫害したため，両民族の憎悪はいや増すばかりとなった。

(8) 毎日新聞社外信部編『落ちた独裁者』（毎日新聞社，1956年）47～8ページ。
(9) 東方ロカルノ構想及び仏ソ交渉の経緯は，植田隆子『地域的安全保障の史的研究』（山川出版，1989年）第4章参照。
(10) 「当時のフランスはラインラントに兵を進めるという線でかなり纏まっていた。が，フランスは，ロンドンの空気の中にフランスへの非常な敵意を感じた。英国の世論は，当然のことながら，イタリアに対する国際連盟の制裁を失敗させるうえでラバルが主役を演じたことを非難していた。フランスは自業自得なのであり，苦しむままにしておけという気分が強かった。こうしたことがすべて英国政府に有利に作用した。政府は，イーデンから多少反対意見はでたものの，ラインラント問題については何もしないことに決定した。しかもこのような政府の態度は，既にロンドン駐在の独大使リッベントロップから内密にしかも強い説得的な調子でヒトラーに伝えられていた。だからヒトラーはこれによってその将軍らにラインラント進駐が成功することを納得させ得たのである。」D・F・フレミング『現代国際政治史Ⅰ』小幡操訳（岩波書店，1966年）101ページ。
(11) 1937年4月26日，スペイン北部バスク地方のゲルニカにドイツ空軍機が襲いかか

り町の7割を破壊した。ドイツ空軍総司令官ゲーリングは，スペインの戦場をドイツ空軍の武器や戦法の実験場として利用したのであった。この攻撃がフランコの要請に基づいたものであることは明らかで，その後の無差別爆撃に途を開くことになった。当時パリにいたピカソはパリ万国博覧会への出品を共和国政府から依頼されていたが，この報を聞き，「画家とモデル」の構想を改め，爆撃に対する抗議の意思を込めて1か月余りで大作「ゲルニカ」を完成させた。一方，ソ連とスターリン派共産党員は，共和国政府を支援した勢力の中でスターリン主義に批判的な人々を徹底的に弾圧・排除した。ジョージ・オーエルの『1984年』はこうしたスターリン主義に対する批判・告発の書である。

(12)「4月28日，仏首相ダラディエと外相ボネは急ぎロンドンに赴いた。そしてダラディエは強力な共同措置をとることを強調するとともに，プラハとベルリンで並行して手を打つようしきりに主張した。チェンバレンはそれに異議を唱えた。英国の曖昧な態度はまたしてもドイツに抵抗しようとした人々の信念を弱め，フランス内のドイツ宥和論者の立場を強めたのである。ダラディエらに明らかにされたことは，『英国は，いかなる事情の下でも，フランスにも，またチェコにも，いますぐは支持を与えない』というのであり，そしてフランスはこの瞬間から，意識的にせよ無意識的にせよ，チェコに対するその義務を放棄したのであった。」D・F・フレミング，前掲書，119ページ。

(13) Henry Kissinger, *op.cit.*, p.314.

(14) アダム・B・ウラム『膨脹と共存②』鈴木博信訳（サイマル出版会，1979年）382ページ。

(15) キッシンジャーは，リアルポリティークの信奉者であるスターリンが第二戦線開設の遅延という西側のまさにリアルポリティーク的な対応に幻滅するはずがないとし，むしろこの問題を計算づくで対西側交渉において利用したと指摘する。Henry Kissinger, *op.cit.*, pp.404-5.

(16)「スターリングラード攻防戦に勝った時，ソ連政府は初めて，ソ連が最後の勝者になれそうだ，スターリンの地位も確保できる見通しがついた，と確信することができた。スターリングラードの勝利をきっかけにして，スターリンは，失脚の恐れがなくなった。それどころか，彼は侵略者撃退をめざして立ち上がった国民的決意の象徴となったのである。」アダム・B・ウラム，前掲書，400ページ。

(17) 1945年1月20日,4度目の大統領就任演説でローズベルトはエマソンを引用し，「友人を得る唯一の方法は自分が友人になることだ」と述べ，戦争の終了が間近になった段階でも，引き続きスターリンとの個人的関係を維持し続けていく方針を明らかにした。Henry Kissinger, *op.cit.*, p.417.

終章　冷戦，欧州統合，そして21世紀へ

1　序

　中世にあっては共にフランク王国を構成する間柄でありながら，近世に入り各国で王権が伸張するに伴い，仏国王と独（神聖ローマ帝国）皇帝は15世紀末以降イタリアの支配権を相争うようになる。仏絶対王政の興隆につれ，16～17世紀，ブルボン家とハプスブルク家の覇権闘争は一層激化する。このブルボン対ハプスブルクの対立構造は，当時のヨーロッパ国際関係を律する基本軸でもあった。やがてプロシャの勃興によって対立の図式も変化し，7年戦争ではブルボン・ハプスブルク両家の同盟が初めて誕生する（外交革命）が，他方でプロシャ対フランスという新たな対立軸が生まれることになった。

　その後，仏革命とナポレオンの出現でヨーロッパは大混乱期を迎えるが，ナポレオン放逐後，列国は協議と協調によって旧秩序への復帰と革命戦争の防止を図った（ウィーン体制）。ナポレオン戦争の動乱期，一時勢力の後退を強いられたプロシャであったが，やがて宰相ビスマルクが輩出，彼はまずドイツ圏内におけるハプスブルク（オーストリア）との主導権争いに決着をつけ，次いでフランスを破ることで悲願のドイツ統一を実現する（1871年）。このプロシャの台頭は，ヨーロッパの国際秩序を覆す大きな勢力変動であったが，ビスマルクは徹底したフランス孤立化政策を推し進めつつ，ヨーロッパの勢力均衡維持にも腐心したため，大規模な戦争は防止された（ビスマルク体制）。その間，欧州列強の抗争には終始バランスオブパワーの政策を以て臨み，大陸内部の問題に深入りすることを避けながら，積極的な海外進出策を採った英国がヨーロッパ及び世界を制する覇権大国として君臨する。一方，ビスマルク失脚後のドイツはそれまでと一転，挑発攻勢的な対外膨脹政策を押し進めるようになる。その過程でドイツはロシアとの関係を閉ざし，フランス包囲網を自ら崩壊させてしまう。その結果，19世紀末～20世紀初頭にかけて，それまで孤立させられ

ていたフランスがロシアや宿敵の英国と結びつき、ヨーロッパは独墺と英仏露の二大陣営に分裂、やがて両者の対立は人類史上初の世界大戦を誘発する。

第1次世界大戦で欧州各国は大きく疲弊し、また英国の覇権も傾き、国際政治の主導権は欧州圏外のアメリカやロシアの手に移り行くかに見えた。しかし、社会主義革命が勃発したロシアでは国内の混乱と政情不安が続き、また共産主義の恐怖ゆえに国際社会からは排斥、孤立化の憂き目に遭う。一方のアメリカも孤立主義の風潮が支配し、国際関係の安定と維持にこの両国が深くコミットすることはなかった。その隙を突く格好で、報復的な戦後処理に不満を抱くドイツ国民の支持をバックに力を得たのがナチスドイツを率いるヒトラーであった。ヒトラーは当時の融和主義的なヨーロッパの風潮を逆手に取り、周辺諸国に手を伸ばしていく。そしてポーランド侵攻と日本の対米開戦を機に、ドイツは英米との戦争に突入。ヨーロッパは再び6年間の大戦争を経験することになった。

第2次30年戦争（1914〜45年）とも呼べる二度の世界大戦でヨーロッパの影響力は大きく後退し、20世紀の後半、世界は欧州列強に代わり米ソを対立の軸とした冷戦の時代を体験する。かっての栄光に陰りが出たヨーロッパでは、戦後、第1次の30年戦争で自らが編み出した主権国家という政治の枠組みを乗り越え、地域協力の推進や国家の連合・統合によって、三度の大戦争を防止する（不戦共同体の構築）とともに、両大国に対抗し得る勢力圏作りに向けた動きが強まるが、その原動力となったのがかつての宿敵ドイツとフランスであった。ハプスブルク、プロシャ、さらにはナチスと、フランスは度々ドイツ勢力と敵対関係に立ち、しかも3度ドイツの侵略を許したことで、フランスには根深い対独警戒心が根付いていた。統合を進めるためには、独仏相互に存在する強い敵対心や相互不信の念を解きほぐさねばならなかった。その意味で戦後欧州の国際関係は、恩讐を越えた独仏両国の協力関係構築と、地域協力機構作りに向けた取り組みが一つの大きなモーメントとなったのである。一方、相次ぐ世界大戦の中で覇権国家の座から滑り落ちた英国は、戦後、新たな覇権大国アメリカとの歴史的民族的な深い結びつきを活かし、ヨーロッパ及び国際社会における発言力の維持に努めようとしてきた。

1991年、ソ連が崩壊したことで、冷戦は終焉する[1]。ポスト冷戦の時代に

入ったヨーロッパでは、EUが空間的垂直的な拡大を続け、主権国家の制約を乗り越える様々な営みが積極的に試みられている。その反面、新たな問題も多く生まれている。例えばイスラム世界との共存のあり方、国家や主権に対する尊厳意識と国家を越える新たな共同体への受容認識及び両者の関係、あるいはまた、急激な地理的拡大がもたらしたヨーロッパアイデンティティの危機・空洞化等々である。それとともに、冷戦期、協力関係を築いてきたドイツとフランスが、今後、EUの運営を巡りどのような関係に立つのかという点にも関心が集まっている。さらに、これまで地域統合の動きと一線を画し続けてきた英国が、果たしていつまでそのような政策を堅持するのか、あるいは堅持し続けることができるのか、という問題もある。21世紀の英国は米欧の二大勢力の狭間で沈んでいくのか、逆に大西洋関係の発展で主導権を発揮できるのか、英国と大陸ヨーロッパの関わり方も、ヨーロッパの将来を左右するファクターとなるであろう。

2 独仏協力の時代

● シューマンプランとECSC

　第2次世界大戦の惨禍は、欧州の人々に国家間協力の必要性を強く認識させた。その口火を切ったのが英国のチャーチルだった。チャーチルは1946年9月、スイスのチューリッヒで「欧州合衆国（United States of Europe）」創設を提唱した。世界が米ソの2大陣営によって支配され、欧州がそれに埋没することを強く危惧したチャーチルは、「もし欧州の諸民族が団結できるならば、ヨーロッパ人は共通の幸福感を抱き、無限の名誉を感じるだろう。我々は米合衆国に似たものを建設し、育てねばならない。この緊急の使命を達成するためには、まずドイツとフランスが手を結ぶことが必要である」と語り、過去再三にわたり戦争の原因となったドイツとフランスの和解こそが欧州復興に必要であることを強調し、分裂した国家中心主義（state centricism）に深い反省を求めた。チャーチルのこの提唱は欧州各国で大きな反響を呼び起こし、カレルギーの汎ヨーロピアン運動を蘇生させ、シューマンやスパークらの統合論者にも刺激を与えた。

　そうしたなか、仏外相ロベール・シューマンは、いわゆるシューマン宣言

を行い，ベネルクス関税同盟を母体として，仏独両国の石炭・鉄鋼生産の全てを管理する超国家的機構の創設を提案した（1950年5月）。このシューマン・プランは，1940年にジャン・モネが唱えた「仏英政治連合」構想を基礎とし，基幹産業の国際協力を通してヨーロッパ地域に不戦共同体を形成しようとするものであった。同プランは各国から好意的に受けとめられ，デ・ガスペリやアデナウアー，モネらの強い支持の下，1951年4月，欧州石炭鉄鋼共同体設立条約（パリ条約）が調印され，翌52年，仏，西独，伊，ベネルクス3国の6か国より構成される「欧州石炭鉄鋼共同体（ECSC: European Coal and Steel Community）」が活動を開始した。超国家機関の創設で国家主権が束縛されることを恐れた英国は，参加を見合わせた[2]。ECSCの設立により石炭と鉄鋼の共同市場が発足，石炭・鉄鋼の生産・販売は加盟国政府の手を離れ，アルザス・ロレーヌ，ルール地方の帰属をめぐる長年の独仏対立は解消に向かう。ECSCの誕生は欧州統合に向けた第一歩となり，58年には欧州経済共同体（EEC）及び原子力共同体（EURATOM）が発足，さらに67年にはECSC，EEC，EURATOMを統合した欧州共同体（EC）へと発展していく。

● アデナウアー路線とパリ＝ボン枢軸

　第2次世界大戦後，連合国に占領されたドイツは冷戦激化の過程で東西に分裂。米英仏3か国との間で占領終結等をうたったパリ条約が発効（1955年）し，主権を回復した西独では，西側との結び付きを強めるべきか，共産圏との融和を進め東独との再統一を優先すべきかをめぐり，アデナウアー政権と野党社会民主党の間で激しい論争が繰り広げられた。アデナウアー首相は，ドイツの再統一は当面不可能であり，西独はまず自由世界の一員として政治軍事的に西側諸国との関係を深め，西独が西側陣営に組み込まれることで，ソ連との間にも再統一問題について交渉可能性が生まれるという立場を堅持した。西独の大衆が彼の親西側路線を支持した結果，アデナウアーの与党キリスト教民主社会同盟が長期政権を担当した。西欧諸国との和解をめざすにあたって，数世代にわたり激しい抗争を展開してきた宿敵フランスとの関係改善こそがその大前提というのがアデナウアーの信念だった。戦前ケルン市長を務めたラインラント出身のアデナウアーは親仏派であり，こうした彼の姿勢が戦後ドイツの対外政策を強く規定することになった。

そして 1950 年代末期，ド・ゴールが再びフランスの政権を担当するようになるや，両者は急速に接近．ド・ゴールが政権に就いた 58 年からアデナウアーが引退する 63 年までの 5 年間に，二人は 13 回の首脳会談を行い，パリ＝ボン枢軸といわれる強固な関係を構築し，63 年には独仏友好協力条約（エリゼ条約）が締結された。同条約では，すべての重要な外交問題について両国首脳が定期協議を開催し，可能な限り同一方向の行動をとることが明記され，以来，両国首脳は少なくとも年 2 回，外相は 3 か月ごとに協議を行うことになった。対立と敵対，それに脅威感が支配していた仏国民の対独意識が，和解と融和，さらに協調へと大きく変化したのもアデナウアーとド・ゴールによるパリ枢軸が機能した 60 年代前半といわれる[3]。そして戦後，欧州統合という巨大プロジェクトを支えてきたのも，この独仏の協調関係に他ならなかった。アデナウアーとド・ゴールが去った後，通貨統合の基礎となる欧州通貨制度（EMS）の誕生に尽力したのは，ヘルムート・シュミットとジスカール・デスタンだった。かように独仏の信頼関係を基に，欧州統合に向けてフランスがヨーロッパ政治の主導権を握り，ドイツがこれに従い，経済力でフランスを補完するという構図が定着していったのである。

● ドイツ再統一とヨーロッパの政治統合

1970 年代後半〜80 年代にかけて，ヨーロッパでは通貨危機や石油ショックに伴う欧州各国の景気低迷やインフレ，先端技術や商品開発での日米に対する遅れ等が重なり，"ユーロペシミズム"が支配する重苦しい時期を迎える。またヨーロッパにも新冷戦の嵐が吹き荒れたが，80 年代も後半に入ると，ゴルバチョフの登場と東欧改革を契機に，東西冷戦の構造は崩れ始める。統合問題もジャック・ドロールの尽力で，市場統合に向けた動きが本格化する。そして 1989 年，米ソ首脳によるマルタ宣言で冷戦の終焉が告げられ，半永久的に続くかと思われたベルリンの壁が瞬時にして崩れ，誰しも予想しなかった東西ドイツの統一が具体的な政治日程に上ってきた。しかし，東西ドイツの統一は，EC 内の政治力学を大きく変えることになる。EC では従来，独仏英伊の 4 か国の力が拮抗しバランスが取れていた。それが統一ドイツの出現で，ドイツだけが EC 内で突出した存在となり，それまでの均衡を崩しかねない状況が生まれたのだ。しかも，この国は二度も世界大戦を起こした過去がある。こうした

懸念を打ち消すためには，"ドイツを EC の枠組みに繋ぎ止めておく"ことが不可欠であり，それには EC の政治統合を急ぐ必要があった。これがミッテラン仏大統領の描いたシナリオだった。欧州統合を促す意識は，ヨーロッパの結束という建前や理念ばかりではなく，実はドイツの強大化に対する処方箋という別の一面があることも忘れてはならない。

　一方，早期に再統一を果たしたいドイツの側も，この枠組みを受け容れた。統一実現には他の欧州諸国の警戒心を解く必要があると判断したコール首相は，"欧州統合という枠組みの下での再統一"という方針を掲げ，これまでの独仏関係を基礎とし，ヨーロッパの政治統合に積極的に協力する姿勢を取った。こうして 1980 年代後半から 90 年代初頭にかけて，通貨統合と共に政治統合のプロセスも一挙に早まり，マーストリヒト条約の発効を受け 93 年には EC が EU（欧州連合）へ発展，ドイツも 90 年秋には悲願の再統一を平和裡に実現した。

③ ドイツ再統一以後

　しかし，欧州統合や再統一の過程を通して，西独はその圧倒的経済力を梃子に政治的発言力を強め，独自の行動も目立ち始めるようになった。例えばコール政権は再統一に際しフランス等他の欧州諸国との協調を常に力説しながらも，「ドイツと欧州の分断を克服するための 10 項目提案」（1989 年 11 月）の発表や，その後再統一を決定づけたスタブロポリでのコール・ゴルバチョフ首脳会談（1990 年 7 月）の際，他国との協議や連携，事前調整を欠いて訝しがられた。

　再統一後も，ドイツの突出気味の外交政策が問題を引き起こした。1991 年 6 月，ユーゴ連邦を構成する 6 共和国のうち，北部先進地域に位置するスロベニア，クロアチア両共和国が連邦からの独立を宣言した。これを認めることで，ユーゴの分裂，引いては民族紛争の激化と内戦を惹起させることを欧米各国は懸念したが，統一ドイツは早々と両共和国の独立を承認，そのため，EU やアメリカもこれにひきずられる格好で承認に踏み切った。結果，ユーゴは分裂状態となり，その後のボスニア・ヘルツェゴビナやコソボにおける泥沼の民族紛争へと事態は悪化していった。旧ユーゴの分裂とその後の内戦を招いた責任の一端はドイツにあるといえる。統一前，西独の対外政策は極めて慎重で，常にフランスの後を追いかけ，アメリカや国連の意向を踏まえたうえで行動してき

た。スロベニア,クロアチアの承認は「ドイツ外交が 1949 年以来,初めて一人歩きした」(『シュピーゲル』) ものと評されたが,ドイツとの歴史的絆が深い地域ゆえに,早い段階で承認と積極的な関与に踏み切ったにせよ,統一以前のドイツからは想像できない突出ぶりだったことは間違いない。

　一方,1993 年 10 月の EC 臨時首脳会議で,欧州通貨機構 (EMI) の設置場所がドイツのフランクフルトに決定した。EMI は通貨統合に伴いヨーロッパの通貨金融政策をリードする欧州中央銀行の前身となるもので,通貨統合の準備作業にあたるとともに,将来的には各国の金融,財政政策に大きな発言権を持つ強大な機構に発展する可能性を秘めていた。そのため各国の激しい誘致合戦が展開されたが,ドイツの経済力を背景に,コール政権はこの戦いを勝利に導いたのである。その後欧州中央銀行もドイツに設置されたが,こうした一連の動きは,EU の重心が東へ移動し始めたことを象徴する出来事であった。予想を越える早さで再統一を果たし,8 千万の人口と欧州一の経済力を誇る大国が中欧に出現したことは,近隣諸国のドイツへの警戒心を高めた。東独との統一には EU 等他の欧州諸国の同意と支持が不可欠であった。しかし,いまや冷戦は終焉し,再統一を果たしたドイツにそうした足枷はなくなった。

　「フランスとドイツの関係は,戦後におけるヨーロッパの和解,そしてヨーロッパの統合をめぐる重要な機軸だった。しかし,いまや,独仏間の関係は次第に緊張しつつある。これまで,独仏両国は,ソビエト帝国という共通の敵の存在によって結ばれてきたが,これにしても,極めて微妙なバランスの上に成立する連帯関係だった。事実,フランスは,独立した核保有国,そして国連安保理の常任理事国としての国際的地位によって,ドイツとの関係においても政治および戦力上の有利な立場を確保してきた。であればこそ,フランスは,ドイツの経済的支配状況を受け入れてきたのである。東西の分断線によって,ドイツが分断されている限り,フランスは核兵器によって,ドイツマルクの力を牽制できた。……(だが) このアンバランスな思惑の上に成立していた微妙なバランスは既に変化している。ドイツは統一を果たし,自らがヨーロッパの中枢に位置していることを自認している。ドイツは,よき行動よりも,よき意図の方が大切だと考える性癖を克服してはいないものの,たとえ経済大国ではあっても政治的には小国として振る舞うという従来のパターンを放棄し,次第

に政治的なイニシアティブをとり始めている」[4]。

EU予算全体の30％近くを負担し、他の加盟国を大きく引き離しているドイツは、EU拡大の牽引役であると同時に、EUの東方進展化政策でも強いイニシアティブを発揮してきた。中・東欧はもともとドイツ文化圏に属し、歴史的にも民族的にも深い関わりを持っているばかりか、EU原加盟国でこれら地域への経済的関与が一番深いのもドイツだ。中・東欧地域は投資市場として、あるいは低賃金ゆえに企業の進出先としても魅力的であり、ドイツが東方拡大に熱心になるのは必然ともいえる[5]。だがこの拡大によってEU、そして欧州政治におけるドイツの発言力が益々強まり、それがドイツに対する周辺諸国の不安感や警戒心を助長することにもつながる。そもそもECの誕生や欧州統合の事業は独仏の和解を目的の一つにしていた。またフランスにとってEUの存在とEUへの支持は、自らのパワーと影響力を拡大させるための手段でもあった。フランスが単独で壮大な政策を実施するのは不可能であり、それが可能となるのは、あくまでヨーロッパという枠組みを通じてだけだからである。しかしながら、「今日、フランスの政治・経済エリート達は、フランスの行動がドイツの利益を一方的に促進しているのではないかという懸念を公然と表明し、ドイツが中・東欧諸国のEUへの加盟を支持していることを、勢力圏の拡大を目論んでいることの証拠と見ている」[6]。

フランスが自国の政治的発言力を誇示するとともに、ドイツを抑えるための重要な施策であったはずの欧州統合が、いまや逆に統一ドイツの影響力拡大の、そしてフランスの相対的な影響力低下を招く政策となりつつあるのである。EUの中心が東に移ることを警戒するフランスや南欧各国は、例えば地中海諸国との連携強化をめざすことでドイツを牽制する動きを見せている。EUがキプロス、マルタとの加盟交渉を急いだ背景には、東方拡大をめざすドイツに対抗しようとのフランスの思惑が込められていたのだ。デンマーク国民がマーストリヒト条約批准に反対の意思を示し（92年6月）、またフランスの国民投票で批准承認が極く僅差だった（条約批准賛成51.05％、反対48.95％：同年9月）のも、ともに隣国ドイツへの警戒心が微妙に働いていたからに他ならない。

再統一後のドイツも、基本的には西欧諸国との協調や欧州統合推進という枠内で行動している。だが、フランスが主導権を握り、ドイツがそれに従い、経

済でフランスを支えるというパリ＝ボン枢軸の構図（フランス：主，ドイツ：従，フランス：政治，ドイツ：経済）は既に崩れ，納得できない事案に対しては，明確に「ナイン（ノー）」と言い放つドイツの姿勢が目立ち出したことも事実だ。フランスにおけるEU推進派の本音が，ドイツの強大化を"欧州"という共通の家に収容することにあるとすれば，ドイツの本音は，欧州各国の警戒心を招くことのないよう統合欧州の枠組みに収まりつつ，実質的に自らの影響力拡大を図ることにあるといえよう。EUの東方進出は，必然的に中欧（ミッテルオイローパ）の主導権を握るドイツの台頭を招来する。その中でドイツ脅威論を現実化させないためには，EUやNATO等広域欧州あるいは欧米協力の枠組みを強化し，その中にドイツを取り込んでいく以外に方法は無い。言い換えれば，EUは地理的空間的な拡大に留まらず，その質的垂直的な拡大強化が並行的に進められねばならないということである。

4 戦後の英国：特別関係と統合への懐疑
● 英国病とサッチャリズム

戦後の英国政治は，労働党主導による高福祉政策，産業国有化等が軸となり，対立政党である保守党もこの路線を基本的に踏襲し続けた。しかし，産業の国有化や「大きな政府」は，公共支出増大にともなう増税化や公務員の増加，それに労組の肥大・強大化を招き，英国社会の活力と国際競争力を著しく低下させた（英国病）。かような戦後一貫した長期低落の潮流に歯止めを掛けようとしたのが，保守党のマーガレット・サッチャーであった。

サッチャーは，英国病の原因が社会福祉政策による悪平等の蔓延にあるとし，競争原理の導入による活性化を訴え，1979年5月の総選挙でキャラハン労働党政権を破り圧勝，英国初の女性首相に就任した。この勝利に自信を得たサッチャーは，英国病の元凶として労働組合との対決姿勢を鮮明化させ，生産性の低い炭坑20か所を閉鎖し全国炭坑労組（NUM）と激しく対決した。労組側は徹底交戦を叫び，対立は1年以上も続いたが，結局は職場復帰に応じ，サッチャーが勝利した。労組のストやピケ規制措置の法案を相次いで成立させると共に，サッチャーは労働党急進派の拠点であった地方自治体の改革にも手をつけ，ロンドン市議会も廃止した（86年4月）。また国有化された鉄鋼，石油，電

信・電話，ガス，自動車，電力，航空機製造等の重要産業を民営化に転換，その数は主要企業だけで40社に上った。英国航空はそれまでの赤字会社から一転して優良企業に脱皮。民営化に伴う株式売却で政府は膨大な収入を手にし，1987年度の財政は16年ぶりに黒字を達成した。サッチャー政権は外国企業誘致にも熱心で，労働争議の沈静化や法人税引き下げ措置等が効を奏し，日本の対英投資も1985～90年の5年間で28倍と急伸した（全欧州投資総額の7.3倍）。日産やトヨタ等大企業の進出が中心で，我が国の全欧州への投資総額110億ドル（90年）の半分以上（56億ドル）が英国一国に集中した。

かように，強気の反共主義者であるサッチャーは，「自助努力」と「小さい政府」の必要性を訴え，インフレ克服を最優先の課題とし，税率引き下げや厳しい緊縮予算を組む一方，社会主義的な福祉国家から自由主義経済国家への復帰をめざし，1920年代以降労働党を中心に進められてきた国有化政策を止め，すべての部門での民営化を進めると同時に「ゆりかごから墓場まで」といわれた公的社会サービスを極力削減し，労組の活動を抑え，民間企業の活力を推進することによって英国病の克服に取り組んだ（サッチャリズム）。その結果，英国病の克服に成功したサッチャー政権は，3期にわたる英国憲政史上最長の政権となり，その間，雇用機会の拡大や資産形成の恩典に浴した労働者階級の多くは労働党から保守党へと鞍替えした。その反面，「支払い能力に応じた福祉」を唱えるサッチャーの姿勢には，「福祉（弱者）切り捨て」の批判が強まり，また貧富の格差が広まったという指摘もなされている。

そうしたサッチャリズムへの反発から，冷戦終焉後の英国では，市場ルールの無視でも無ければ，逆に市場化一辺倒でもなく，市場メカニズムを重視しながらも適度な国家の介入により公正の確保をめざす「第三の道」を唱道した労働党のブレア政権が97年以降政治を担当することになった。保守・労働両党のいわば中間路線を志向する第三の道は，ドイツ社民党等ヨーロッパ各国の社会民主主義政党にも影響を与えた。ブレア政権は，依存型福祉から社会参加を重視する自立型福祉モデルへの転換や地方分権を推し進めていった。

● 英米協調と国家主権への拘泥

二度の世界大戦で疲弊し，さらに戦後多くの植民地を喪失し，覇権国家の地位を完全にアメリカに譲りわたした英国は，冷戦下，NATOの一員として西

欧防衛体制に加わるとともに，「特別関係（special relationship）」と呼ばれるアメリカとの協調関係を外交の基本に据えている。そもそも NATO の枠組みを設け，欧州防衛にアメリカを招き入れたのも英国の役割が大きかった。またアメリカとの特別関係を軸に，ともすれば対立しがちな米欧の橋渡し役を任じている。ヨーロッパの大戦に二度もアメリカを引き込み，その圧倒的な軍事力でドイツの野望を阻止させたのは自らの功績だと自負する一方，今もこの国には潜在的な対独警戒心が相当に強い。もっとも，"橋渡し役"という言葉からも窺えるように，英国及び英国民は自らをヨーロッパの一員とはみなさず，「ヨーロッパと英国」と並立的な捉え方をするのが常である。「ヨーロッパに位置していても，ヨーロッパには支配されない（In Europe, Not run by Europe）」といった標語がポピュラーな国柄なのである。発足当初 EEC には加わらず，敢えて独自の EFTA を創設したり，EU の中にあってもオプトアウトを発動しユーロ不参加を決定する等英国は欧州統合の動きには常に一線を画してきた。

　こうした姿勢は，この国の外交政策と深く関わっている。近世以来，英国の対欧州政策は勢力均衡の原則が貫かれてきた。大陸のどの国とも同盟関係に立たず，覇を唱える強国が出現した場合にはその抑制に動き，英国への圧迫を回避するという外交で，普段は大陸情勢から超然とし続けてきた。サッチャー政権がドイツの再統一に反対姿勢を採ったことも，バランスオブパワーの発想がいまも英国政治の根底に息づいていることを物語っている。国家の枠を越えた統合や地域協力が不可避となっている今日，バランスオブパワーの政策は欧州協力を遂行するうえで相応しいものとはいえまい。だがこの国の伝統ゆえに，覇権大国の座を失ったからといって，大陸諸国との緊密一体化には躊躇するものがあり，ライバルであるフランスの風下に立ちたくないという思いもそこには働いている。そのフランスが主導権を発揮しているから，欧州統合の事業にも二の足を踏むのだ。いま一つ，この国が欧州統合に背を向ける背景には，連邦制への懐疑と国家主権への強い拘り，それに自由主義重視の思想がある[7]。チャーチルが欧州合衆国の構想を掲げながら，超国家機構の創設に消極的な英国は ECSC には参加しなかった。サッチャーも一貫して国家主権の尊重という姿勢を前面に押し出し，政治的統合どころか通貨統合にも強く反対し，EC 加盟諸国との溝は深まった[8]。

ブレア政権はこうした保守党の姿勢を修正し、親欧の路線を打ち出すようになった。だがイラク戦争に際しては、攻撃に反対する独仏等他の欧州諸国とは一線を画し、ブッシュ政権を強く支持してアメリカと行動を共にした。また英国内の抵抗世論に配慮して、ユーロへの参加等具体的な統合施策でも進展は見られなかった。ポンドの放棄は国家主権の喪失であり、またEUの東方拡大は統一ドイツの影響力をさらに高めるとして、警戒的な声が英国には強いからだ。しかし、統合に後ろ向きなままでは、ヨーロッパにおける英国の発言力は益々低下するばかりだ。いつまでも共通通貨から排除され続けることが、英国産業に極めて大きなマイナスとなることは疑いない。また旧東欧を自国の経済圏に組み入れたドイツが欧州大陸で圧倒的な力を振うような事態も、英国にとっては受け容れ難いであろう。アメリカとの特別な関係に頼り、あるいは欧州統合の動きを牽制し大陸を揺さぶるという従来通りの戦法で、そうした状況の出現に巧く対処できるものかどうか。むしろ英国もユーロに加盟し、ユーロ域内がドイツ一色に染まるのを防いだ方が、つまり欧州統合の先導役を積極的に努め、組織の内側に立ってヨーロッパの将来を自らのめざす方向に差し向ける方が良いのではあるまいか。虎穴に入らざれば虎児を得ずの例えだ。此処はこの国にとって正に思案のしどころだが、将来的には、ユーロ経済圏の成長が確実となった段階で、恐らく時の英国指導者は世論を説得し、ユーロ参加に踏み切らざるを得ないのではなかろうか。大陸から背を向けるのではなく、ヨーロッパの地域協力に積極的に貢献し、かつ欧米の仲介役として重要な役割を担いつつ、どうすれば自国のアイデンティティと影響力を保持し続けていくか、これがポスト・ブレア、そして21世紀の英国に課せられた重要な課題である。

5 新たなるヨーロッパへ

東西冷戦が激化する中、戦後復興と共産主義脅威への対抗というもはや一国レベルの取り組みでは対応し切れない重大な課題に取り組むべく、西欧の国々は戦争の恩讐を乗り越えて相協力し合う途を選んだ。その結果、EECからEC、そしてEUへと統合の深化を重ね、参加国も当初の6か国がいまや30か国近い規模に拡大を遂げた。さらに今後も拡大が予想されており、伝統的なヨーロッパという領域を大きく越えて、いまやイスラム国家やスラブ圏をもその内

に取り込もうとしつつある。

　EUは国家連合と連邦国家の間に位置する新たな複合体として、日々発展を遂げつつあり、今後紆余曲折は経ながらも、欧州統合の営みはさらなる進化を続けて行くであろう。もっとも、経済史家のアラン・ミルウォードが述べるように、過去半世紀にわたるヨーロッパ統合の営みは、国家の否定ではなく、国家間の協力でヨーロッパを再生させようとする国民国家の強い意思の発露であった。それは国民国家に代わり、あるいは国民国家の制度を否定するものではなく、逆に国民国家を救うためのプロジェクトであったのだ。

　それゆえ我々は、欧州統合の営みを、国民国家時代終焉の序曲という単純な受けとめ方で眺めるべきではあるまい。むしろ求められるのは、過去における幾多の流血と戦争、騒乱の中から引き出された貴重な不戦の教訓や国家間協力に関する欧州の知恵を、国益と国益が攻めぎあう国民国家のシステムの下で如何に活かすべきかという、より現実的な視点であろう。戦争と怨嗟を乗り越え、協力と共存の新たな国際システムの構築に向けて船出しつつあるヨーロッパから、アジアが学ぶべきことは尽きない。

■注　釈

(1) 冷戦期における欧州国際関係の詳細は、拙著『現代国際関係史①〜④』（晃洋書房、1998〜2004年）に譲る。

(2) ECSC発足の意義は、第1に欧州最大の不安定要因だった独仏の戦争を不可能とし、不戦共同体を築くことに成功した点にある。第2に最高機関、特別理事会、共同総会、司法裁判所等からなるその機構は、EEC, EUの制度的枠組みの基礎を提供した。第3に、英国のアトリー労働党政権はフランスの招待にも拘らず、超国家的機構を嫌って参加しなかった。そのため、以後、欧州統合は大陸6か国が中心となって進められていくことになった。欧州地域協力の経緯と現状、問題点については拙著『覇権と協力の国際政治学』に譲る。

(3) 1962年9月のド・ゴール訪独直後のフランスの世論調査では、緊密な友好関係のパートナー国としてドイツの割合が40％に達し、英国の25％を大きく上回った。廣田功氏は、フランスの対独意識が敵対、警戒から友好に転じたのはそれより早く50年代半ば（56〜57年頃）とする。廣田功「フランスから見た仏独和解の歴史と論理」廣田功他編『ヨーロッパ統合の社会史』（日本経済評論社、2004年）130ページ。

(4) ドミニク・モイジ、ミヒャエル・メルデス「ヨーロッパの地図、コンパス、そして水平線」『フォーリン・アフェアーズ』1994年11/12月号。翻訳は『中央公論』1995年3月号、384〜5ページ。

(5) 12世紀以降のドイツ騎士団によるバルト海沿岸進出と，その後のハンザ同盟結成，中世初期に溯るロシア，チェコ，ハンガリー等へのドイツ人植民等の形で，ドイツは歴史的にロシア，東欧と深く関わってきた。この結び付きは現在に至るまで尾をひいている。「ドラング・ナッハ・オステン」（東への衝動）はドイツの伝統的な対外姿勢の根幹をなし，現代ドイツ外交をその深部において規定している。ヒトラーの東方世界制覇の野望は，ドイツの「東への衝動」の病的な表現形態だった。五島昭『大国ドイツの進路』（中央公論社，1995年）141ページ。非文明地域と意識される「東方」を中世のドイツ棋士団のように文明化するのが中欧の国ドイツの役割だという使命感である。

(6) ドミニク・モイジ，ミヒャエル・メルデス，前掲論文，385ページ。

(7) サッチャーの対EC政策については，例えば村瀬満男「サッチャーとEC：ドロールの足跡」『海外事情』（拓殖大学海外事情研究所）1995年5月号参照。英国の視点からすれば，大陸で進む欧州統合の動きは，社会民主主義に基づく幅広い分野での政府介入を前提とするもので，経済の自由化，小さい政府というサッチャーが進めてきたモデルとは大きく異なるものであった。小川有美他『EU諸国』（自由国民社，1999年）321ページ。

(8) 英国が欧州と一線を画す傾向については，H・シュミット『ドイツ人と隣人たち（上）：続シュミット外交回想録』（1989年，岩波書店）100ページ～，及び174ページ参照。

主要参考文献
(各章注釈で表記したものは除く)

[全 般]
A・J・P・テイラー『ヨーロッパ：栄光と凋落』川端末人他訳(未来社,1984年)
J・ジョル『ヨーロッパ100年史(1・2)』池田清訳(みすず書房,1976〜77年)
Edward Whiting Fox, *The Emergence of the Modern European World* (Oxford, Blackwell, 1992)
Geir Lundestad, ed., *The Fall of Great Powers* (New York, Oxford University Press, 1994)
Jack S. Levy, *War in the Modern Great Power System* 1495-1975 (Lexington, University Press of Kentucky, 1983)
M.S. Anderson, *The Rise of Modern Diplomacy 1450-1919* (London, Longman, 1993)
William R. Thompson, ed., *Great Power Rivalries* (Columbia, University of South Carolina Press, 1999)
Stephen J. Lee, *Aspects of Europen History1494-1789* (London, Routledge, 1986)
Stephen J. Lee, *Aspects of Europen History1789-1980* (London, Routledge, 1992)

[序 章]
オットー・ブルンナー『ヨーロッパ：その歴史と精神』石井紫郎他訳(岩波書店,1974年)
クリストファー・ドーソン『ヨーロッパをどう理解するか』高谷毅他訳(南雲堂,1971年)
堀米庸三『西洋中世世界の崩壊』(岩波書店,1958年)
E. L. Jones, *The European Miracle* (New York, Cambridge University Press, 1981)
H. Clout et al., *Western Europe: Geographical Perspectives* (London, Longman, 1989)

[第1章]
アーダム・ヴアントルツカ『ハプスブルク家』江村洋訳(谷沢書房,1981年)
A・J・P・テイラー『ハプスブルク帝国1809-1918』倉田稔訳(筑摩書房,1987年)
ゲオルク・シュタッミュラー『ハプスブルク帝国史』丹後杏一訳(刀水書房,1989年)
J・H・エリオット『スペイン帝国の興亡』藤田一成訳(岩波書店,1982年)
ハンス・コーン『ハプスブルク帝国史入門』稲野強他訳(恒文社,1982年)
B・ペンローズ『大航海時代』荒尾克己訳(筑摩書房,1985年)
John Lotherington, *Years of Renewal European History 1470-1600* (London, Hodder & Stoughton, 1988)

[第2章]
石坂昭雄『オランダ型貿易国家の経済構造』(未来社,1971年)
越智武臣『近代英国の起源』(ミネルヴァ書房,1966年)
C・ウイルソン『オランダ共和国』堀越孝一訳(平凡社,1971年)
モーリス・ブロール『オランダ史』西村六郎訳(白水社,1994年)

Jonathan I. Israel, *Dutch Primacy in World Trade 1585-1740*（Oxford, Clarendon Press, 1989）

Michael Lewis, *The Navy of Britain*（London, George Allenn & Unwin, 1949）

[第3章]

アメリカ古典文庫『アメリカ革命』斉藤眞・五十嵐武訳（研究社，1978年）

A・J・P・テイラー『近代ドイツの辿った道』井口省吾訳（名大出版会，1992年）

林健太郎『プロイセン・ドイツ史研究』（東大出版会，1977年）

Derek Mckay & H. M. Scott, *The Rise of the Great Powers 1648-1815*, 6th（London, Longman, 1991）

Jeremy Black, *The Rise of the European Powers 1679-1793*（London, Edward Arnold, 1990）

Jeremy Black, *Eighteen Century Europe 1700-1789*（London, Macmillan, 1990）

M. S. Anderson, *Europe in the Eighteen Century 1713-1783*（London, Longman, 1987）

[第4章]

高坂正堯『古典外交の成熟と崩壊』（中央公論社，1978年）

高村忠成『ナポレオンⅢ世とフランス第二帝政』（北樹出版，2004年）

幅健志『帝都ウィーンと列国会議』（講談社，2000年）

ピーター・ホップカーク『ザ・グレート・ゲーム』京谷公雄訳（中央公論社，1992年）

Jennifer Mori, *William Pitt and the French Revolution, 1785〜1795*（Keele University Press, GBR, 1996）

Rene Albrecht-Carrie, *A Diplomatic History of Europe Since the Congress of Vienna*（New York, Harper & Row, 1958）

Harry Hearder, *Europe in the Nineteenth Century 1830-1880*（London, Longman, 1992）

F. R. Bridge & Roger Bullen, *The Great Powers and the European States System 1815-1914*（London, Longman, 1991）

[第5章]

E・H・カー『危機の二十年』井上茂訳（岩波書店，1964年）

E・H・カー『両大戦間における国際関係史』衛藤瀋吉他訳（清水弘文堂，1980年）

A・J・メイア『ウイルソン対レーニン（1・2）』斉藤孝他訳（岩波書店，1983年）

ジェームズ・ジョル『第一次大戦の起源』池田清訳（みすず書房，1987年）

ジョージ・ケナン『ソビエト革命とアメリカ』村上光彦訳（みすず書房，1958年）

バーバラ・タックマン『8月の砲声（上・下）』山室まりや訳（筑摩書房，1980年）

Lloyd E. Ambrosius, *Woodrow Wilson and the American Democratic Tradition*（New York, Cambridge University Press, 1987）

Richard Pipes, *Russia Under the Bolshevik Regime*（New York, Knopf, 1994）

Richard Pipes, *The Russian Revolution*（New York, Knopf, 1990）

Thomas Knock, *To End All Wars: Woodrow Wilson and the Quest for a New World Order* (New York, Oxford University Press, 1992)

[第6章]

アドルフ・ヒトラー『わが闘争(上・下)』平野一郎他訳(角川書店,1973年)
E・マティアス『なぜヒトラーを阻止できなかったか』安世舟他訳(岩波書店,1984年)
ウィーラー・ベネット『国防軍とヒトラー全2巻』(みすず書房,1961年)
栗原優『第二次世界大戦の勃発』(名大出版会,1994年)
斉藤孝『戦間期国際政治史』(岩波書店,1978年)
W・L・シャイラー『第三帝国の興亡1〜5』井上勇訳(東京創元社,1961年)
W・フィッシャー『ヴァイマルからナチズムへ』加藤栄一訳(みすず書房,1982年)
G. Ross, *The Great Powers and the Decline of the European States System, 1914-45* (London, Longman, 1983)
R. Henig, *Versailles and After, 1919-33* (London, Methuen, 1984)
Melvyn P. Leffler, *The Elusive Quest: The American Pursuit of European Stability and French Security, 1919-1933* (Chapel Hill, University of North Carolina Press, 1979)
Graham Ross, *The Great Powers and the Decline of the European States System 1914-1945*, 9th (London, Longman, 1991)

[終 章]

三島憲一『現代ドイツ』(岩波書店,2006年)
Carl F. Lankowski, ed, *Germany and the European Community: Beyond Hegemony and Containment?* (London, Macmillan, 1994)
David Williamson, *Europe and the Cold War 1945-1991* (London, Hodder Arnold, 2006)
Derek W. Urnin, *Western Europe Since 1945: A Political History* (London, Longman, 1990)
Peter Duignan and L. H. Gam, *The Rebirth of the West* (Oxford, Blackwell, 1992)
Richard Cobbold, ed., *The World Reshaped: Fifty Years after the War in Europe* (London, Macmillan, 1996)

著者紹介

西川　吉光（にしかわ　よしみつ）

東洋大学国際地域学部教授

専　攻	国際政治学，国際安全保障論，政治外交史，政軍関係論
略　歴	1955年　大阪生まれ
	1977年　国家公務員上級職（法律甲種）試験合格
	1978年　大阪大学法学部卒業，防衛庁に入庁
	以後，内閣安全保障会議参事官補，防衛庁長官官房企画官，防衛庁及び防衛施設庁の各課長，防衛研究所研究室長等を歴任。1998年から現職
学　位	法学博士（大阪大学），社会科学修士及び国際関係論修士（英国リーズ大学）
主要著書	『現代安全保障政策論』
	『国際政治と軍事力』
	『ポスト冷戦の国際政治と日本の国家戦略』
	『ヘゲモニーの国際関係史』（国際安全保障学会賞受賞）
	『現代国際関係史1～4』
	『紛争解決と国連・国際法』
	『日本政治外交史論（上・下）』
	『激動するアジア国際政治』
	『国際地域協力論』
	『国際平和協力論』
	『日本の外交政策』
	等多数

ヨーロッパ国際関係史

2007年3月10日　第1版第1刷発行

著　者　西川　吉光

発行者　田中　千津子　　〒153-0064　東京都目黒区下目黒3-6-1
　　　　　　　　　　　　電話　03（3715）1501　㈹
発行所　㈱学文社　　　　FAX　03（3715）2012
　　　　　　　　　　　　http://www.gakubunsha.com

Ⓒ Yoshimitsu NISHIKAWA 2007

印刷所　新灯印刷
製本所　小泉企画

乱丁・落丁の場合は本社でお取替えします。
定価は売上カード，カバーに表示。

ISBN978-4-7620-1644-8

岩内亮一・薮野祐三編集代表
国際関係用語辞典
四六判 272頁 定価2625円

国際政治経済はもとより、国際協力、国際法、国際社会学、国際教育、医療・環境などの国際関係諸学領域の重要語をまとめて一冊に。現代世界を読み解くための知識・情報をちりばめたハンディな用語辞典。
1231-9 C3530

西川吉光著
日本の外交政策
——現状と課題、展望——
A5判 232頁 定価2730円

外交史、地域・分野別外交、外交戦略の3点を時間・空間軸から総合・体系的に把握、現代日本の外交政策の特色と問題点を導き出すとともに、今後のめざすべき方向や戦略、あるべき姿を提言する。
1351-X C3031

E. ケドゥーリー著
小林正之・栄田卓弘・奥村大作訳
ナショナリズム〔第二版〕
A5判 274頁 定価2100円

ナショナリズムの知的起源を跡付け、歴史的変遷を追い、組織的思想とそこから引き出される結果との意味を探る。ナショナリズムの政治史を鳥瞰し、「思想と行為との関係」を追及した名著。
1266-1 C3031

中川洋一郎著
暴力なき社会主義?
——フランス第二帝政下のクレディ・モビリエ——
A5判 200頁 定価2310円

サン=シモン主義者であったペレール兄弟の創った銀行「クレディ・モビリエ」を、暴力なきマクロレベルでの壮大な社会主義実験として捉え、その最盛と崩壊をたどり、社会主義と暴力との因果性をさぐる。
1334-X C3033

A.P. サールウォール著　清水隆雄訳
経済成長の本質
——各国の経済パフォーマンスを理解するための新しい枠組み——
A5判 104頁 定価2100円

なぜ資本の成長と技術進歩が各国間でこれほど異なるのか。成長と開発理論の基本原理を簡明に説いた開発経済学書。従来の供給志向に偏りすぎた成長理論を批判し、需要サイドからの成長理論を提唱した。
1267-X C3033

佐藤友之著
「法治国家」幻想
四六判 284頁 定価1680円

法治性の低い国は「不幸な国」。法と司法／システム／法の周辺／法律家の見方・考え方——章ブロックに分け、ジグソー・パズルを解くていで、法が市民の権利として機能せずにいる日本の具体を考察。
0853-2 C1032

W.J.ベネット著　加藤十八・小倉美津夫訳
グラフでみるアメリカ社会の現実
——犯罪・家庭・子ども・教育・文化の指標——
A5判 142頁 定価1575円

過去30年にわたる〈統計資料〉と各界の識者の言による〈論評〉を織り交ぜ、冷静客観的にアメリカ社会の現状分析を試みる。現代アメリカ社会の何が問題かを闡明、"アメリカ社会病理白書"といえる書。
0672-6 C3036

中川洋一郎著
ヨーロッパ《普遍》文明の世界制覇
——鉄砲と十字架——
A5判 282頁 定価3045円

なぜヨーロッパ文明は現代世界を覆いつくすにいたったのか。古代史まで遡り、日本も含め各時代・各文明史を眺め、現代を鑑みるに、ヨーロッパ文明の普遍性と偽善性を解明し警笛を鳴らした熱い文明論。
1244-0 C3033